I N V E S T I G A Ç Ã O

IMPRENSA DA UNIVERSIDADE DE COIMBRA
COIMBRA UNIVERSITY PRESS

EDIÇÃO

Imprensa da Universidade de Coimbra
Email: imprensa@uc.pt
URL: http//www.uc.pt/imprensa_uc
Vendas online: http://livrariadaimprensa.uc.pt

COORDENAÇÃO EDITORIAL

Imprensa da Universidade de Coimbra

CONCEÇÃO GRÁFICA

António Barros

IMAGEM DA CAPA

Estátua de Themis

INFOGRAFIA

Mickael Silva

PRINT BY

CreateSpace

ISBN

978-989-26-1032-0

ISBN DIGITAL

978-989-26-1033-7

DOI

http://dx.doi.org/10.14195/978-989-26-1033-7

DEPÓSITO LEGAL

397191/15

AS MULHERES PERANTE OS TRIBUNAIS DO ANTIGO REGIME NA PENÍNSULA IBÉRICA

ISABEL M. R. MENDES DRUMOND BRAGA
MARGARITA TORREMOCHA HERNÁNDEZ
(COORDENAÇÃO)

IMPRENSA DA
UNIVERSIDADE
DE COIMBRA
COIMBRA
UNIVERSITY
PRESS

SUMÁRIO

PRÓLOGO

El libro fue organizado en el contexto de la investigación que se lleva a cabo desde el proyecto *Justicia y Mujer. Los tribunales penales en la definición de una identidad de género. Castilla y Portugal (1550-1800)*, proyecto financiado por el Ministerio de Economía y Competitividad de España. Proyectos de Investigación Fundamental, en el marco del VI Programa Nacional de Investigación Científica, Desarrollo e Innovación Tecnológica, 2008-2011 (HAR2012- 31909). En consecuencia, contó con la participación de sus componentes y de otros historiadores, especialistas cualificados en la materia de estudio.

El análisis de la justicia en el Antiguo Régimen, tanto en Portugal como en Castilla, siempre estuvo condicionado por la multiplicidad de tribunales que tenían jurisdicción en este periodo. La jurisdicción real ordinaria, era una más en la plétora de jurisdicciones que, por cesión de esta, existían en ambos reinos. Justicias especializadas o privativas, que se generaban bien para atender unos determinados tipos de delitos, caso de la justicia inquisitorial, o bien para seguir las causas de algunos aforados, y por tanto privilegiados, que pertenecían a un determinado cuerpo social, como la justicia militar o universitaria. Así, atendían causas bien *ratio causae* o *ratio personae*, y entendían – en este segundo caso – en cuestiones tanto civiles como criminales. Esto, nos lleva ante un amplio abanico de posibilidades cuando queremos estudiar la presencia de la mujer ante los tribunales, y en consecuencia, impone el seguimiento de un numeroso tipo de fuentes, vinculadas a las distintas audiencias, aunque estos sean muy diversos. Fuentes que, por otra parte, nos desvelan los entresijos más recónditos de esa sociedad, y de las identidades sociales. Fuentes que tienen lugar para la legislación, para la regulación social, y para recoger también el mundo de los afectos. En definitiva, una ardua tarea, que a través de la investigación en equipo y de la colaboración entre diversos especialistas, puede asumirse con una mayor facilidad y rigor.

En cualquier caso, la empresa supone un análisis copioso, tanto en las fuentes, como en los enfoques. Un trabajo interdisciplinar y transversal, que abarque desde el estudio de la legislación, de las mentalidades, de los prejuicios sociales, y de la imposición de un modelo mental y social, que disciplina el mundo femenino, y que se genera también entre jueces y abogados. El hecho de que las sentencias no estén fundamentadas impide una rápida relación entre delitos y penas, y el análisis en la diferencia por sexos. Ello nos exige una revisión profunda de las fuentes, de cada una de las interpretaciones y visiones que se generan a partir de la intervención de todos los elementos que participan en un proceso judicial, desde testigos a jueces. Sacar de la invisibilidad discursos, que no son oficiales, pero que se oficializan en la práctica de los tribunales, como ponen de manifiesto algunos tratados de práctica jurídica.

Así pues, se pretende dar un paso más, en las proclamas sobre la identidad femenina, asignada, en Castilla y Portugal postridentinas; que asumiendo las generadas desde la Iglesia, atiendan a los postulados desde el Derecho, la legislación, pero sobre todo la articulación desde los procesos judiciales. En ellos también se define un arquetipo para las féminas. Aunque, se presenta un patrón ideal a partir de unos modelos totalmente contrarios, pues las que son juzgadas con frecuencia eran las mujeres que, por estar fuera del tipo imperante, se vieron ante la justicia, como delincuentes, como pecadoras, o como agentes de ilegalidades, a veces morales y sociales. Y aun así, las premisas de las que se partía eran las de la identidad social reinante para la mujer, como se puede apreciar en el estudio de testimonios, autos, y sentencias judiciales.

En definitiva, hemos intentado atender a una parcela de estudio que no ha sido suficientemente explorada, pues el papel de la mujer ante los tribunales está aún por estudiar: en su especificidad, en sus diferencias, en su peso, etc. Conocemos, con mayor o menor precisión, que la mujer tuvo una menor representación en los tribunales que los varones. En principio, las cifras de las que disponemos nos permiten afirmar que la delincuencia penal femenina fue cuantitativamente menor que la masculina, pero la presencia de las mujeres ante los magistrados no se puede limitar a estos casos. Además de la justicia criminal, en la que podía aparecer como querellada y querellante, también podía reclamar ante la civil como demandada y demandante, por asuntos de tutelas, curatelas, dotes, divorcios, etc. Es más, todas aquellas célibes que hicieron votos eclesiásticos, se vieron constreñidas al ámbito de la jurisdicción eclesiástica, al que acudieron también otras muchas mujeres casadas, precisamente para seguir causas relativas al sacramento del matrimonio; de su matrimonio. Sin olvidar, la jurisdicción inquisitorial, en la que la presencia femenina no estaba tan preterida como en el resto de los tribunales.

Cuando la mujer acude a los juzgados ordinarios, en escasas ocasiones lo hace en solitario, y no como resultado de las limitaciones que se le imponen en su capacidad de obrar, como herencia del derecho romano, sino como consecuencia de la mentalidad dominante (E. Gacto Fernández). No es común que acuda sola, buscando siempre un apoyo familiar, a poder ser de padres o hermanos varones, o en su defecto con un respaldo social de clérigos, párrocos o vecinos. Aunque, en cualquier caso, tenía que contar con la ayuda letrada de abogado y procurador, que eran los primeros en argumentar con fundamentos metajurídicos en los casos que implicaban a mujeres. Razonamientos personales, de su honra, de su fama, se anteponen a las razones jurídicas de procesos por diversas causas, porque estaban también por delante en esta sociedad jerárquica. El papel de la justicia como fórmula de control social, de dirección y represión de las conductas, encuentra en no pocos casos una enunciación específica en el caso de la mujer.

Así, en el análisis de las intervenciones que se generan a lo largo de estos procesos, nuestro interés se ha centrado en comprender mejor la presencia femenina ante los tribunales de distintas jurisdicciones, y gracias a ello poder conocer el discurso que desde ellos se articuló para la definición de una identidad de género, al tiempo que comprender los usos sociales y las prácticas culturales que desarrolla y que le afectan.

De hecho, en estas páginas podemos ver como las desigualdades a la hora de actuar la justicia fueron notorias. Sin olvidar que el arbitrio judicial permitía estas diferencias, que sin duda fueron discriminatorias para la mujer, sin que ello signifique perjuicio notorio para ella. No en vano, como se ha reiterado arbitrio judicial no debe confundirse con arbitrariedad del juez (P. Ortego Gil). Aun así, el margen de actuación de los jueces se construye de acuerdo a unos criterios establecidos sobre el estándar de mujer imperante y, en no pocas, y en franca relación, del modelo de familia. La actuación de la justicia, de jueces, abogados, fiscales, responde a los patrones morales y sociales de su época, y en consecuencia pudo, por ejemplo, mirar hacia otro lado cuando una mujer casada, en ausencia de su marido, ejercía la prostitución. Una condena, según el criterio del tribunal ocasionaría una violencia familiar al regreso del cabeza de familia, y por ello el Tribunal de Chancillería de Valladolid, prefirió dejar a la delincuente bajo la - que solicitó fuese atenta - vigilancia de padres y suegros. Por el contrario, una moza de servicio que fuese acusada de robo ante el mismo tribunal con otro magistrado, tenía pocas posibilidades de salir bien parada si, independientemente de que hubiera pruebas concluyentes, tenía una conducta poco decente, y frecuentaba hombres, sobre todo si estos eran soldados.

En buena medida, podemos percibir que el caso femenino el contexto familiar, social y conductual fueron determinantes en la resolución de sus procesos, en lo que se ha definido como el peso de la infrajudicialidad, tras el análisis de todos los agentes sociales implicados (T. Mantecón Movellán). El modelo de mujer propuesto por la Iglesia, con unas determinadas características según el estado en el que esta se encontrase, está presente en la mentalidad del juzgador, y ello conlleva una serie de actuaciones que, *a priori*, no deben ser juzgadas ni como negativas ni como positivas, para el devenir femenino concreto, aunque sí diferentes.

Así pues, con este objetivo abordamos un tema, entendemos que de gran interés en la Historia Social, en su enlace con el Derecho y el mundo procesal, al tiempo que un acercamiento a la historia de la vida cotidiana, desde una perspectiva de género. Una historia de la mujer que se sale del ámbito privado, independientemente de esas interpretaciones que se empeñan en asignarla de forma rígida este espacio como único para su análisis.

En definitiva, esta obra pretende colaborar a la construcción de una imagen compleja de nuestro pasado en una Historia Social con dimensión de género. El objeto es la mujer en la sociedad moderna; las fuentes las procesales, como elemento fundamental del análisis histórico. Como interés último, más allá de la tarea de llegar a formular una historia social de la delincuencia, el interés por descubrir como el Derecho y la Justicia actuaron a la hora de establecer un patrón identitario para la mujer del Antiguo Régimen en los reinos de Portugal y Castilla.

Margarita Torremocha Hernández
Universidad de Valladolid

Justicia y Mujer. Los tribunales penales en la definición de una identidad de género. Castilla y Portugal (1550-1800) é o título de um projeto de investigação, com sede na Universidad de Valladolid, levado a efeito por historiadores espanhóis e portugueses. O título e o conteúdo desta obra, *As Mulheres perante os Tribunais do Antigo Regime na Península Ibérica,* resultaram de um conjunto de questionamentos que suscitaram algumas respostas com base em fundos documentais diversificados, designadamente: cartas de perdão, livros de extratos de culpados e livros de devassas, resultantes da atividade visitacional dos bispos; listas de condenados pela justiça régia, pleitos civis, processos da justiça episcopal, processos do Santo Ofício da Inquisição, regras conventuais, além das leis dos reinos e das literaturas jurídicas portuguesa e castelhana, para citar apenas as fontes mais relevantes.

Ao longo das páginas seguintes, os leitores encontrarão estudos de caso, como o de uma mulher mourisca taberneira que, em meados do século XVI, assistiu a diversas peripécias causadas pela justiça inquisitorial, as quais prejudicaram de forma indelével a sua vida remediada mas marcada por estigmas como o facto de pertencer a uma minoria étnico- -religiosa, da autoria de Isabel Drumond Braga ou o caso dos pleitos civis travados entre uma mulher nobre e seu filho, e entre essa mesma aristocrata e alguns dos seus criados e oficiais, por motivos quer económicos quer jurisdicionais, que mereceu as atenções de Alberto Corada Alonso.

De âmbito completamente diferente, temos o recurso à documentação produzida pelas autoridades episcopais e seus representantes. Nos casos em apreço, os trabalhos referiram-se a Pombal e a Salamanca. Em concreto, Ricardo Pessa de Oliveira serviu-se dos livros resultantes das visitas pastorais e explorou as questões relativas aos desvios femininos de carácter sexual e às suas penalizações, em Pombal. Continuando na área da justiça dos bispos, José Luis de las Heras Santos estudou os processos da justiça episcopal envolvendo mulheres, numa cidade marcada pela forte presença de estudantes e clérigos, como foi o caso de Salamanca.

A justiça régia foi abordada sob uma ótica tríplice: crimes, penas e perdões. Paulo Drumond Braga serviu-se das cartas de perdão dos reinados de D. João III a Filipe II para analisar os crimes perdoados a mulheres em algumas localidades portuguesas. Os benefícios para a Coroa, quer do ponto de vista monetário quer na perspetiva da imagem real, foram igualmente tratados. Maria Antónia Lopes explorou um conjunto de listas de pessoas condenadas à pena de morte pela Casa da Suplicação, isto é, pela Relação de Lisboa, que tinha jurisdição sobre o Sul do território, do Ribatejo ao Algarve. Estas fontes permitiram identificar crimes, penas, comutações e execuções, além de fornecerem outras informações relevantes do ponto de vista das mentalidades. Em ambos os trabalhos foram evidentes as baixas percentagens das mulheres autoras de crimes que, contudo, não deixaram de ser diversificados.

O mundo da prostituição e da alcovitice, composto por personagens da esfera da marginalidade, como mulheres públicas, alcoviteiras e rufiões, interessou Margarita Torremocha Hernández que, através de pleitos crime de Valladolid, empreendeu um estudo dos principais delitos em que estes profissionais do sexo se envolveram, enquadrando a atuação da justiça, na legislação aplicável, tendo particular atenção com as penas e as sentenças de acordo com as leis do Reino e com a literatura jurídica da época. O mesmo tipo de documentação foi utilizado por Carlos Lozano Ruiz, cujo foco de análise visou os delitos contra a propriedade perpetrados por serviçais femininas, no mesmo âmbito geográfico. E os pleitos interessaram também María José Pérez Álvarez, cuja geografia em estudo foram as montanhas de León, desta feita para analisar os comportamentos sexuais "movidos pela fragilidade humana", para retomar uma expressão consignada numa das fontes utilizadas pela autora.

Por último, o trabalho de Maria Antónia Fialho Conde transporta o leitor para o mundo conventual feminino, designadamente as vivências, os conflitos e as tensões das freiras de São Bento de Cástries. Neste caso, a autora estudou quer as normas que condicionavam a vida destas mulheres quer o desrespeito das mesmas com as suas consequências, sem esquecer os limites da atuação da justiça secular em matérias patrimoniais daquela casa religiosa.

Face à multiplicidade e à complexidade das competências jurisdicionais e, consequentemente, do funcionamento da justiça durante o Antigo Regime, isolar a atuação dos tribunais sobre as mulheres foi uma opção que, ao contrário do que possa parecer, não excluiu os homens e não apenas os que exerciam a justiça e aplicavam as decisões como, naturalmente, enquanto parceiros em muitos atos criminosos. Por outro lado, a opção pela abordagem através da categoria género permitiu uma análise comparativa mais aprofundada, quer do ponto de vista da tipologia dos delitos e das penas, quer na ótica dos números e percentagens de prevaricadores. Afinal, quando se utiliza esta categoria de análise estamos a reavaliar a relação dos homens e das mulheres com o poder, estamos a optar por uma abordagem relacional.

Isabel M. R. Mendes Drumond Braga
Faculdade de Letras da Universidade de Lisboa

PELOS TEIAS DA (IN)JUSTIÇA NO SÉCULO XVI:
A TABERNEIRA MOURISCA LEONOR LOPES

Isabel M. R. Mendes Drumond Braga
Faculdade de Letras da Universidade de Lisboa*

Em 1555, apresentou-se ao Santo Ofício da Inquisição de Lisboa a mourisca Leonor Lopes, de cerca de 55 anos, viúva, natural de Safim, de onde chegara na condição de cativa de Diogo Dias Pereira, quando tinha cerca de 15 anos de idade. Ano e meio após ter-se instalado em Portugal pediu para ser batizada, o que aconteceu na igreja de Nossa Senhora da Consolação, no termo de Almada. Sabia benzer-se, confessava-se e comungava todos os anos, em São Julião ou na Sé, onde era freguesa, mas mal conhecia as orações e outros ensinamentos básicos da Igreja. Isto é, o pai-nosso, a ave-maria e o credo foram ditos "e não tudo bem mas errando muytas partes em todos eles"[1] porém desconhecia a salve-rainha, os artigos da fé e os pecados mortais. Conseguiu a alforria a troco de 20.000 reais, pagos a seu senhor, por volta de 1537, quando contava menos de 40 anos. Era viúva do mourisco Diogo Vieira, de quem não tinha filhos, embora fosse mãe de uma rapariga, Francisca, então com quase 30 anos, cativa de Diogo Dias

* Investigação realizada no âmbito do projecto *Justicia y Mujer. Los Tribunales Penales en la Definición de una Identidad de Género. Castilla y Portugal (1550-1800)*. Referência HAR2012-31909 – Ministerio de Economia y Competitividad – España. Este trabalho foi financiado por Fundos Nacionais através da FCT – Fundação para a Ciência e Tecnologia no âmbito do projecto UID/HIS/00057/2013.

[1] Lisboa, Arquivos Nacionais Torre do Tombo (A.N.T.T.), *Inquisição de Lisboa*, proc. 7695.

DOI: http://dx.doi.org/10.14195/978-989-26-1033-7_1

Pereira, filha de Manuel Gonçalves, já falecido, nascida antes de Leonor ter obtido a alforria[2]. Entretanto, Francisca, com a morte de seu senhor, em 1556, obtivera liberdade por testamento. Leonor Lopes residia na capital, atrás da igreja da Madalena, junto ao hospital dos Palmeiros e, à data do processo, em casa de uma outra mourisca de nome Leonor Vaz. Já passara pelo Tribunal do Santo Ofício de onde saíra reconciliada depois de ter respondido por culpas de islamismo. Em 1555, apresentou-se aos inquisidores pois o seu confessor recusara absolvê-la após ter confessado querer ir para terra de mouros. Eis um caso semelhante a tantos outros, o que o torna digno de estudo em separado?

O processo movido a Leonor Lopes, em 1555, tem a particularidade de dar a conhecer um conjunto de questões relativas às atividades laborais femininas[3] à medida que se desenrola a relação problemática que viveu com a

---

[2] Sobre os relacionamentos extraconjugais entre mouriscos e cristãos-velhos cf. Isabel M. R. Mendes Drumond Braga, "Relações Familiares e Parafamiliares dos Mouriscos Portugueses", *Historia y Genealogia*, [*on line*], n.º 2, Córdova, 2012, pp. 201-213 (disponível *on line* em https://www.academia.edu/6580783/).

[3] Sobre o trabalho feminino em Portugal, cf. Aurélio de Oliveira, "A Mulher no Tecido Urbano dos Séculos XVII-XVIII (Tópicos para uma Abordagem)", *A Mulher na Sociedade Portuguesa, Actas do Colóquio,* vol. 1, Coimbra, 1986, pp. 309-333; Guilhermina Mota, "O Trabalho Feminino e o Comércio em Coimbra (séculos XVII e XVIII)", *Ibidem,* vol. 1, pp. 351-367; Isabel M. R. Mendes Drumond Braga, "A Mulher Mourisca e o Trabalho", *Vivências no Feminino. Poder, Violência e Marginalidade nos séculos XV a XIX*, Lisboa, Tribuna da História, 2007, pp. 43-61 e Maria Antónia Lopes, "Sebastiana da Luz, Mercadora Coimbrã Setecentista (Elementos para a História de As Mulheres e o Trabalho)", *Revista de História da Sociedade e da Cultura,* vol. 5, Coimbra, 2005, pp. 133-156. Sobre as mulheres e o trabalho em Castela e Aragão, cf. Mariló Vigil, *La Vida de las Mujeres en los Siglos XVI y XVII,* Madrid, Siglo XXI, 1986; Estrella Garrido Arce, "El Trabajo de las Mujeres en la Economía Familiar Preindustrial. La Huerta de Valencia en el siglo XVIII", *El Trabajo de las Mujeres. Pasado y Presente. Actas del Congreso Internacional del Seminario de Estudios Interdisciplinarios de la Mujer,* coordenação de María Dolores Ramos e María Teresa Vera, tomo 1, Málaga, Diputación Provincial de Málaga, 1996, pp. 105-115; Adela Tarifa Fernández, "La Mujer y el Mundo del Trabajo en el Antiguo Régimen: Las Amas Externas de la Casa-Cuna de Úbeda (1665-1788)", *Ibidem,* tomo 2, pp. 279-287; Margarita Ortega López, "Trabajo y Oficios", *Historia de las Mujeres en España,* coordenação de Elisa Garrido González, Madrid, Síntesis, 1997, pp. 326-344. Sobre as mulheres e o trabalho em França, cf. Margaret L. King, "A Mulher Renascentista", *O Homem Renascentista,* direção de Eugenio Garin, tradução de Maria Jorge Vilar de Figueiredo, Lisboa, 1991, pp. 191-227; Olwen Hufton, "Mulheres, Trabalho e Família", *História das Mulheres no Ocidente,* vol. 3, direção de Georges Duby e Michelle Perrot, tradução, Porto, Afrontamento, 1994, pp. 23-69. Sobre as mulheres e o trabalho em Inglaterra, cf. Jacqueline Eales, *Women in Early Modern England. 1500-1700,* Londres, UCL, 1998, pp. 73-85; Marjorie Keniston McIntosh, *Working Women in English Society, 1300--1600,* Cambridge, Cambridge University Press, 2005; Bridget Hill, *Women Alone. Spinsters in England 1660-1850,* Londres, Yale University Press, New Haven and London, 2001.

justiça. Assim, perpassam aspetos tão diversificados como as arbitrariedades da justiça régia, o receio do Santo Ofício, a repressão levada a cabo por aquele tribunal mas também o parco património, a maneira de se sustentar e as relações com a filha, que chegou a presentear com jóias. Efetivamente, a documentação inquisitorial tem sido aproveitada muito especialmente para estudar o funcionamento do Tribunal do Santo Ofício, nomeadamente as vítimas e a repressão. Nos últimos anos, tem começado a ser evidente o potencial destas fontes para o estudo de outras realidades. Recordemos, por exemplo, estudos sobre a literacia[4], a alimentação das minorias étnico--religiosas[5], a sociabilidade[6], a cultura material[7] e as atividades laborais[8]. É no cruzamento destas realidades, isto é, o recurso a fontes judiciais e o conhecimento do trabalho feminino em Portugal, que este texto se estrutura.

1. Na Época Moderna, Portugal albergou no seu território, a par da maioria de cristãos-velhos, diversas minorias: cristãos-novos de judeus, mouriscos, negros escravos, negros libertos e ainda ciganos[9]. Apesar

---

[4] Rita Marquilhas, *A Faculdade das Letras. Leitura e Escrita em Portugal no século XVII*, Lisboa, Imprensa Nacional-Casa da Moeda, 2000; Antonio Castillo Gómez, "Escrito en Prisión. Las Escrituras Carcelarias en los siglos XVI y XVII", *Península. Revista de Estudios Ibéricos*, n.º 0, Porto, 2003, pp. 147-170.

[5] Isabel M. R. Mendes Drumond Braga, "A Alimentação das Minorias no Portugal Quinhentista", *Do Primeiro Almoço à Ceia. Estudos de História da Alimentação*, Sintra, Colares Editora, 2004, pp. 11-33 (disponível *on line* em https://www.academia.edu/6581297/).

[6] Luís Mott, "Meu Menino Lindo: Cartas de Amor de um Frade Sodomita, Lisboa (1690)", *Luso-Brazilian Review*, n.º 38, Madison, 2001, pp. 97-115; Idem, *"In Vino Veritas*: Vinho e Aguardente no Quotidiano dos Sodomitas Luso-Brasileiros à Época da Inquisição", *Álcool e Drogas na História do Brasil*, organização de Renato Pinto Venâncio e Henrique Carneiro, São Paulo, Alameda, Belo Horizonte, Pontifícia Universidade Católica de Minas Gerais, 2005, pp. 47-70.

[7] Isabel M. R. Mendes Drumond Braga, *Bens de Hereges. Inquisição e Cultura Material (Portugal e Brasil, séculos XVII e XVIII)*, Coimbra, Imprensa da Universidade de Coimbra, 2012 (disponível *on line* em https://www.academia.edu/7228198/).

[8] Paulo Drumond Braga, "Cabeleireiros e Inquisição no Portugal Setecentista", *Revista de Artes Decorativas*, n.º 4, Porto, 2010, pp. 179-195; Isabel M. R. Mendes Drumond Braga, "Os Confeiteiros Portugueses na Época Moderna: Cultura Material, Produção e Conflituosidade", *Ensaios sobre Património Alimentar Luso-Brasileiro*, direção de Carmen Soares, Coimbra, Imprensa da Universidade de Coimbra, 2014, pp. 165-192 (disponível *on line* em https://www.academia.edu/9095235/).

[9] Uma síntese de parte destas realidades pode ver-se em Maria Filomena Lopes de Barros, José Alberto Tavim, "Cristãos(ãs)-Novos(as), Mouriscos(as), Judeus e Mouros. Diálogos em Trânsito no Portugal Moderno (séculos XVI-XVII)", *Journal of Sephardic Studies*, vol. 1, 2013, pp. 1-45.

de o primeiro numeramento datar de 1527-1532[10], o mesmo não identificou o número de indivíduos de cada um dos grupos, consequentemente não podemos saber quantos e em que locais do Reino se concentravam os diferentes elementos das diversas minorias, ao contrário do que se verificou em outros espaços peninsulares. Por outro lado, os registos paroquiais nunca foram objeto de estudo sistemático, o que tem impedido encontrar dados sobre estas temáticas, ainda que necessariamente escassos[11]. Ou seja, não há informações quantitativas referentes a estes grupos populacionais residentes em Portugal. Para os estudarmos temos que procurar outras fontes, as quais proporcionam sobretudo informações qualitativas[12].

Os cristãos-novos de mouros ou mouriscos, quase sempre conotados com as práticas do islamismo e, consequentemente, entendidos como criptomuçulmanos ou muçulmanos encobertos, decorreram da política integracionista levada a cabo em Portugal por D. Manuel I, na sequência dos seus antecessores, que levou à expulsão dos mouros, decretada em 1496 e concretizada durante o ano seguinte[13]. Assim se, até 1497, a

---

[10] Sobre o numeramento, cf. João José Alves Dias, *Gentes e Espaços. Em Torno da População Portuguesa na Primeira Metade do século XVI*, vol. 1, Lisboa, Fundação Calouste Gulbenkian, Junta Nacional de Investigação Científica e Tecnológica, 1996.

[11] Para os Reinos de Espanha, cf. Bernard Vincent, "Elementos de Demografía Morisca", *El Río Morisco*, tradução de Antonio Luis Cortés Peña, [s.l.], Universitat de València, Universidad de Granada, Universidad de Zaragoza, 2006, pp. 17-24; Manuel F. Fernández Chaves, Rafael M. Pérez García, *En los Márgenes de la Ciudad de Dios. Moriscos en Sevilla*, [s.l.], Universitat de València, Universidad de Granada, Universidad de Zaragoza, 2009, pp. 215-269.

[12] Sobre as fontes para o estudo desta minoria cf. Isabel M. R. Mendes Drumond Braga, "Fontes Documentais Portuguesas para o Estudo dos Mouriscos", *Mélanges Luce López-Baralt*, tomo 2, estudos reunidos e apresentados por Abdeljelil Temimi, Zaghouan, Fondation Temimi pour la Recherche Scientifique et l' Information, 2001, pp. 523-528 (disponível *on line* em https://www.academia.edu/6606436/).

[13] João José Alves Dias, Isabel M. R. Mendes Drumond Braga, Paulo Drumond Braga, "A Conjuntura", *Portugal do Renascimento à Crise Dinástica*, coordenação de João José Alves Dias (= *Nova História de Portugal*, vol. 5, direcção de Joel Serrão e A.H. de Oliveira Marques), Lisboa, Presença, 1998, p. 723 (disponível *on line* em https://www.academia.edu/7314157/). Sobre a ação de D. Manuel face às minorias, cf. François Soyer, *The Persecution of the Jews and Muslims of Portugal. King Manuel I and the End of Religious Tolerance (1496-7)*, Leiden, Boston, Brill, 2007; Idem, "Manuel I of Portugal and the End of the Toleration of Islam in Castile: Marriage Diplomacy, Propaganda, and Portuguese Imperialism in Renaissance Europe, 1495-1505", *Journal of Early Modern History*, n.º 18, Leiden, 2014, pp. 331-356. Note-se, contudo, que esta atitude de expulsar mouros e judeus também esteve presente em Castela e Aragão, uma vez que à exceção de alguns pontos do Império e de algumas

presença de mouros em Portugal ficou relativamente bem documenta-da[14], a partir dessa data, as informações passaram a ser extremamente escassas. Permitida a saída, não se poderá estranhar a sua fraca presença no início do século XVI. Aos que permaneceram restou a hipótese de se baptizarem e passarem à condição de cristãos-novos de mouros ou mouriscos. Como eram pouco numerosos, acabaram por se diluir. No entanto, no reinado de D. João III, ainda se encontram notícias relativas aos antigos mouros, ou seja, à primeira geração de convertidos e aos seus descendentes, concretamente, em relação aos que viviam nas zonas costeiras, tais como Setúbal e Lagos[15].

Principalmente durante a primeira metade do século XVI, continuaram a chegar muçulmanos a Portugal, prática facilitada pela presença lusa no Norte de África. Deste grupo são bem mais abundantes as informações. Baptizados, quer no Reino quer nas praças marroquinas, constituíram uma minoria diferente daquela que vivia nos territórios de Espanha. Efetivamente, a comunidade mourisca de Portugal tem esta especificida-de[16], ao contrário das de Castela e de Aragão, onde os mouriscos foram

---

cidades da península itálica, onde viviam judeus, só na Península Ibérica havia membros destas duas minorias étnico-religiosas em número significativo. Sobre a necessidade de uma política semelhante para os diversos Reinos da Península Ibérica, cf. Isabel M. R. Mendes Drumond Braga, *Um Espaço, duas Monarquias (Inter-relações na Península Ibérica no Tempo de Carlos V)*, Lisboa, Centro de Estudos Históricos da Universidade Nova de Lisboa, Hugin Editores, 2001, pp. 421-447.

[14] Maria Filomena Lopes de Barros, *Tempos e Espaços de Mouros. A Minoria Muçulmana no Reino Português (séculos XII a XV)*, Lisboa, Fundação Calouste Gulbenkian, Fundação para a Ciência e a Tecnologia, 2007 e a bibliografia aí citada.

[15] Isabel M. R. Mendes Drumond Braga, *Mouriscos e Cristãos no Portugal Quinhentista. Duas Culturas e duas Concepções Religiosas em Choque*, Lisboa, Hugin Editores, 1999, p. 30.

[16] Cf. Ahmed Bourcharb "Spécificité du Problème Morisque au Portugal: une Colonie Étrangère Refusant l'Assimiliation et Souffrant d'un Sentiment de Déracinement et de Nostalgie", *Les Morisques et leur Temps*, Paris, C.N.R.S., 1983, pp. 217-233. No arquipélago das Canárias, devido à proximidade com África, e especialmente nas ilhas de Tenerife, Fuerteventura e Lanzarote, também havia muitos berberiscos, pelo que a pragmática dos Reis Católicos, de 1502, a qual decretava a expulsão ou a conversão dos muçulmanos, não foi aplicada nas ilhas devido à presença massiva daqueles na agricultura, nas almogaverias em África e na guarda pessoal dos senhores das ilhas. Não obstante, em 1530, foi considerada pouco conveniente para a população de Tenerife a presença de berberiscos na ilha. Cf. José Peraza de Ayala, "Los Moriscos de Tenerife y Acuerdos sobre su Expulsión", *Homenaje a Elias Serra Rafols*, vol. 3, La Laguna, Universidade de la Laguna, 1970, pp. 109-128. Sobre o posicionamento das autoridades quando da expulsão no século XVII cf. Manuel Lobo Cabrera, "Los Moriscos de Canarias Exceptuados de la Expulsión", *Le Ve Centenaire de la*

entendidos como os descendentes dos mouros convertidos e como tal já nascidos em terras cristãs.

Apesar das escassas informações que se conseguem obter sobre mouriscos em Portugal, sabemos estar perante um grupo pobre, constituído por mouriscos forros e cativos, estes últimos em resultado dos aprisionamentos verificados no Norte de África. Casavam sobretudo entre si, não obstante também se realizarem enlaces mistos, com elementos da maioria cristã-velha e com negros. Praticavam também a mancebia e o concubinato, especialmente com homens cristãos-velhos, dando origem a filhos ilegítimos[17]. Trabalhavam em atividades modestas, eram um grupo envelhecido e que viera para Portugal sobretudo em resultado da grande fome de 1520-1521[18], dos conflitos políticos de 1549-1550, resultantes da reunificação efetuada pelos xarifes saadinos e a extinção da dinastia oatácida[19] e esporadicamente das almogaverias que iam fornecendo alguns elementos.

Enquanto minoria numérica e socialmente pouco importante, quase todos os mouriscos se caracterizaram por terem aderido ao cristianismo sem convicção – tendo adoptado os nomes e os apelidos dos seus senhores

---

Chute de Grenade1492-1992, vol. 1, direcção de Abdeljelil Temimi, Zaghouan, Publications du Centre d'Études et de Recherches Ottomanes, Morisques de Documentation et d' Information, 1993, pp. 69-78. Sobre os mouriscos das ilhas Canárias cf. também Luis Alberto Anaya Hernandez, "La Religion y la Cultura de los Moriscos de Lanzarote y Fuerteventura atraves de los Procesos Inquisitoriales", *Métiers, Vie Religieuse et Problématique d' Histoire Morisque. Actes du IV Symposium International d'Études Morisques,* direcção de Abdeljelil Temimi, Zaghouan, Publications du Centre d' Études et de Recherches Ottomanes, Morisques de Documentation et d'Information, 1990, pp. 175-190; Idem, "Visita Inquisitorial a los Moriscos de Lanzarote y Fuerteventura", *Le Ve Centenaire de la Chute* [...], vol. 1, pp. 69-78.

[17] Isabel M. R. Mendes Drumond Braga, "Relações Familiares e Parafamiliares dos Mouriscos Portugueses", *Historia y Genealogia,* [*on line*], n.º 2, Córdova, 2012, pp. 201-213 (disponível *on line* em https://www.academia.edu/6580783/).

[18] Sobre a fome de 1520-1521 em Marrocos cf. Damião de Góis, *Crónica do Felicíssimo Rei D. Manuel,* edição anotada e prefaciada por J. M. Teixeira de Carvalho e David Lopes, parte 4, Coimbra, 1926, cap. LXXVI, p. 183; *Crónica de D. João II e Miscelânea por Garcia de Resende,* introdução de Joaquim Veríssimo Serrão, Lisboa, I.N.C.M., 1973, p. 373; Bernardo Rodrigues, *Anais de Arzila,* tomo 1 *(1508-1525),* publicação dirigida por David Lopes, Lisboa, Academia das Ciências, 1915, cap. LXXV, p. 327; Bernard Rosemberger, Hamid Triki, "Famines et Epidémies au Maroc aux XVIe et XVIIe siècles", *Hespéris-Tamuda,* vol. 14, Rabat, 1973, pp. 109-175. Sobre os muçulmanos que chegaram em resultado da fome, cf. Bernard Loupias, "Destin et Temoignage d' un Marocain Esclave en Espagne (1521-1530)", *Hespéries-Tamuda,* vol. 17, Rabat, 1976-1977, pp. 69-84.

[19] Ahmed Boucharb, "Spécificité du Problème Morisque [...]", p. 231.

e dos seus padrinhos[20] – e, sobretudo, por terem mantido a sua fé islâmica; os mouriscos eram indivíduos mal doutrinados, tenhamos em atenção que, ao contrário do que aconteceu nos Reinos de Espanha, não houve nenhum plano de doutrinação para estes indivíduos[21]; e dados a um enorme sincretismo religioso. Enquanto pessoas batizadas mas mal doutrinadas, não eram nem bons cristãos nem bons muçulmanos ou, como prefere Mikel de Epalza, eram muçulmanos obrigados a parecer cristãos[22]. Conheciam algumas ideias próprias do Cristianismo – quer em resultado de uma eventual e precária doutrinação, quer por participar ou conviver com as práticas católicas de forma quotidiana – e acabaram por assimilar elementos cristãos. No entanto, não podemos esquecer que praticavam frequentemente a dissimulação defensiva, a chamada *taqiyya* ou *qitmân*, autorizada pelo Islão desde que os crentes mantivessem a intenção, isto é, a *niyya*, que dava valor religioso aos seus atos, designadamente aos de culto. Com um domínio limitado da língua portuguesa,

---

[20] Isabel M. R. Mendes Drumond Braga, *Mouriscos e Cristãos* [...], pp. 54-58.

[21] Sobre os planos para integrar os numerosos mouriscos existentes em diversas zonas de Espanha cf. Louis Cardaillac, *Moriscos y Cristianos: um Enfrentamiento Polémico (1492-1640)*, tradução de Mercedes García-Arenal, Madrid, Fondo de Cultura Economica, 1979, pp. 44-50; Augustin Redondo, "El Primer Plan Sistemático de Assimilación de los Moriscos Granadinos: El del Doctor Carvajal (1526)", *Les Morisques et leur Temps*, Paris, C.N.R.S., 1983, pp. 10-123; Rafel Benítez Sánchez-Blanco, "Un Plan para la Aculturación de los Moriscos Valencianos: 'Les Ordinacions' de Ramirez de Hero (1540)", *Ibidem*, pp. 125-157; Juan Bautista Vilar, "Las 'Ordinaciones' del Obispo Tomás Dassio. Un Intento de Asimilación de los Moriscos de la Diocésis de Orilhuela", *Ibidem*, pp. 383-410; Ricardo García Carcel, "Estudio Critico del Catecismo de Ribera-Ayala", *Ibidem*, pp. 159-168; Rafael Benítez Sánchez-Blanco, "L'Église et les Morisques", *Les Morisques et l' Inquisition*, direção de Louis Cardaillac, Paris, Publisud, 1994, pp. 69-78. Recorde-se que inclusivamente se chegaram a redigir catecismos bilingues e com capítulos dedicados à gramática, alfabeto e pronúncia árabe. Cf. Adeline Rucqoi, "L'Enseignement de la Foi et des Pratiques dans l'Espagne du Début des Temps Modernes", *Homo Religiosus. Autour de Jean Delumeau*, Paris, Fayard, 1997, p. 193; Bernard Vincent, "La Evangelización de los Moriscos: las Misiones de Bartolomé de los Ángeles", *El Río Morisco*, tradução de Antonio Luis Cortés Peña, [s.l.], Universitat de València, Universidad de Granada, Universidad de Zaragoza, 2006, pp. 145-254; Youssef Al Alaoui, *Jésuites, Morisques et Indiens. Etude Comparative des Méthodes d'Evangélisation de la Compagnie de Jésus d'après les Traités de José de Acosta (1588) et d'Ignacio de las Casas (1605-1607)*, Paris, Honoré Champion, 2006. Em Portugal tal só aconteceu no século XVIII, visando os reduzidos. Cf. Isabel M. R. Mendes Drumond Braga, "Um Catecismo para os Muçulmanos: a *Doutrina Christã em Portuguez e Arabico*, de frei João de Sousa", *Anaquel de Estudios Árabes*, vol. 19, Madrid, 2008, pp. 41-52 (disponível *on line* em https://www.academia.edu/6555227/).

[22] Mikel de Epalza, "Los Moriscos frente a la Inquisición [...]", p. 739.

os mouriscos da primeira geração continuavam a comunicar em árabe entre si, quer no quotidiano quer, especialmente, durante as festividades religiosas que mantinham[23].

2. Voltemos a Leonor Lopes. Como antes se referiu, apresentou-se ao Santo Ofício em 1555, concretamente a 15 de Junho. Foi ouvida nesse dia, a 17 de Junho, a 8 de Novembro e a 30 de Janeiro de 1556. Nesta última data, acabou por ficar presa. Consideraram os inquisidores que a ré não confessara todas as culpas. Voltou a ser ouvida a 4 e a 24 de Fevereiro. A sua sentença foi lida no auto público da fé celebrado em Lisboa, a 26 de Maio de 1556. Fez abjuração em forma e foi condenada a hábito penitencial a arbítrio, tendo ainda recebido instrução religiosa no Colégio da Doutrina da Fé[24], de onde saiu em Julho de 1556.

Vejamos qual o percurso que a levou a este calvário. No início de 1554, Leonor Lopes preparava-se para regressar ao Islão, fugindo de barco com outros mouriscos, rumo a Safim[25]. Antes de Abril de 1554, segundo o testemunho de Cosmo Gonçalves, já havia vendido

---

[23] Maria Filomena Lopes de Barros, "Francisca Lopes, uma Mourisca no Portugal do século XVI. Sociabilidade, Solidariedades e Identidade", *Lusitania Sacra,* n.º 27, Lisboa, 2013, pp. 35-58.

[24] Sobre o Colégio, cf. Baltazar Teles, *Chronica da Companhia de Iesu da Província de Portugal* [...], tomo 2, Lisboa, Paulo Crasbeeck, 1647, pp. 182-183; *História dos Mosteiros, Conventos e Casas Religiosas de Lisboa no qual se dá Nota da Fundação e Fundadores das Instituições Religiosas, Igrejas, Capelas e Irmandades desta Cidade,* tomo 1, Lisboa, Imprensa Municipal de Lisboa, 1972, pp. 322-324; José Silvestre Ribeiro, *Historia dos Estabelecimentos Scientíficos Litterarios e Artísticos de Portugal nos successivos Reinados da Monarquia,* Lisboa, Tipografia da Academia das Ciências de Lisboa, 1873, tomo 1, pp. 100-101, tomo 3, pp. 117-124; Júlio de Castilho, *Lisboa Antiga. Primeira Parte O Bairro Alto,* Lisboa, Livraria de A. M. Pereira Editor, 1879, p. 246; Luís Pastor de Macedo, *Lisboa de Lés a Lés. Subsídio para a História das Vias Públicas da Cidade,* vol. 3, Lisboa, Câmara Municipal, 1942, pp. 85-88; Herculano Cachinho, "Colégio dos Catecúmenos", *Dicionário da História de Lisboa,* direção de Francisco Santana e Eduardo Sucena, Lisboa, Carlos Quintas & Associados, 1994, p. 290. Mais recentemente, surgiu o artigo de José Alberto Rodrigues da Silva Tavim, "Educating the Infidels within: some Remarks on the College of the Cathecumens of Lisbon (XVI-XVII centuries)", *Annali della Scuola Normale Superiore di Pisa. Classe di Lettere e Filosofia,* série 5, n.º 1-2, Pisa, 2009, pp. 445-472.

[25] Note-se que a saída clandestina de mouriscos e de cristãos-novos de judeus era feita, por vezes, em embarcações de cristãos-velhos a troco de elevadas quantias. Cf. Isabel M. R. Mendes Drumond Braga, Paulo Drumond Braga, "O Embarque de Cristãos-Novos para o Estrangeiro, um Delito na Inquisição de Lisboa (1541-1550)", *Gil Viccente. Revista de Cultura e Actualidades,* n.º 29, Guimarães, 1994, pp. 26-32.

parte dos seus bens e, antes de Agosto, pelo depoimento de António Vaz, fica a saber-se que já tinha pago alguma quantia em reais de prata para poder realizar a referida viagem, sob o comando de um cristão--velho. A que se deve a vontade de regressar ao Islão ao fim de tantos anos em Portugal, deixando para trás uma filha adulta e, então, cativa? A resposta é a própria Leonor que a dá, bem como um outro mourisco, António Vaz, com quem ela havia conversado.

A 15 de Junho de 1555, quando se apresentou, Leonor Lopes confessou que havia andado amorada depois de a justiça régia a ter condenado ao pagamento de uma multa no valor de 2.000 reais por ter dado de comer a uma escrava na sua taberna. De facto, a rapariga, a pedido de Leonor, que estava enferma, varrera a rua em frente ao estabelecimento depois de as autoridades terem ordenado a limpeza das vias públicas para que uma procissão, que iria ocorrer à noite, pudesse passar dignamente[26]. Após esta tarefa Leonor deu-lhe meio vintém e "de comer e de beber". A cerimónia religiosa fora ordenada para que "Nosso Senhor desse bom parto a princesa", isto é, para que D. Joana, tivesse o seu filho, sem perigo, o que veio a acontecer a 20 de Janeiro de 1554, com o nascimento de D. Sebastião, o herdeiro do trono. Perante os gravosos acontecimentos, Leonor ficou desesperada e ponderou regressar à sua terra natal, não sem antes ir em romaria a Nossa Senhora de Guadalupe[27] e de visita a Sevilha, onde viviam alguns cunhados. Note-se o sincretismo religioso, a falta de pressa, o arrependimento por ter combinado partir, resultante, presumivelmente, do facto de alguns dos envolvidos nestas viagens rumo ao Islão estarem com problemas com o Santo Ofício:

---

[26] Presume-se que se trata de uma "preta de ganho". A alternativa é estarmos perante uma escrava da própria taberneira, o que não seria caso inédito. Sobre o trabalho escravo em Portugal, em meados do século XVI, cf. A. C. de C. M. Sauders, *História Social dos Escravos e Libertos Negros em Portugal (1455-1555)*, tradução, Lisboa, Imprensa Nacional Casa da Moeda, 1982, pp. 95-126; Isabel de Castro Henriques, *A Herança Africana em Portugal*, Lisboa, CTT, 2009, pp. 87-100; Jorge Fonseca, *Escravos e Senhores na Lisboa Quinhentista*, Lisboa, Colibri, 2010, pp. 241-278.

[27] Sobre a relevância deste santuário em Portugal, cf. Isabel M. R. Mendes, *O Mosteiro de Guadalupe e Portugal (séculos XIV-XVIII). Contribuição para o Estudo da Religiosidade Peninsular*, Lisboa, Junta Nacional de Investigação Científica e Tecnológica, 1994.

"E dise que este Janeyro pasado fez hum anno que foy naquelle tempo que se fazião procisões para que Nosso Senhor desse bom parto a princesa, jazendo ella Lianor Lopez na cama doente ouvyo apregoar que varresem as ruas para a procissão que se avya de fazer de noute e chamou huma escrava e lhe comprou huum pote d agoa e lhe varreo ha rua e despoys de lhe ter asy feyto este serviço lhe deu de comer e de beber e meo vyntem e estando comendo em sua casa della que aquele tempo tynha taverna pasou por hy hum alcayde e vendo a estar comendo a dita escrava em casa lhe entrou dentro com o escrivão e seus homens e as levou ambas a casa do juys que vive na rua das Canastras o qual condenou a ella Lianor Lopez em dous myl reis em que asy foy condenada e vendo ella que a vezavam daquella maneyra fazendo lhe mal se queyxou dysso dizendo mal de sua vida dizendo tambem que mylhor era hyr viver a terra de mouros poys em terra de christãos fazião tantos agravos as mulheres pobres e viuvas que ganhavão sua vida e que ysto passou as Ave Maryas que não estava ja nynguem em sua casa e logo ao outro dia segynte polla manhãa estando ella asy ainda agastada veyo ahy ter Johão Fernandez mourisco de Setuval forro casado que foy preso na Santa Inquisição e vivya a par de Santa Justa e andava a palha e maryolla o qual he homem ja velho e tem a barba grande ja sobre o branco e vynha ahy comer e beber e vendo a asy agastada e sabendo como lhe levarão a pena lhe dysse – day o demo se quiserdes estamos aquy concertados com hum homem tres ou quatro mouriscos para nos levar para Africa se queserdes hyr conosco levar vos emos – e ella dise que sy que querya hyr com elles e lhe preguntou então quays erão os outros que com elle avya d yr e o dito Johão Fernandez lhe dise que era hum Francisco Lopez e hum Christovom Fernandez e asy hum Johão Alvarez que andava no Terreyro aos sacos e lhe dise que tynha tratado com hum homem que se chamava o Gago para os levar em que quando passarão o sobredyto não estava outra pessoa mays que ella e o dito Johão Fernandez que despoys ao meo dya tornou ahy o dito Johão Fernandez com hum homem mancebo de pouca barba a quem não sabe o nome e tynha o rostro a maneyra de vermelho e queymado como homem de mar e lhe disse o dito Johão Fernandez depoys de ter comydo que lhe desse hum par de tostões para dar ao dito homem por quanto era companheyro do que estava concertado com elles para os levar e ella cuydando que lhe dava os ditos dous tostões lhe deu oyto reales castelhanos e os não vyo mays e se forão então ambos e dahy a dous dias o dito Johão Fernandez tornou hy a sua casa e lhe preguntou em que estava se estava para hyr com elles ou não e ella lhe disse que querya acabar de vender hum pouco de vinho que tinha e então se avya d yr a Nossa Senhroa de Guadelupe e que não querya hyr com elles jaa e como de feyto como acabou de vender o vinho se foy caminho de Nossa Senhora de Guadelupe cumprir huma romerya que tynha prometyda e dahy se foy a Sevilha a ver huns seus cunhados que la tinha os quays hum se chama Joam (?) Fernandez mourisco e outro se chama Johão Cavado (?) e esteve laa ate agora avera hum mes e meyo que se veyo por se não achar laa bem nem com o trato da terra e que vem agora para tornar a ganhar sua vida em esta cidade como dantes e que pede perdam e mysericordia e que fará a penitencia que lhe derem e que era verdade que quando o dyto Johão Fernandez lhe dizze que se se querya hyr com elles para terra de mouros ella teve vontade de se hyr para laa como moura e que andou mays de tres semanas com esta vontade de se hyr para terra de mouros despoys que lhe tomarão os dous myl reis e que quando prenderão os ditos mouriscos *scilicet* Francisco Lopez e o dito Johão Alvarez do Terreyro ella Lianor Lopez estava ainda nesta cidade e tynha vontade de se hyr com ella para terra de mouros e que como soube que erão presos dise a algumas pessoas que se hya caminho de Nosa Senhora de Guadelupe como de feyto se foy ate laa por não saber a camynho de Castella e não achar companhya para outra parte senão por Nosa Senhora e dahy se foy a Sevylha como tem dito e que seu preposyto era hyr se para Castella e estar laa para a não prenderem qua e despoys de estar em Sevylha como tem dito se arrependeo do que tynha feyto e falado e concertado e detriminou de se vyr e se por nas mãos dos senhores inquisidores para que lhe dessem sua penitencia e fizessem della o que fosse servyço de Nosso Senhor Jesus Christo"[28].

---

28 Lisboa, A.N.T.T., *Inquisição de Lisboa,* proc. 7695.

Um outro depoimento, anterior à apresentação de Leonor Lopes, é bem claro acerca do desespero da taberneira após a multa a que fora sujeita. Importa esclarecer que, à luz das *Ordenações Manuelinas,* em vigor à data dos acontecimentos, nenhuma determinação implicava o pagamento de uma multa por dar de comer a uma escrava numa taberna. Presumivelmente, o agravo resultou ou de qualquer outra falta, ou por ser servida uma refeição num horário em que a taberna deveria estar encerrada, ou de alguma eventual prepotência das autoridades régias. O mourisco António Vaz tornou claro que a referida Leonor, depois de ter considerado a fuga para o Islão, tinha pensado em enforcar-se por temer ser presa pelo Santo Ofício[29]:

> "Amtre outras cousas disse que este anno despois da ceyfa topou elle declarante em esta cydade na Rybeira a Lyanor Lopez mourisca de quem tem dito em este Santo Officio e lhe perguntou como lhe hya e lhe disse que mal e que se avya de hir emforcar com huma corda porque avya medo da Inquysição e que a receava que a prendesem porque a querya fogir para terra de mouros com Joam Fernandez ho dos dedos e que lhe rogava que nom disese nada della ao senhor inquisidor e elle a consolou e lhe disse que tal nom fizese e que por outra vez tornando a a topar lhe disse outro tanto que se avya de emforcar ou deytar em huum poço e que elle lhe disse que tal nom fizese e que elle declarante lhe disse que lhe emsynarya humas palavras que lhe emsynara huum mouro que quem as dizia nom ouvese medo de Inquysição nem de nenhuum homem nem alymarya nem de nenhuma cousa e que as palavras em arabya dizem hala anpena huaraboco que querem dizer Deus fez a nos e a vos nom chegues vos a nos nem nos a vos e que dizendo isto nom ouvesem medo a Inquysição e que de todo pede perdão e mysericordia"[30].

A prisão por parte do Santo Ofício de vários mouriscos que desejavam regressar ao Islão, desencadeou o abandono da taberna por parte

[29] Sobre as mortes em resultado das prisões do Santo Ofício, cf. Isabel M. R. Mendes Drumond Braga, *Viver e Morrer nos Cárceres do Santo Ofício,* Lisboa, A Esfera dos Livros, 2015.

[30] Lisboa, A.N.T.T., *Inquisição de Lisboa,* proc. 7695.

de Leonor Lopes, que receou ser presa por ter igualmente combinado a viagem. Nas declarações que prestou pode ver-se como ganhou a vida enquanto esteve em fuga. Em Abril de 1554, saiu de Lisboa rumo a Torres Vedras, Santarém, Aldeia Galega, Guadalupe, Sevilha, Seixal e, de novo, Lisboa. Para se sustentar dedicou-se à compra e revenda de géneros alimentares e à apanha de azeitona. Pôs de parte a ideia de viver em Castela e acabou por se cansar de andar em fuga permanente apresentando-se à justiça, a 15 de Junho de 1555, pouco mais de um ano após ter deixado para trás a sua taberna. O depoimento é claro:

"onde andou algumas semanas comprando algumas galinhas e frangos e os tornava a vender as regateyras e desta maneyra andava pollas aldeãs como atemorizada tendo ydo já a Santarem onde esteve alguns dyas e vynha de quando em quando a esta cidade trazendo alguma cousa para vender qua que de fora trazia asy como galinhas ovos e queyjos andando o mays encuberto que podya ate o Agosto meado que se passou Aldeã Gallega com porposito de se hyr para Castella e por não saber o caminho e topar em Aldea Galega molheres que hyão em romarya para Nosa Senhora se foy com ellas com preposito dahy se hyr para Sevylha como foy para viver em Castella por nam ser presa e que não estarya em Sevylha mays que duas ou tres semanas por se achar mal desposta asy do caminho como desgostosa da terra por não ser de sua vontade e se veyo e se foy para casa de seu senhor da banda dalem onde esteve alguns dias ajudando apanhar azeytona e andou por esta cidade e por lugares daquy perto ganhando sua vida o mays encubertamente que podia sem dar conta a nynguem como andava ate que este Fevereyro passado se foy a Estremoz com detriminação de viver laa por lhe parecer bem a terra quando por hy pasou para Nosa Senhora de Guadelupe e se confesou logo ahy na entrada da Coresma e a não absolveo o padre como tem dito e que o ano passado se não confessou tam pouco por andar com aquelle preposito e engano e enganada do demónio andando nisso no tempo da Coresma ate que prenderão os ditos mouriscos como tem declarado e que os annos atras sempre se confessava e comungava da maneyra que dyto tem e que esta he a verdade e que pede perdão e mysericordia e que promete de viver e morrer na fee catholica de Nosso Senhor Jesus Christo e de nunca se della apartar e de descobrir quaysquer mouriscos que souber que se querem hyr para terra de mouros como boa christãa"[31].

Ter taberna aberta não era uma atividade socialmente prestigiante. Porém, tendo em conta que estamos perante uma mulher viúva, que fora cativa e que provavelmente começara a desempenhar a profissão de taberneira enquanto casada junto de seu marido, uma vez que não era raro na taberna estarem casais a preparar e servir comida e bebidas alcoólicas, não poderemos considerar que tenha sido particularmente mal sucedida. Refira-se que estes estabelecimentos serviam pratos simples e vinho sobretudo a trabalhadores não qualificados que se dedicavam a tarefas mal pagas e duras, tais como descarregar navios, fazer fretes e outros trabalhos afins. Sabe-se que em Lisboa, em meados do século XVI, havia 300 tabernas "que vendiam vinho", segundo a contagem de João Brandão (de Buarcos)[32], que nada acrescentou sobre o que mais se servia em tais estabelecimentos[33].

Como se sabe, os presos pelo Santo Ofício que nada levavam para o cárcere ou que depois de terem entrado necessitavam de determinados bens, podiam solicitá-los. Se fossem presos com meios, os chamados presos ricos, era-lhes possível rodearem-se de algum conforto. As escolhas estavam nas suas mãos, uma vez que pagavam os produtos que usavam desde a alimentação ao vestuário e calçado passando por determinados tratamentos, como as sangrias. No caso de detidos sem meios, os chamados presos pobres, era o Santo Ofício que os fornecia modestamente

---

[31] Lisboa, A.N.T.T., *Inquisição de Lisboa,* proc. 7695.

[32] João Brandão (de Buarcos), *Grandeza e Abastança de Lisboa (1552),* organização e notas de José da Felicidade Alves, Lisboa, Livros Horizonte, 1990, p. 206.

[33] Sobre a alimentação nesta época, cf. Isabel M. R. Mendes Drumond Braga, "À Mesa com Grão Vasco. Para o Estudo da Alimentação no século XVI", *Mathesis,* vol. 16, Viseu, 2007, pp. 9-59 (disponível *on line* em https://www.academia.edu/6739937/).

do que precisavam[34], assegurando o mínimo vital[35]. No princípio do século XVII, eram gastos em géneros alimentares 35 e 40 réis diários para mulheres e para homens, respetivamente. Era com estas quantias que diariamente se alimentavam os presos pobres[36], os quais compreendiam os pobres propriamente ditos[37] e as pessoas que viviam com parcos recursos[38]. Note-se que esta era uma diferença significativa face aos presos das cadeias régias, os quais ou tinham meios, ou obtinham esmolas ou, simplesmente, passavam todo o tipo de necessidades.

[34] As fontes de rendimento do Santo Oficio eram diversificadas. Entre elas contam-se a cobrança de numerário pelo fisco em resultado de administrar os bens imóveis dos que haviam sido presos com sequestro de bens. Por exemplo, a 21 de Outubro de 1621, os oficiais da câmara de Beja informaram o monarca que o ano havia sido estéril e os lavradores não podiam pagar ao fisco as dívidas a que estavam obrigados aos presos dos cárceres do Santo Ofício. Face ao exposto, solicitaram que "por este ano se sobrestivesse na arrecadação das dívidas até se recolher a novidade do ano que vem". Filipe IV decidiu que por então se não cobrasse mas que se fosse verificar se poderiam pagar pelo menos metade. Cf. Isaías da Rosa Pereira, *A Inquisição em Portugal. Séculos XVI-XVII. Período Filipino*, Lisboa, Vega, 1992, p. 119.

[35] Michèle Escamilla-Colin, *Crimes et Châtiments dans l'Espagne Inquisitoriale. Essai de Typologie Délictive et Punitive sous le dernier Habsbourg et le premier Bourbon*, tomo 1, Paris, Berg International Éditeurs, 1992, pp. 645-647 e 685.

[36] Isaías da Rosa Pereira, "Livro dos Presos Pobres da Inquisição de Évora do ano de 1609", *Revista da Faculdade de Letras*, 5.ª série, n.º 12, Lisboa, 1989, pp. 117-138.

[37] Jean-Pierre Gutton, em texto já com alguns anos, mas que continua operativo, definiu pobre e pobreza. Para o autor era pobre todo aquele que vivia apenas do seu trabalho porque a qualquer momento podia tornar-se indigente. Atendendo à total ausência de meios de segurança social, quem não tinha bens, ou seja, a esmagadora maioria da população, e, simultaneamente, não trabalhava era, naturalmente, pobre e, consequentemente cliente da caridade particular e institucional. O autor não esqueceu os mecanismos através dos quais a sociedade produzia pobres e os julgava, além de se deter no que denominou o vasto vocabulário da miséria. Finalmente, optou por tipificar três categorias de pobres: doentes, velhos e viúvos, fazendo notar que a maioria dos pobres eram mulheres. Cf. Jean- Pierre Gutton, *La Société et les Pauvres. L'Exemple de la Généralité de Lyon (1534-1789)*, Paris, Société d'Edition Les Belles Lettres, 1971, pp. 1-46. Mais recentemente, outros autores também se detiveram na conceptualização de pobre e de pobreza. Cf., para Portugal, Maria Antónia Lopes, *Pobreza, Assistência e Controlo Social. Coimbra (1750-1850)*, vol. 1, Viseu, Palimage Editores, Centro de História da Sociedade e da Cultura, 2000, pp. 13-17. Sobre os pobres nos discursos das elites, cf. pp. 35-163; Idem, *Protecção Social em Portugal na Idade Moderna. Guia de Estudo e Investigação*, Coimbra, Imprensa da Universidade de Coimbra, 2010, pp. 19-20. António Manuel Hespanha, *Imbecillitas. As Bem-Aventuranças da Inferioridade nas Sociedades de Antigo Regime*, São Paulo, Annablume, 2010, pp. 233-234. Para outros espaços, cf. Patricia Crawford, *Parents of Poor Children in England, 1580-1800*, Oxford, Oxford University Press, 2010, pp. 6-9.

[38] Sobre as dietas dos presos pelo Santo Ofício em Castela, cf. Michèle Escamilla-Colin, *Crimes et Châtiments dans l'Espagne Inquisitoriale. Essai de Typologie Délictive et Punitive sous le dernier Habsbourg et le premier Bourbon*, tomo 1, Paris, Berg International Éditeurs, 1992, pp. 666-673. Em Portugal, cf. Isabel M. R. Mendes Drumond Braga, *Viver e Morrer [...]*, pp. 91-107.

Leonor Lopes, não obstante ter andado em fuga mais de um ano, possuía alguns bens, os quais foram entregues ao Santo Ofício para seu sustento, durante o período de reclusão, isto é, entre e Janeiro e Julho de 1556. Era, como seria de esperar, um património modesto[39] composto por alimentos (trigo, cravo), peças de vestuário (saia, chapéu); jóias (dois anéis), móveis (duas arcas, uma de cedro outra de pinho), roupas de cama (almofada, colcha, colchão, fronhas de almofada, lençol), roupas de mesa (guardanapos), utensílios domésticos (alcofa, bandeja, castiçais de latão, cesto, facas, panela de cobre, peneira, rodilha, saca, tabuleiro, taleiga) e dinheiro (700 reais). Além destes bens, ainda havia outros pertencentes a um mourisco forro, Joane, preso nos cárceres do Santo Ofício exatamente pelo mesmo delito, ou seja, tentativa de fuga para o Norte de África. No processo ficou ainda claro o gasto do numerário com o sustento da ré, embora só tenham sido referidas as quantias despendidas. Porém, o problema que se levantou disse respeito aos dois anéis. Em dado momento, uma mulher, Francisca Lopes, filha da ré, dirigiu-se ao Santo Ofício de Lisboa, e requereu--os afirmando que lhe pertenciam. As jóias foram-lhe devolvidas mas foi levado a cabo um inquérito a várias testemunhas para apurar se Francisca Lopes era filha de Leonor Lopes e se os anéis eram da mãe ou da filha. As respostas foram inconclusivas, tendo Catarina Álvares, moradora no Seixal, uma das testemunhas ouvidas, afirmado que a ré tinha uma cadeia de ouro grande – que, inclusivamente lhe empresta-ra duas vezes para ir a uma romaria de Santo António – e dois anéis "um com uma pedra [...] e asy lhe vyo huum firmal com dous ou tres (?) d aljofere ou perolas a seu parecer tamanho como huum tostão"[40]. A testemunha ainda acrescentou que não viu Leonor Lopes dar as jóias à filha, mas ouviu dizer, a Francisca Lopes e a seu senhor, que ela lhas dera. Porém, não sabia se esta entregara de novo as jóias, embora lhe tenha dito que a mãe lhas pedira emprestadas e que ela lhas devolvera. Por seu lado, Francisca, ao requerer os anéis ao Santo Ofício, explicitou

---

[39] Cf. *infra* apêndice documental.

[40] Lisboa, A.N.T.T., *Inquisição de Lisboa,* proc. 7695.

a situação com pormenores, recuando a cinco anos atrás, quando dera à mãe uma cadeia de ouro. Aparentemente, as jóias eram usadas por mãe e filha: "[uma cadeia de] fosys redondos cheos e ouvyo dizer que pezarya vynte cruzados e dous anes d ouro com duas pedras vermelhas e nam sabe ella declarante se sam finas se não huum mayor e outro mays pequeno e o mays pequeno peza quatrocentos menos vynte e ho mayor ouviu ella declarante dizer que pezava quynhentos reis e huma joya com huma pedra vermelha no meyo ordada a maneyra de comcha com tres perollas meyas pegadas na dicta joya cada huma sobre sy". Leonor Lopes deu lhas e há dois anos emprestou as a sua mãe, que lhas pediu para as empenhar e comprar trigo e azeite para ganhar sua vida e que depois de ganhar as desempenharia e lhas daria de volta. Ela deu-as sem licença do seu senhor. A mãe não lhas voltou a dar e disseram-lhe que as tomaram no Santo Ofício quando a prenderam e que foram achadas em poder de um mourisco de nome Joane. Francisca acrescentou que não as tinha ido pedir ao Santo Ofício mais cedo por não ser livre e não ter licença de seu senhor.

3. Leonor Lopes, mourisca, viúva, taberneira e foragida ao Santo Ofício durante mais de um ano, é um exemplo de entre muitos que poderiam ter sido escolhidos para ilustrar as dificuldades vividas pelos que tinham problemas com a justiça. Trata-se de uma mulher desprotegida, pertencente a um grupo étnico religioso minoritário e a desempenhar uma atividade desprestigiada e pouco rentável que, um dia, após ter dado de comer e de beber a uma escrava que lhe havia prestado um serviço doméstico, foi constrangida ao pagamento de uma multa no valor de 2.000 reais. Lembremos que se tratava de uma quantia considerável para quem vivia do seu trabalho, em meados do século XVI. Para termos pontos de comparação, pensemos que, em Lisboa, o preço médio de um escravo era de 15.000 reais, um moio de trigo, ou seja, qualquer coisa como 780 a 1.000 quilos, custava 5.000 reais; um tonel de vinho, isto é, 900 litros, 8.000 reais; uma arroba de mel, por volta de 11 quilos, 600 reais, um guadamecil entre 2.500 e 4000 reais, um cobertor de Castela 1.000 a 1.200 reais, um saco de carvão 40 reais, uma pele de bode 100

reais, uma canastra de 20 a 40 reais, uma caixa de madeira para guardar marmelada de 20 a 30 reais e os exemplos poderiam continuar[41].

Ao sentir-se injustiçada com a multa, Leonor Lopes pensou e programou uma saída para Safim, sua terra natal. Se bem que este fosse um desejo de muitos mouriscos, no caso desta taberneira vinda para Portugal com 15 anos, mãe de uma rapariga e relativamente bem-sucedida dentro do grupo dos mouriscos, a tentativa de regresso ao Islão parece ter sido um ato de desespero mais do que um desejo de regressar à sua terra e eventualmente à sua família, que havia deixado involuntariamente há 40 anos. Prova disso mesmo é que não teve pressa para partir. Por outro lado, a prisão de vários mouriscos com quem iria viajar levou-a a uma situação de clandestinidade que terminou quando, de livre vontade, se entregou ao Santo Ofício. O facto de ter estado em Castela, designadamente em Guadalupe e em Sevilha, e de ter voltado a Lisboa demonstra, cremos, que preferiu responder a um processo do que ficar longe da sua terra de acolhimento, embora o facto de ficar em Castela não a impedisse de ser presa, uma vez que havia colaboração entre os tribunais dos dois Reinos. No meio destas deambulações perpassam algumas informações acerca da sua atividade laboral e do seu património.

A ré, como se apresentou e como residia em Lisboa, em casa de outra mourisca, não ficou detida de imediato. Porém, os inquisidores ao considerarem que optara por fazer uma confissão diminuta acabaram por prendê-la. De qualquer modo, o processo foi bastante célere, o que não impediu que o parco património ficasse perdido, uma vez que foi gasto com o sustento durante o período de reclusão. Em suma, uma multa que considerou injusta, aplicada pela justiça régia, levou-a a problemas mais graves, como andar amorada e acabar nos cárceres do Santo Ofício. Não perdeu apenas 2.000 reais, perdeu o seu local de trabalho e o seu sustento, perdeu a tranquilidade, o magro património e a liberdade. Eis um exemplo de torpes caminhos da justiça na Época Moderna.

---

[41] Todos estes preços constam da obra de João Brandão (de Buarcos), *Grandeza e Abastança de Lisboa* [...].

Apêndice Documental[42*]

1556, Fevereiro, 1, Lisboa – *Lista dos bens entregues pela mourisca Leonor Lopes ao Tribunal do Santo Ofício de Lisboa, após ter sido presa, cujas quantias obtidas após a venda foram utilizadas no sustento da ré.*
Lisboa, A.N.T.T., *Inquisição de Lisboa,* proc. 7695.

/fol. 24/ Item huum saquo cheo de trygo d Alentejo que serya mays de seys alqueires

Item outro saqua que parece que terya dous alqueires

Item huma arqua grande de cedro e demtro nella as cousas seguyntes:

Item huum meyo colcham

Item huma meya colcha de pano de Ruam velha

Item huum meyo lamçol de calhamaço

Item huam saya azzul nova de palmylha (?)

Item huum sombreyro

Item dous mandis [bolsas de mandinga?] de Guyne

Item duas fronhas d almofada

Item huma almofada de godomedil chea de lam

Item huum saqua vazio e asy rodilhas e guardanapos

Item duas peneyras e huum sesto grande e huum gral de pedra e huma panella de cobre

Item dous casticays de latão

/fol. 24v/ Item dous tavoleyros e huma bamdeja e huum meyo alqueire

Item huma alcofa e huma teyga

Item dous quartos vazios

Item outra arqua de pinho velha e demtro nella humas rodilhas e tres faquas e cravo em huum coquo

---

[42*] Critérios de transcrição: respeito pela ortografia original mas com atualização de maiús-culas e minúsculas; separação das palavras que no original estavam unidas e junção das sílabas ou letras de uma mesma palavra que estavam separadas; desenvolvimento das abreviaturas mantendo apenas a forma dos numerais; introdução de alguma pontuação; uso de [ ] para tudo o que tenha sido interpretado pelo leitor ou acrescentando ao texto original; aplicação de (*sic*) a seguir aos erros do próprio texto original; uso de (?) quando a leitura oferece dúvida; utiliza-ção de /fol. / para indicar a mudança de fólio; uso de \ e / para indicar palavras entre linhas.

Item huum catele [cutela?] da terra porque nam o he dos da India

Item forão achados dous anes d ouro huum de duas pedras e outra de huma

Item foy mays achado no dito fato setecentos reis

E todo este fato era de Lyanor Lopez mourisca forra que esta presa no carcere do Santo Officio e do qual dinheyro se deu aos ratinhos qua acarretaram o fato quatro vimteens e fiquaram em mão de mym notario os anes d ouro e asy os seyssentos e vynte reis em dinheyro para se fazer delle o que os senhores inqysidores mandasem [...].

E o anel de huma pedra que acima digo veyo huma molher e disse ao senhor inquysidor que era seu e que a dita Lyanor Lopez lhe dera dous tostões sobre elle e deu os dous tostões e lhe mandou dar o anel"

/fol. 25/ Item se achou mays na casa da dita Lianor Lopez mourisca outra arqua de pinho pequena que disse que era de Joane mourisco forro que neste carcere esta preso em a qual arqua estam as cousas seguyntes e ella fechada esta na camara do secreto deste Santo Officio fechada:

Item quatro lemções

Item dez guardanapos

Item tres toalhas de alympar as mãos

Item duas toalhas de mesa

Item huum pedaço de pano de lynho que sera huma vara

Item outro pedaço que sera tres varas

Item tres covados de fustão preto

Item huma vara de calhamaço cru

Item outras duas toalhas huma curada outra crua

Item huum travyseyro e huma almofada

Item huma camysa delgada

Item huum gybão de solya digo saynho de solya

Item huma capa todasa nova

Francisco Figeuira estrybeyro d el rey nosso senhor deu myl reis que eram de Joane os quaes me trouxe Bento Rodriguez guarda

Item o dito dia que eram XX de Fevereiro dey ao dito Joane cem reis

Item aos XXVI do dito mes cem reis a Joane

/fol. 25v/ Item aos cimco dias do mes de Fevereyro se deu a Lyanor Lopez huum tostão para seu mantimento

Item aos quymze do dito mes de Fevereiro dey mays para Lyanor Lopez para seu mantemento cem reis

Item aos XXII de Fevereyro eu notário dey a Lianor Lopez mourisca huum tostão

Item aos cimco de Março dey a Baltesar Teyxeyra para Lianor Lopez cem reis

Item aos XVII dias de Março dey a Brycio Camello cem reis para Lianor Lopez

Item aos XXVIII de Março dey a Bento Fernandez guarda cem reis para Lyanor Lopez

Item aos quatro dias d Abril dey a Lyanor Lopez cem reis

Item aos XIIII d Abril dey a Lyanor Lopez seys vimtes para seu mantimento e acabou se o deposyto que tinha em poder.

CUANDO LA RELACIÓN MATERNO-FILIAL TERMINA EN LOS TRIBUNALES. PLEITOS DE DOÑA ANTONIA DE LA CERDA, MARQUESA CONSORTE DE AGUILAR DE CAMPOO

Alberto Corada Alonso
Universidad de Valladolid [1]

En palabras de Ignacio Atienza "la situación de las mujeres nobles presenta una doble articulación", puesto que aunque pertenecían a un estamento dominante con todas las ventajas y comodidades que ello podía reportar, no dejaban de ser un grupo dominado "por sus compañeros de clase, llámense padre, hermanos o marido"[2].

Dentro de este mundo aristocrático nació en la villa de Medinaceli, en diciembre de 1567, doña Antonia de la Cerda, hija de Juan Luis de la Cerda, V duque de Medinaceli, y de su esposa, Isabel de Aragón. Como hija mayor de esta poderosa familia, su deber era el de contraer un matrimonio provechoso que asegurase las alianzas estratégicas y familiares de su Casa. Así, el elegido como marido fue don Bernardo Fernández Manrique de Lara, V marqués de Aguilar de Campoo, VIII conde de Castañeda,

---

[1] Beneficiario del Programa de Formación del Profesorado Universitario (FPU) del Ministerio de Educación, Cultura y Deporte de España. FPU13/00594.

[2] Ignacio Atienza Hernández, "Las mujeres nobles: clase dominante, grupo dominado. Familia y orden social en el Antiguo Régimen", *Ordenamiento jurídico y realidad social de las mujeres: siglos XVI a XX: actas de las IV jornadas de investigación interdisciplinaria*, coordinación de María Carmen García Nieto, Madrid, Seminario de Estudios de la Mujer, Universidad Autónoma, 1986, pp. 165-166.

DOI: http://dx.doi.org/10.14195/978-989-26-1033-7_2

Pregonero, Chanciller Mayor de Castilla y Grande de España[3]. De este modo, en mayo de 1586 se dieron las capitulaciones matrimoniales[4], previa dispensa papal de parentesco[5]. Posteriormente, celebraron un matrimonio que duró hasta la muerte de don Bernardo, el día 2 de octubre de 1597 en la villa de Piña de Campos, actual provincia de Palencia, después de una breve pero definitiva enfermedad tras la que dejó a sus cinco hijos como menores de edad[6].

Esta circunstancia hizo necesaria la inmediata creación de la figura de un tutor, puesto que debido a la aplicación del derecho romano en Castilla, la muerte del padre, a diferencia de lo que sucedía con la madre, originaba la disolución de la comunidad doméstica[7]. De hecho, "la tutela se convertía así en pieza clave del mecanismo sucesorio y también del dominio de las haciendas, pues una mala gestión de los bienes podía acarrear importantes consecuencias económicas familiares"[8].

En el caso que nos concierne se trataba de un tutor de los denominados testamentarios, designado por el propio marqués don Bernardo. Este tipo de tutela fue preferida a todas las demás y, por lo tanto, no tuvo necesidad de confirmación por parte de un Juez Ordinario ni de fianza, aunque lo común es que sí que se hiciera para evitar daños mayores[9]. La persona elegida por el testador fue la marquesa viuda doña Antonia de la Cerda, como queda reflejado en una de las cláusulas de su testamento

---

[3] Juan Miguel Soler Salcedo, *Nobleza española, Grandeza inmemorial, 1520*, Madrid, Visión Libros, 2013, pp. 44-45.

[4] Madrid, Real Academia de la Historia (R.A.H.), Colección Salazar y Castro, M-20, f. 49v. Las capitulaciones fueron otorgadas por Juan Luis de la Cerda, V duque de Medinaceli y don Antonio Manrique y Francisco Enríquez, en nombre de de Don Bernardo Manrique.

[5] Madrid, R.A.H., Colección Salazar y Castro, M-20, f. 217v. La dispensa la dio el papa Sixto V el 4 de julio de 1586.

[6] Valladolid, Archivo de la Real Chancillería de Valladolid (A.R.Ch.V.), Pl. Civiles, Pérez Alonso (F), Caja 1587, 5, f. 19r.

[7] Rosa María García Naranjo, *Doña Leonor de Guzmán o el espíritu de casta: mujer y nobleza en el siglo XVII*, Córdoba, Servicio de Publicaciones, Universidad de Córdoba, CajaSur Publicaciones, 2005, p. 80.

[8] *Ibidem*.

[9] Pedro Melgarejo, *Compendio de contratos públicos, autos de particiones, executivos y de residencias, con el género del papel sellado, que a cada despacho toca*, Madrid, Imprenta de Francisco Otero, 1791, p. 237.

donde dejaba a su mujer como tutora y administradora de las personas y los bienes de todos sus hijos, especialmente del heredero, Juan Luis Fernández Manrique de Lara. La cláusula dice lo siguiente:

> "mando, quiero y es uoluntad que doña Antonia de la Zerda, mi mui cara y amada muger, sea tutora y curadora de las perssonas e uienes de estos dichos don Juan Manrrique y doña Ana y doña Ysauel y doña Antonia y doña Françisca, mis hijas, los quales gouierne y rija y administre y alimente de estos vienes del Mayorazgo de sus legítimas conforme a ella le pareziere y en la cantidad que uien visto le sea y tenga la dicha tutela y curaduría hasta que estos mis hijos sean de hedad de ueinte y zinco años, o hasta que mude de Estado, a los quales mando anssí la ayan la uendizión de Dios y la mia, y la ssean mui obedientes en todo quanto les hordenare y mandare porque es tan buena y gran señora que no les mandará sino lo que sea muy justo e razonable"[10].

La marquesa aceptó tal encargo y se convirtió de esta manera en la gobernadora y administradora del Estado de los marqueses de Aguilar de Campoo, una mujer con un poder real dentro de dicho señorío, aunque no por ello fuera acatado por todos. Por lo tanto, doña Antonia, mientras no escogiera de nuevo la vía del matrimonio, podía actuar con la independencia que le daba la dirección de la Casa, una cierta solvencia económica y, por encima de todo, la viudedad, estado que le permitió ejercer funciones que de otro modo le hubieran estado vedadas. Mª Pilar Córcoles llega a decir que si la viudez "no traía consigo la pobreza, podía ser un estado feliz para muchas mujeres"[11].

Ahora bien, el hecho de que el marqués don Bernardo concediera la tutela de sus hijos a su esposa demuestra la confianza que tenía puesta

---

[10] Aguilar de Campoo, Archivo Parroquial de San Miguel de Aguilar de Campoo (A.P.S.M.A.C.), Carpeta Varios nº 20, doc. 35.

[11] María del Pilar Córcoles Jiménez, "Aspectos de la situación jurídica de la mujer en el Antiguo Régimen a través del estudio de los protocolos notariales. Algunos ejemplos de la villa de Albacete a finales del siglo XVI", *Al-Basit: Revista de Estudios Albacetenses*, nº 42, 1999, p. 66.

en ella, entendiendo a la madre como la persona más idónea para el desempeño de unas funciones tutelares que suponían una enorme responsabilidad[12]. Independientemente de lo que estas expresiones tuvieran de fórmula protocolaria, Rosa Mª García Naranjo vio en esta realidad la demostración del cambio que se estaba produciendo en el terreno de las relaciones materno-filiales, pero también en las puramente maritales, ya que el marido reconocía así una mayor autoridad de la madre sobre la que también era su descendencia[13]. Esta confianza en las mujeres fue aumentando paulatinamente hasta llegar a mediados del siglo XVIII donde en más de un 84% de los casos la elegida para ejercer la tutela de los hijos menores fue la esposa del testador, fuera o no la madre de los mismos. Para este momento, Máximo García Fernández entiende que muestras de afecto y cariño como las demostradas por el marqués hacia su mujer en la cláusula de tutela eran una simple muletilla, algo que, sin embargo, no restaba ningún valor al nombramiento[14].

De este modo, con afecto o sin él, Antonia de la Cerda se encontró en una posición de dominio y libertad que no había conocido hasta entonces, aunque a su vez recayó sobre sus hombros una pesada carga. Poco después de abrir el testamento se dieron cuenta de lo endeudada que había dejado su hacienda don Bernardo. La situación económica del Estado de Aguilar requería de una mano firme y de una actuación rápida y decidida, y la marquesa como administradora debía de afrontar el pago de las muchas deudas dejadas por el marqués[15]. Este paso adelante significaba romper con la idea de reclusión en el ámbito doméstico que se presuponía para la mujer en el Antiguo Régimen, aunque esto siempre estuvo más presente para las clases urbanas medias que

---

[12] María Herranz Pinacho, *Amor y linaje en los documentos del Fondo Daza. Una mirada a la infancia y la minoría de edad en el siglo XVI*, Dirigido por José Manuel Ruiz Asencio y Mauricio Herrero Jiménez, Trabajo Fin de Máster inédito, Valladolid, Universidad de Valladolid, Facultad de Filosofía y Letras, 2013, p. 35.

[13] Rosa María García Naranjo, *Doña Leonor [...]*, p. 79.

[14] Máximo García Fernández, *Herencia y patrimonio familiar en la Castilla del Antiguo Régimen (1650-1834): efectos socioeconómicos de la muerte y la partición de bienes*, Valladolid, Universidad de Valladolid, 1995, p. 296.

[15] Valladolid, A.R.Ch.V., Pl. Civiles, Pérez Alonso (F), Caja 1587,5, f. 19v.

para la aristocracia, cuya reputación estaba por encima de los ataques que pudieran sufrir[16].

En el momento de su muerte se estimaban las deudas del Mayorazgo en una cantidad total de 16.256.820 maravedís, de los que 9.913.031 eran en dinero y bienes y el resto en censos y réditos[17]. Aunque quizás, y debido a que este tipo de endeudamiento era completamente común en esta época entre las grandes familias nobles castellanas, lo más grave fuese la lacerante falta de inversión que afectó al conjunto de sus Estados y que, por ejemplo, dejó en una situación ruinosa toda una serie de fortalezas que tenía bajo su poder como eran las de Piña, Abia de las Torres, Villanueva, Villalumbroso, Aguilar, Reinosa, Cartes, San Vicente de Toranzo y Labanzón, además de otras que se denominan como nuevas. En 1605 la marquesa de Aguilar estipuló el gasto para la reparación en más de 100.000 ducados, es decir, al menos 37.400.000 maravedís, tres veces el presupuesto anual de la Casa de Aguilar[18]. Esta triste realidad hizo que la marquesa ordenase a sus hijos aceptar la herencia a beneficio de inventario[19], quedando ella como encargada de solventar las deudas de su marido. Así, el recuerdo de don Bernardo quedaba lejos de esa visión de la Nobleza Virtuosa de la que hablaba Luisa de Padilla en su "reformación de nobles" y se acercaba quizás más a esas lágrimas que representaban los vicios de una nobleza de abolengo con un modo de vida puesta en entredicho[20].

En su descargo hay que decir que tal situación no se puede achacar únicamente a la mala gestión que de su Señorío hizo don Bernardo, al gasto en el juego o al mantenimiento de unas ambiciones que quizás

---

[16] Margarita Torremocha Hernández, "El matrimonio y la relación de los cónyuges en la Castilla postridentina (en la literatura de la época), *Familia, valores y representaciones*, coordinación de Joan Bestard, Murcia, Universidad, 2010, p. 173.

[17] Valladolid, A.R.Ch.V., Pl. Civiles, Pérez Alonso (F), Caja 1587, 5, ff. 10r-13v.

[18] Ibídem, f. 40r.

[19] Ibídem, f. 60r.

[20] Margarita Torremocha Hernández, ""Lágrimas de la nobleza" o lágrima por la nobleza. Luisa de Padilla, condesa de Aranda y su "reformación de nobles"", *Campo y campesinos en la España Moderna; culturas políticas en el mundo hispano*, vol. 2, Coordinación de María José Pérez Álvarez y Alfredo Martín García, FEHM, 2012, p. 1761.

sobrepasaban su posición. La herencia recibida pudo pasarle factura pues su padre invirtió mucho en apoyo de la Corona como uno de los grandes de la Corte de Felipe II, y su posición en la misma fue quizás una sombra demasiado alargada para su heredero, quien tuvo que pleitear y aprovecharse de toda la influencia que su título le otorgaba para conseguir del rey prerrogativas, como la de Pregonero mayor, que a su padre jamás se le discutieron[21].

Y por si fuera poco, no debe olvidarse la profunda crisis por la que atravesaba la aristocracia castellana desde mediados del siglo XVI[22]. Las rentas que hasta entonces habían sustentado su posición, en valores reales, iniciaron un claro descenso provocando serios problemas de endeudamiento debido, generalmente, a que las Casas nobles no fueron capaces de aumentar sus ingresos tradicionales lo suficiente como para paliar los efectos del incremento de los precios y el mantenimiento de su elevado gasto suntuario[23].

Pleitos heredados y pleitos en defensa del Estado y Casa de Aguilar

Así pues, ante esta delicada situación y apoyándose en unas rentas señoriales que tuvieron como epicentro las villas de Aguilar de Campoo y de Piña, Antonia de la Cerda comenzó una serie de batallas legales con la clara intención de defender los Estados de su hijo, ordenando

---

[21] Los años 1592 y 1593 fueron de una enorme actividad para el marqués de Aguilar de Campoo, quien tuvo que poner en movimiento toda una estrategia de alianzas familiares para conseguir sus deseos de ascenso en la Corte. Así, su suegro, el V duque de Medinaceli, escribió al rey Felipe II para solicitar que se entregase al marqués la toalla para el servicio del príncipe de Asturias como era costumbre hacerlo con otros grandes. Madrid, R.A.H., Colección Salazar y Castro, M-20, f. 97. Del mismo modo pidió al tío político de su esposa, don Francisco Gómez de Sandoval y Rojas, por entonces V marqués de Denia, su intercesión en este asunto y en otros de su interés. Madrid, R.A.H., Colección Salazar y Castro, M-20, f. 98.

[22] Bartolomé Yun Casalilla, *Sobre la transición al capitalismo en Casilla. Economía y sociedad en Tierra de Campos (1500-1830)*, Valladolid, Junta de Castilla y León, 1987, p. 309.

[23] Jesús Bragado Mateos, "El censo como instrumento de crédito para la nobleza castellana en la Edad Moderna", *Hispania: Revista española de historia*, vol. 52, nº 181, 1992, pp. 453 y 465.

las rentas desfallecidas, reconstruyendo fortalezas y ensamblando de nuevo su poder en el marquesado. Ni que decir tiene que esta labor tuvo también un componente de beneficio personal, pues al defender el patrimonio de su hijo estaba asegurando su posición y la posibilidad de recuperar la dote que su padre, el duque de Medinaceli, le dio para su matrimonio. Esta dote ascendía a 80.000 ducados, pero fueron gastados, en contra de lo estipulado por ley, por parte don Bernardo[24]. Para hacerse una idea de los esfuerzos llevados a cabo por doña Antonia de la Cerda baste con leer la siguiente expresión que Diego de Villalobos, su procurador, utilizó para referir la situación en estos primeros años de gestión de la marquesa, quien "gastó mucho en desempeñar la Casa y Estado [...] y allanar muchos pleitos y dificultades y recobrar honores y cosas pertenecientes a la dicha Casa"[25].

Sin embargo, para esa ardua tarea no siempre contó con la ayuda de los oficiales y criados heredados de la administración anterior. Una de sus primeras acciones como gobernadora de la Casa de Aguilar fue la de pedir al Tesorero de su marido la entrega de la documentación pertinente, de todos los papeles que pudiera tener, para saber qué medidas tomar en cuanto a la administración del Señorío. Sin embargo la mayoría de esos papeles nunca llegaron a su poder y fueron sustraídos por mayordomos como Pedro Navarro en la villa de Abia o Diego Bustamante en la villa de Piña[26], recelosos de perder su poder y prerrogativas. Mal comenzaba la andadura de la marquesa al frente de la tutela de su hijo y poco respeto guardaron tales oficiales a la memoria del difunto marqués, que siempre demostró confianza y cariño hacia su esposa, como quedó reflejado en su testamento al pedirle que cuidase y velase por todos sus vasallos,

> "pido y suplico y encargo encarecidamente a doña Antonia de la Cerda, mi mui cara e amada muger, por la amistad y vuena compañía que

---

[24] Valladolid, A.R.Ch.V., Pl. Civiles, Moreno (OLV), Caja 756, 2, f. 172v. Esto hacía otros 29.920.000 mrs. de deuda.

[25] Ibídem, f. 172v.

[26] Ibídem, f. 15r. La marquesa inició un pleito contra tales oficiales aunque no ha sido posible localizarle.

conmigo a tenido, aga merced a todos mis basallos, y particularmente a los de la mi billa de Aguilar, y les aga merced en todas las ocasiones que se les ofrezca e tuuieren necesidad"[27].

Aún así, y ejerciendo las funciones que le fueron encomendadas, doña Antonia se puso decididamente al frente de la defensa del Estado de su hijo, con la intención de cerrar una serie de pleitos heredados de la época de gestión de su marido. Pleitos, además, que cuestionaban gravemente la autoridad jurisdiccional de la Casa de Aguilar en algunos lugares que, desde "tiempos inmemoriales", consideraban como parte de sus Estados.

El principal de estos pleitos habidos en materia jurisdiccional fue el que enfrentó a la marquesa de Aguilar como madre y tutora de su hijo el marqués, con el Convento de Santa Fe de Toledo y su comendadora, Berenguela Bernal. Hay que decir, sin embargo, que en este pleito los marqueses de Aguilar no se encontraban solos, pues en la demanda se incluían peticiones idénticas de don Juan de Padilla Manrique y Acuña, conde de Buendía, Santa Gadea y Cifuentes, Adelantado Mayor de Castilla. Encontramos, por lo tanto, a dos de las grandes personalidades de Castilla, el Chanciller y el Adelantado Mayor del reino, que veían sus Señoríos cuestionados por un convento de monjas[28].

El asunto dio comienzo con una demanda el 26 de abril 1591, aún en vida de don Bernardo, que Pedro Jiménez presentó en la Chancillería de Valladolid contra el marqués y el adelantado, porque a su entender pertenecía a Santa Fe de Toledo la posesión, con pechos y derechos, jurisdicción civil y criminal, mero y mixto imperio, de los lugares de Quintanaloma y Villaescusa de Butrón, en el norte de la provincia de Burgos. Sin embargo la disputa por estos lugares venía de lejos. Parece que el convento de Santa Fe tuvo por suyos tales lugares, pero la comendadora Berenguela Bernal les vendió sin los títulos correspondientes primero a Pedro de Herrera y después a Diego de Rojas. Enterada de este desatino, la Orden de Santiago pleiteó para recuperar dichos lugares de nuevo y que se restituyesen en

---

[27] Valladolid, A.R.Ch.V., Pl. Civiles, Pérez Alonso (F), Caja 1587, 5, f. 50v.

[28] Ibídem, Registro de ejecutorias, Caja 2108, 6 y Caja 2042, 44.

plenitud. Sin embargo, Quintanaloma fue a parar a manos del marqués de Aguilar don Luis Fernández Manrique, abuelo del marqués Juan Luis, y Villaescusa a poder de doña Luisa de Padilla, condesa de Santa Gadea y madre del Adelantado Mayor. Es cuando mueren estos dos nobles y heredan sus legítimos sucesores cuando dio comienzo el pleito que aquí interesa[29]. Sin embargo, en 1597, en pleno desarrollo judicial, la Casa de Aguilar perdió a la cabeza de su linaje, lo que provocó que fuera Antonia de la Cerda la que tuviera que asumir la dirección de tales asuntos.

En diciembre de 1603 la Chancillería falló condenando al marqués de Aguilar y al Adelantado Mayor a devolver al monasterio cada uno su lugar correspondiente, con la plenitud en la posesión y la jurisdicción. Evidentemente, la marquesa no iba a aceptar de buen grado una sentencia tan desfavorable para sus intereses, por lo que decidió recurrir y utilizar una potente argumentación documental y jurídica, con la intención de demostrar que el lugar de Quintanaloma y su jurisdicción eran propios de su Casa y Mayorazgo desde tiempo inmemorial, hecho que se demostraba por los "alcaldes mayores y justicia y ministros que habían puesto"[30].

La perseverancia de la marquesa logró que definitivamente se consiguiera una victoria, aunque parcial, en dicho pleito. Y fue parcial porque cuando en 7 de marzo de 1608 se dio la sentencia de revista con carácter definitivo se confirmó la anterior en lo tocante a la restitución de Quintanaloma al convento, junto con el señorío, pechos y derechos. Por el contrario, la jurisdicción civil y criminal, mero y mixto imperio del lugar se dio libremente a la Casa de Aguilar, habiendo hecho buenas de este modo las nuevas probanzas presentadas[31]. Idéntico resultado salomónico se dio al Adelantado Mayor en cuanto a Villaescusa de Butrón, pudiendo así hacer efectiva la herencia proveniente de su madre, doña Luisa de Padilla. De este modo consiguió dar por finalizado un pleito que había durado 17 años y que había consumido gran parte de los esfuerzos de la marquesa desde el mismo día en que accedió a la tutela de sus hijos.

---

[29] Ibídem, Caja 2042, 44.

[30] Ibídem, Caja 2108, 6.

[31] Ibídem, Caja 2042, 44.

No obstante, con esta resolución únicamente se cerraba un apartado dentro de toda una maraña de pleitos que consumían el dinero y los esfuerzos de la Casa de Aguilar. Según Richard Kagan, en Castilla el mayor pleiteante era el rey, aunque la aristocracia castellana lo era tanto como él, lo que hacía que los grandes vivieran "atrapados en una interminable red de disputas sobre dotes, vínculos, herencias, donaciones, tenencias de tierras y obligaciones señoriales que cada vez más llegaban a los tribunales"[32]. Sin embargo, tal realidad no se puede circunscribir únicamente a las clases privilegiadas, ya que se puede apreciar también cómo desde el siglo XVI los propios vasallos entendieron los pleitos como la única manera de poner coto a los excesos de poder de sus señores jurisdiccionales[33]. Además, la población castellana vio en la Chancillería al único tribunal capaz de frenar a los grandes y el lugar donde los humildes podían esperar una audiencia imparcial[34]. Esto es lo que debió de pensar el hidalgo Juan de Collantes, vecino de Castilpedroso, en el Valle de Toranzo, en la actual Cantabria, cuando demandó a la marquesa de Aguilar debido a que sus bienes habían sido embargados y vendidos ante su negativa a pagar las alcabalas, y otros derechos que no se especifican, como el resto de los vasallos del lugar[35]. Como era habitual, Juan de Collantes acudió a la Chancillería como tribunal de apelación, pues la sentencia dada por el Alcalde Mayor en el Adelantamiento de Castilla del Partido de Burgos no le había complacido[36].

A caballo entre los pleitos por motivos jurisdiccionales y por motivos económicos se encuentra un proceso al que la marquesa tuvo que hacer frente en la capital de sus Estados señoriales. Desde la fundación del Señorío de Aguilar en el siglo XIV, los titulares de la villa tuvieron en el

---

[32] Richard L. Kagan, *Pleitos y pleiteantes en Castilla, 1500-1700*, Valladolid, Junta de Castilla y León, consejería de Cultura y Turismo, 1991, p. 36.

[33] Ibídem, p. 36.

[34] Ibídem, p. 112.

[35] Valladolid, A.R.Ch.V., Sala de Hijosdalgo, Caja 1744, 3.

[36] Esta es otra de las razones por las que los humildes cada vez acudían en mayor número a la Chancillería, pues demostraba su independencia de los fallos emitidos por otros tribunales al anular o alterar aproximadamente una de cada tres sentencias falladas en los tribunales menores. Richard L. Kagan, *Pleitos [...]*, p.111.

Monasterio premostratense de Santa María la Real de Aguilar uno de sus mayores rivales en la región, tanto en cuestiones económicas como jurisdiccionales. Uno de los pleitos más enconados fue el que protagonizaron debido a los supuestos derechos que el cenobio alegaba para cobrar la décima parte de todas las rentas reales de la villa de Aguilar, algo que sus señores, luego marqueses, intentaron siempre impedir, pues socavaba su hacienda y sus derechos. Pleito, además, que tuvo una enorme duración, pues no se resolvió hasta el siglo XVIII cuando se estableció que el monasterio no debía cobrar las décimas hasta que restituyera al marqués los solares y rentas que ordenó Alfonso X a cambio de dicho privilegio. En 1612 se informa a doña Antonia que por una sentencia ha de pagar a Santa María la Real 22.400 maravedís de la vara de la Merindad, además de la décima de la escribanía. La marquesa, en apuros económicos y contraria a tales interferencias decidió no pagar, alegando, asimismo, que hacía más de 10 años que no se arrendaba la escribanía y, por lo tanto, nada había producido. Finalmente el 16 de abril de 1633 se despachó una ejecutoria que daba la razón al monasterio, algo que serviría también de enfrentamiento con su hijo, por entonces plenamente en posesión de su herencia, y decidido a negar la autoridad que como gobernadora de sus Estados había desempeñado su madre[37].

Como ya se ha señalado, la marquesa no solo tuvo que hacer frente a la inestable situación en que se encontraba el Señorío de su hijo, sino también a varios de sus antiguos criados y oficiales.

Uno de estos pleitos con antiguos subordinados fue el que enfrentó a la marquesa con Martín de Sahagún, que sirvió al marqués don Bernardo durante 27 años y que llegó a ser Alguacil Mayor de la villa de Aguilar y maestresala de la marquesa [38]. El pleito se basó en una reclamación de

---

[37] *Por el Abad, Monges y Monasterio Real de Sancta María, Canónigos Regulares Premonstratenses de la Villa de Aguilar de Campoo. Con el Marqués de Aguilar, Conde de San Estevan de Gormaz, Capitán de las Reales Guardias de Corps de Su Magestad. Sobre que el Monasterio no debe cobrar las dezimas de todas las rentas reales de dicha Villa de Aguilar asta que restituya al Marques los Solares, colacios, furciones y rentas que el Monasterio prometió al Señor Rey Don Alonso en cambio de dichas dézimas.* Disponible en http://hdl. handle.net/10016/15048 [consultado en 02/10/2014].

[38] Valladolid, A.R.Ch.V., Pl. Civiles, Pérez Alonso (F), Caja 1587,5, f. 59r.

dinero en diferentes conceptos que hizo Martín de Sahagún a doña Antonia en marzo de 1605 en Aguilar, y que ascendía a 7.734 reales[39]. Sin embargo, esta demanda, y aludiendo de nuevo a esa sensación de justicia que daba la Chancillería, se trasladó a Valladolid para evitar interferencias de la marquesa "por ser como es persona tan poderosa y que en la villa de Aguilar de Campo, donde residía y reside pone las justicias de su mano"[40].

En este proceso aparece una enorme mezcla de causas y argumentos que se entrelazan, lo que obligó a dar resoluciones judiciales diferentes dependiendo del concepto. El más claro es el de los 300 ducados de manda testamentaria que el marqués dejó a su criado. Si se acude a su testamento se puede observar una cláusula en la que don Bernardo manda dar a "Martín de Sahagún, mi criado, por el buen serbicio que me a echo trescientos ducados y le pido perdón de no le dar más"[41]. La condena a la marquesa en este caso, como en el de los 200 reales dejados por el marqués al sirviente Juan de Cosilla estaba completamente clara. No sucedía lo mismo con el resto.

En cuanto al precio de una cadena de oro mandada comprar por la marquesa en Valladolid como honorarios para el médico que trató a su marido durante el tiempo en que estuvo enfermo antes de morir, decidió pagar al fiador que realizó el desembolso, Juan Gallo de Cuevas, antes de que la Audiencia fallara en su contra[42].

Fue, no obstante, en lo relativo a los 3.245 reales obtenidos de la venta de unas cántaras de vino donde mayor resistencia opuso la marquesa. Entendía, como luego también lo hizo el tribunal, que la correspondían por derecho, pues los títulos que la permitieron efectuar su venta fueron entregados de forma legítima para subsanar una deuda que Martín de Sahagún contrajo con la marquesa. Al parecer, estando enfermo el marqués don Bernardo acudió Martín de Sahagún a jugar con él para entretener-

---

[39] Ibídem, f. 2r. La cantidad quedaría desglosada en 3.245 reales de 310 cántaras de vino, 1.029 de una cadena de oro, 200 que reclamaba en nombre del criado del marqués Juan Pedro de Cosilla y 3.300 reales que le dejó el marqués por sus años de servicio.

[40] Ibídem, f. 6v.

[41] Ibídem, f. 48r.

[42] Ibídem, f. 36r.

le, aunque dijo no tener dinero. La marquesa, para que jugase con su marido le hizo un préstamo de 300 ducados, a cambio de un resguardo de 200 cántaras de vino contra María de Amayuelas, vecina de Piña, y de 110 contra Diego Quintero, cura del lugar. Aún así, después de hacer efectivas tales obligaciones para recibir el pago y recuperar el dinero, fue acusada por Martín de Sahagún de que únicamente pudo cobrarlo debido a que ambos eran sus vasallos y por el mucho miedo que como tal la tenían[43]. Para contrapesar estas acusaciones, la marquesa de Aguilar interpuso pleito contra Martín de Sahagún por la deuda de tres caballos del marqués que "le sirvieron en las lanzas de 1597", varios aparejos como una silla de montar y frenos de caballos y un sayo vaquero negro de 200 reales de valor. Al final, Martín de Sahagún hubo de devolver todo ello al caballerizo de la marquesa, Diego Díaz de Caranceja[44].

El cruce de acusaciones y demandas continuó hasta 1607, pero fuera como fuese, lo que está claro es que la marquesa de Aguilar se resistía a efectuar ningún pago, por pequeño que fuese en el monto total de las deudas de su Casa. El argumento más utilizado no fue tanto el no reconocimiento de la deuda como su supuesta prioridad en el cobro debido al derecho que indudablemente tenía a recuperar su dote[45] y arras, que juntas ascendían a 90.000 ducados[46] y que asegurarían su solvencia económica.

Otro de los pleitos habidos con un antiguo criado de la Casa fue el que enfrentó a doña Antonia con Martín de Quevedo y sus herederos. El 21 de marzo de 1601, este interpuso demanda en calidad de comprador, despensero y veedor de los marqueses de Aguilar durante cinco años. Martín de Quevedo reclamaba 50.000 maravedís de salario, a razón de 10.000 por

---

[43] Ibídem, ff. 6r-18v.

[44] Ibídem, s.f.

[45] Las Leyes de Toro vinieron a reforzar la posición de la mujer en cuanto a su posesión de la dote, no confiscable por ningún tipo de deuda del marido. Francisco Núñez Roldán, "Fuentes y metodología para el estudio de la infancia rural: las tutelas y las cuentas de menores en los siglos XVI y XVII", *La infancia en España y Portugal, siglos XVI-XIX*, Dirección de Francisco Núñez Roldán, Madrid, Sílex, 2011, p. 48.

[46] La dote en dinero era de 52.126 ducados. El resto, hasta 80.000, lo dio el duque de Medinaceli en objetos tales como un barco de cristal con guarnición de rubíes y esmeraldas hecho en Cogolludo, un arca de ébano, un San Lorenzo de oro etc. Las arras ascendieron a 10.000 ducados. Valladolid, A.R.Ch.V., Pl. Civiles, Pérez Alonso (F), Caja 1587,5, f. 14r.

año, 50 ducados que el marqués le dejo en el testamento y la cantidad de 1.741.000 maravedís que como despensero y comprador había adelantado de su propia hacienda para el gasto de la Casa y criados de los marqueses[47].

Se repiten en este caso los argumentos del pleito anterior, no basando la defensa sino en la preferente situación de la marquesa para el cobro de la cantidad que restituiría su dote. El 17 de febrero de 1604 se dictó sentencia por la que se condenó a la marquesa a pagar tanto el salario como la manda y se estableció el nombramiento de contadores para valorar, según los libros de gasto presentados, la cantidad realmente adelantada por el despensero. Los argumentos de Quevedo para que el proceso se resolviese fuera de la villa de Piña, donde la justicia estaría de parte de sus señores, no fueron escuchados por la Chancillería, aunque sí que se nombró a un contador real que actuaría como parte imparcial. Después de años de probanzas y acusaciones cruzadas el 27 de agosto de 1614 se dio carta ejecutoria a favor de María y Catalina Palenzuela, herederas de Martín de Quevedo, por la que la marquesa debía pagar 1.025.000 maravedís, cantidad que fue acordada por los tres contadores, los dos de las partes y el nombrado por la Audiencia[48].

El último de los pleitos contra criados analizados se debió a unas casas que ocupaba el licenciado Plasencia en el arrabal de la población de Villalaco. La marquesa ordenó su desalojo, pues tenía necesidad de ellas para otros menesteres pero, ante su negativa, decidió interponer demanda ante Luis de Portugal, Alcalde Mayor de Piña, quien en octubre de 1600 sentenció a favor de su señora. La apelación ante la Chancillería demostró que tales casas habían sido justamente ocupadas con el permiso de Don Bernardo, "por el mucho trabajo que había tenido en la villa de Madrid solicitando que se hiciese merced, como se le hizo, del oficio de pregonero mayor de nuestros reinos y por lo que por ello había dejado de ganar en su casa con el oficio de letrado"[49]. La sentencia definitiva, dada en Burgos en 14 de octubre de 1605, ordenaba que las

---

casas fueran a parar a poder de la marquesa, mientras que Plasencia debería ser recompensado con el pago de los alquileres de las casas y todos los mejoramientos hechos en ellas[50].

De este modo, el cumplimiento de las mandas del testamento del marqués no hizo sino agravar la penuria económica en que se hallaba el mayorazgo de la Casa de Aguilar. Sin embargo, hubo momentos en que la propia doña Antonia decidió enarbolar el mismo tomándose en serio, por ejemplo, la petición de última voluntad que le hizo su marido en cuanto a la defensa de sus vasallos, especialmente los de Aguilar. Y esto lo hizo incluso teniendo que apoyar al que ya se ha definido como su gran rival dentro de las fronteras de su señorío, el Monasterio de Santa María la Real.

Dentro de los muros de este cenobio se encontraba desde tiempos remotos una imagen del Santísimo Cristo, milagrero y de gran devoción en la región, lo que le convertía en un altar privilegiado[51]. Además, una de las rutas del camino de Santiago, conocida como Ruta del Besaya, pasaba por el monasterio, con lo que no es difícil imaginar el interés económico que tal imagen suponía para la comarca. No obstante, en una de las reuniones generales del Capítulo de los Premostratenses en Retuerta, el 23 de enero de 1607, se estableció la fundación de un nuevo cenobio de la orden en Madrid, la cual se realizó en 1609. Entre las propuestas que se hicieron para llevarlo a término estuvo la de trasladar la imagen del Smo. Cristo de Aguilar para afianzar la nueva fundación y, solo después de ciertas presiones, la comunidad monástica consintió el traslado, que se efectuó en junio de 1609.

Sin embargo, los fieles y vecinos, enterados de la sustracción y exhortados ahora por los religiosos decidieron acudir a los tribunales. En 1612, la propia marquesa, conocedora de la situación, acudió al Tribunal de la Nunciatura donde se ordenó su pronta devolución. Vencedora la marquesa en el pleito, que fue llevado incluso por la Orden monástica ante el Tribunal de la Rota, se hizo una transacción entre la Señora y el Monasterio

---

[50] Ibídem.

[51] Madrid, Biblioteca Nacional de España (B.N.E.), Mss. 2030. Historia del Monasterio de Santa María la Real, f. 221v. El privilegio de altar privilegiado se lo concedió Gregorio XIII y con "cada misa dada allí se saca un ánima del Purgatorio".

por el que quedaba clara la pertenencia de la imagen al cenobio, no a la marquesa ni a la villa que tanto había luchado por su devolución[52].

De este modo, la marquesa afrontó muchos pleitos, y muchas y muy diversas causas, algunas de ellas de rango menor y con un escaso interés para la Casa comparado con lo que debiera haberla preocupado de forma prioritaria. Se convirtió en defensora de sus privilegios y de su economía, pero obtuvo pocos y relativos éxitos en los tribunales. Predominaron las sentencias contrarias porque, en realidad, las causas se escapaban de su ámbito de influencia, a lo que habría que sumar su pérdida de ascendiente y cercanía a la Corte.

1613, el año en que todo cambia. La relación materno-filial a través de los pleitos

Sin embargo, toda esta situación de poder y dominio de doña Antonia se vio trastocada en el año 1613 cuando su hijo Juan Luis, heredero del Señorío y aún en su minoría de edad (tendría en torno a los 16 años) decidió abandonar la casa y tutela de su madre. Comenzó entonces a vivir y actuar a voluntad, con el apoyo de criados y oficiales de la Casa de sus padres que abiertamente se colocaron ahora en contra de doña Antonia.

Así pues, hasta febrero de 1613 el marqués Juan Luis vivió en una casa muy cercana a la de su madre "porque en la que vivía la marquesa no era competente para el adorno y seruicio del dicho marqués"[53]. No parece que esta separación física de madre e hijo se debiera a una mala relación o, al menos, eso se desprende de las palabras de Alonso Ruiz de Navamuel, Tesorero del Rey en la Merindad de Campoo y Contador de la marquesa, para quien doña Antonia mantuvo a su hijo con todo el decoro[54]. En dicha vivienda la marquesa le tenía puesto "colgaduras, ta-

[52] Luciano Huidobro Serna, *Breve historia de la muy noble villa de Aguilar de Campoo*, Palencia, Institución Tello Téllez de Meneses, 1980, pp. 52-54.

[53] Valladolid, A.R.Ch.V., Pl. Civiles, Moreno (OLV), Caja 967, 1, f. 62r.

[54] Ibídem, f. 56r.

picería, camas, cuadros, pinturas, coches, caballos y otras muchas alhajas que se requerían a su persona"[55].

Aún así, y apoyado por oficiales como Juan Sánchez de Colombres, Corregidor en la villa de Aguilar de Campoo o Diego de Villagómez, Mayordomo y Tesorero del marqués[56], don Juan Luis abandonó a su madre y con él se llevó a todo su servicio y bienes, con violencia y contra la voluntad de la marquesa. No se dice el lugar en el que estableció su residencia aunque sí que parece que fue la ciudad de Valladolid. Se sabe que en junio de 1615 su vivienda se encontraba enfrente del Colegio de San Gregorio[57], una de las zonas palaciegas de la ciudad del Pisuerga[58]. Y en torno a abril de 1619 estaba intentando que, primero por mediación de sor Anastasia de la Encarnación, luego de Diego de Santana, cercano al por entonces cardenal-duque de Lerma, y, por último, de sor Magdalena de Jesús, es decir, doña María Sarmiento de Acuña, profesa en el Convento de la Ascensión de Lerma, para que su padre, Diego Sarmiento de Acuña, alquilase su casa de Valladolid al marqués de Aguilar y su primera esposa, Juana Portocarrero[59]. Sabemos también que, en su madurez, volvió a residir en Valladolid, concretamente en la Casa de los Condes de Osorno, donde su hermana, doña Ana Manrique de la Cerda, era dueña y señora como viuda del VII conde de Osorno. Allí residió hasta que en 1642 falleció su hermana, única entre las mujeres de su familia con la que mantuvo cierta relación, aunque no parece que fuera del todo desinteresada[60].

Así pues, desde febrero de 1613 la marquesa se quedó sin recursos ni rentas, con la dote aún sin recuperar y sin posibilidad de pagar al servicio, llevar a cabo la vida social que acostumbraba y aún con una hija, doña Antonia, a su cargo. Su hijo se llevó todo, incluso de su propia cámara, junto con la plata que estaba a cargo del repostero. Una de las cosas

---

[55] Ibídem, f. 43r.

[56] Ibídem, Caja 756, 2, f. 127r.

[57] Ibídem, f. 127r.

[58] Jesús Urrea, *Arquitectura y nobleza. Casas y palacios de Valladolid*, Valladolid, IV Centenario Ciudad de Valladolid, 1996, p. 14.

[59] Madrid, R.A.H., Colección Salazar y Castro, A-86, f. 390, 394 y 397.

[60] Jesús Urrea, *Arquitectura [...]*, p. 308.

que según todos los testigos de su infortunio más le dolió fue haberse quedado sin coche ni caballos con que salir, teniendo que "andar siempre de prestado"[61]. Quizás el remordimiento hizo mella en su hijo porque en 1614 volvió a enviar a su madre un coche con sus caballos, aunque sin cochero, hecho que hizo que la marquesa no lo quisiera recibir[62].

Los testimonios de algunos de sus criados y oficiales son esclarecedores. Para María de Salceda, su señora ya no vivía con la pompa y ostentación que había en la casa cuando en ella vivía el marqués, quien además se repartió a la mayoría de las criadas de su madre con la condesa de Osorno. María de Quijano declaró haber oído decir a su señora que *estaba pobre*, hasta el límite de que no tenía con qué comer. Isabel Díaz, mujer del Contador de la marquesa, dijo que desde que se fue el marqués habían faltado las raciones ordinarias de los criados por no tener con qué pagar[63]. Este desamparo económico hizo que la marquesa tuviera que tomar a censo 3.000 ducados para el sustento de su hija y para los preparativos de su inminente casamiento.

En cambio, el marqués comenzó, aún en su minoridad, a actuar de forma independiente, no solo como se ha visto en lo relativo a su persona, sino también en un apartado más jurisdiccional. Se rodeó de fieles, principalmente los contrarios a la administración de su madre, y nombró un *curador ad litem* para que efectuase su defensa en los pleitos que tenía con los condes de Osorno, una rivalidad familiar que se prolongaba desde hacía más de un siglo, y los que estaban por venir contra su madre y otros miembros de su núcleo familiar. Para ello comenzó una campaña de descrédito en contra de su madre y de su actuación como curadora y administradora de los bienes de su Casa. La acusaba de mala gestión, de gasto desmesurado y de pensar más en su dote que en los bienes del Señorío. Por el contrario, parece cierto que la marquesa se negaba, en contra de la legislación vigente regulada en las Partidas y en el formulario notarial castellano del siglo XV[64], a presentar las cuentas de sus años de

---

[61] Valladolid, A.R.Ch.V., Pl. Civiles, Moreno (OLV), Caja, 967, 1, f. 37v.

[62] Ibídem, f. 33v.

[63] Ibídem, f. 47r.

[64] Francisco Núñez Roldán, "Fuentes [...]", p.138.

tutela. Si por despecho con su hijo, o por ocultar irregularidades, nada se ha podido saber al respecto en la documentación analizada.

Fuera como fuese una cosa estaba clara. Si mala había sido la situación que se encontró doña Antonia tras la muerte de su marido, en realidad no lo fue mucho mejor la que tuvo que afrontar su hijo el marqués pese a los esfuerzos llevados a cabo por su madre. Los pleitos perdidos, los pagos aplazados, las enormes deudas heredadas, a lo que habría que sumar el despilfarro de la dote de doña Antonia, la falta de inversión durante años y la reducción en cuanto a los ingresos del Señorío terminaron con el Estado de Aguilar en concurso de acreedores. Tal situación no es extraña dentro de la aristocracia española, siendo uno de los casos más relevante y representativo el que vivieron los duques de Osuna en el siglo XVII. Las dificultades económicas del nuevo marqués no harían sino empeorar, obligándole a luchar en los tribunales por cada despojo de la antaño pudiente Casa de sus padres.

La enemistad entre madre e hijo va a quedar perfectamente patente, aunque ello no fuera óbice para que pudieran llegar a acuerdos concretos por el bien del linaje. Así sucedió, por ejemplo, respecto al matrimonio de la hermana del marqués, doña Antonia, con Ruy Gómez de Silva y Mendoza, Marqués de la Eliseda. El marqués de Aguilar firmó –es de suponer que ya en plenitud de derecho pues su madre no aparece como tutora– el permiso en Valladolid en 23 de febrero de 1613, pocos días después de abandonar la casa materna[65]. Sin embargo, y viendo las palabras que Felipe III le dedicó al marqués en la carta confirmatoria de la cláusulas de las Capitulaciones, parece que tuvo reticencias o no quiso entregar de forma completamente voluntaria los 20.000 ducados acordados como dote para su hermana. El rey, sin embargo, fue tajante al insistir al marqués que "bos la vbiésedes de dotar y dotásedes en lugar y rreconpensa de la obligación que tenéis como posehedor de vuestra Cassa, Estado y Mayorazgo a dotar o alimentar a la dicha vuestra hermana"[66]. Quizás en esta reprimenda tuvo

---

[65] Toledo, Sección Nobleza del Archivo Histórico Nacional (S.N.A.H.N.), Osuna, C.234, D.7, f. 15r.

[66] Ibídem, f. 17r. La carta está fechada en 6 de julio de 1613. La licencia definitiva para la celebración del matrimonio la da el rey el 29 de julio de 1613. Ibídem, C. 2053, D. 9.

algo que ver la marquesa de Aguilar por mediación de sus parientes, el duque de Lerma y, especialmente, el duque de Uceda, en ese momento gentilhombre de la Cámara de Su Majestad, tío y primo de la susodicha, a los que dio poder para efectuar en Madrid las Capitulaciones matrimoniales en su nombre como curadora de su hija[67]. Aún así, la colaboración materno-filial tuvo en este matrimonio su punto final. A partir de aquí su relación pasó casi exclusivamente por el tamiz de los tribunales.

En 1614 la marquesa de Aguilar, dada su situación económica, se vio en la obligación de demandar a su hijo. Su procurador, Diego de Villalobos, lo argumenta diciendo que doña Antonia "está en extrema necesidad y pobreza y por tanto el marqués tiene la necesidad de alimentar a su madre conforme a su calidad y estado"[68]. Y esto era así debido a que la parte contraria se había apoderado de su Estado, bienes y rentas, recámara y menaje de la casa y, lo que para ellos era si cabe más importante, aún no le habían devuelto la dote. Por todo ello reclamaba una pensión anual de 10.000 ducados para su mantenimiento, a sacar de las rentas del marqués y siendo retroactiva a 1613 cuando se produjeron los sucesos de abandono de la casa[69]. Evidentemente, y dada la fragilidad económica de su Estado, el marqués se negó de pleno a esta petición. Además, como llevaba menos de un año al frente de la Casa exigió a su madre que declarase las rentas que tenía el Estado de Aguilar y lo que valía cada año quitadas las cargas y obligaciones pues entendía, y no desacertadamente, que nadie mejor que ella podía conocer esa realidad tras tantos años de gestión[70].

Pero como ya se ha dicho anteriormente, debido a muchos de los oficiales que ahora estaban de parte del marqués, a los que incluso doña Antonia acusó en ocasiones de haber administrado las rentas de su señor "violentamente"[71], no dispuso de toda la información que la administración del patrimonio hubiera requerido. Según tenía entendido todos esos

---

[67] Ibídem, C.234, D.7, f. 2v.

[68] Valladolid, A.R.Ch.V., Pl. Civiles, Moreno (OLV), Caja 756,2, f. 2r.

[69] Ibídem, f. 9r.

[70] Ibídem, f. 13r.

[71] Ibídem, f. 15r.

datos obraban en poder de Juan de Colombres, fiel del marqués, tesorero, contador y corregidor de Aguilar el cual tenía, además, arrendadas varias rentas del Señorío a muy bajo precio, en menos de la mitad de lo que realmente valían.[72]. Aún así, y ante la insistencia de los jueces, terminó respondiendo que el Estado de Aguilar y demás mayorazgos valían el año de 1614 unos 30.000 ducados, aunque la cifra no podía darla con total certidumbre, especialmente lo que valió en los años anteriores, ya que no estaban acabadas las cuentas ni se las habían querido dar los mayordomos de algunos partidos y rentas[73]. De este modo, la marquesa reclamaba para sus alimentos aproximadamente un tercio de las rentas totales estimadas del marqués, cantidad a la que habría que añadir la única renta que le quedó a doña Antonia, 1.500 ducados de renta sobre el Estado de Medinaceli que su padre le dio de dote y que ella salvó "habiéndole costado mucho cuydado y yntelixencia desempeñarlos de las deudas que había cargado el Marqués don Bernardo Manrrique, su marido". En este punto se cuida mucho de especificar que "este desempeño no se hiço con bienes de la parte contraria"[74] ya que, por otra parte, estaba empeñada tras pedir a censo 3.000 ducados con los que mantuvo a su hija hasta su matrimonio con el marqués de la Eliseda. Por todo ello, y con la intención de poder continuar con el pleito abierto, la Chancillería condenó al marqués de Aguilar en 11 de julio de 1614 a pagar a su madre 2.000 ducados[75]. Es aquí donde comienza el juego por parte de don Juan Luis para evitar cualquier desembolso que pudiera suponer un beneficio para su madre.

El marqués optó entonces por no pagar, decisión que obligó al Tribunal a nombrar un juez ejecutor para que se presentase en la villa de Piña a efectuar el cobro. Sin embargo, el doctor Rubín de Floranes, Alcalde Mayor de dicha villa, se negó a pagar objetando que el marqués había dado orden de que el pago se hiciera únicamente en la villa de Aguilar de Campoo, con lo que arrastraba a su madre al núcleo de su poder

---

[72] Ibídem, f. 92r y 139r.

[73] Ibídem, f. 24r.

[74] Ibídem, f. 17r.

[75] Ibídem, f. 37r.

jurisdiccional[76]. Curiosamente, la marquesa de Aguilar utilizó como argumento para oponerse a este cambio de escenario el mismo que sus vasallos utilizaron cuando pleitearon contra ella, pues no quería que las rentas se pagasen en Aguilar "adonde los dichos justiçias eran puestas por el dicho marqués y los tenía por odiosos e ssospeçhossos"[77].

El juez ejecutor, Antonio de Camargo, no pudo por más que dejar constancia de los excesos del marqués y sus vasallos. Ante la falta de pago se vio obligado a embargar judicialmente la cantidad estipulada en trigo y cebada, aunque no fue fácil convertirlo en dinero ya que como el producto era del marqués nadie se postulaba para comprarlo. Las continuas presiones y la circunstancia de que parte del cereal era de cosechas pasadas no ayudaba en la labor del juez ejecutor. Tuvo que salir, por tanto, a lugares como Villanueva, Santillana y otras zonas de la Montaña para pregonar y vender el cereal, con lo que el pago se retrasó en exceso[78]. Al final se vio forzado a embargar en Aguilar más cereal y obligaciones de diferente tipo. La obstaculización a la justicia por parte del marqués era notoria y aún así era él quien acusaba a los testigos que presentaba la marquesa de criados paniaguados, "apasionados de su persona", temerosos de su poder e incluso de ser únicamente amigos o familiares. Quizás debería haberse preguntado por qué todos los miembros de la familia que declararon como testigos lo hicieron a favor de su madre, y por qué él solo presentó a oficiales nombrados directamente por su persona, como Juan de Colombres su Tesorero y Alcalde Mayor de Aguilar, el Abad de la Colegiata de San Miguel, su mayordomo, contador, etc.[79].

Vistas las pruebas, el tribunal falló condenando al marqués a pagar a su madre la cantidad de 4.000 ducados de alimentos anualmente, de por vida, pagados en tres tercios y retroactivo al año 1613[80]. Pero el marqués no iba a amedrentarse tan fácilmente. Declaró entonces que su madre gozaba de bienes suficientes para su sustento y que su obligación de

____

[76] Ibídem, f. 40r.

[77] Ibídem, f. 44r.

[78] Ibídem, f. 62r.

[79] Ibídem, f. 139r.

[80] Ibídem, f. 95v.

alimentos había cesado debido a los 16 años de gestión del Señorío que hizo doña Antonia. Además, entendía que su obligación era menor que la que tenía hacia una de sus miembros la Casa de Medinaceli, poseedora de unas rentas mayores y más saneadas, estimadas en 60.000 ducados al año[81]. Sin embargo, en todo este empecinamiento no hay que ver únicamente desapego hacia la madre, sino necesidad económica. Las rentas del marquesado estaban consumidas desde 1613 y el propio marqués tuvo que dar todos sus bienes y su administración al genovés Francisco Crema para que a cambio le acudiera con todo lo necesario para sus alimentos[82].

Finalmente el 19 de abril de 1616 se dio sentencia definitiva y se estableció un pago anual para la marquesa de 2.600 ducados que deberían adscribirse a las rentas de la villa de Piña pese a la negativa del marqués, quien las entendía como las más acomodadas para sus propios alimentos puesto que tenía intención de vivir allí como ya lo hicieran sus padres. Su petición de que se situasen en las rentas del Valle de San Vicente y Toranzo o en el Condado de Castañeda no fue tenida en cuenta[83].

Sin embargo, el golpe económico no quedó reducido a esta derrota, sino que se le obligó a efectuar el pago restante de los 20.000 ducados que desde 1613 debía por la dote de su hermana doña Antonia para el casamiento con el marqués de la Eliseda[84] y otros en pleitos sucesivos con su madre y su hermana Isabel.

Así, el siguiente pleito que enfrentó a madre e hijo fue en 1617 por el censo situado en las rentas de los duques de Medinaceli, del que antes se hizo mención. El marqués de Aguilar entendía que tal cantidad se había establecido con rentas procedentes de su Hacienda. Finalmente el 4 de abril de 1618 se dio sentencia definitiva por la que se daba el derecho sobre el censo a la marquesa de Aguilar, como parte de su dote y por lo tanto inalienable, en otra derrota judicial del joven marqués[85].

---

[81] Ibídem, f. 96v.

[82] Ibídem, f. 110r, ss.

[83] Ibídem, f. 155v.

[84] Ibídem, f. 139v.

[85] Ibídem, Registro de ejecutorias, Caja, 2241, 2.

Sin embargo, no solo con su madre el marqués incumplió los deberes que como jefe y cabeza de la Casa debía en cuanto a protección de las personas a su cargo, especialmente de su madre y sus hermanas, que por su sexo y condición quedaban apartadas de la herencia y del poder que ello conllevaba.

Prueba de ello es el pleito que Isabel Manrique, abadesa del Convento de Santa Clara de Aguilar de Campoo, interpuso contra su hermano por motivos de alimentos y sustento. Doña Isabel, como monja profesa no tenía renta alguna, y dependía de su hermano para su manutención. Le pidió 2.000 ducados al año en compensación por la renuncia que de la legítima hizo cuando accedió al Convento[86]. El marqués, aún en claros problemas económicos pues estaba en concurso de acreedores y con 6.000 ducados de renta para sus propios alimentos, cantidad que en su opinión era la mitad de lo que necesitaba según su calidad, se negó a atender tal petición. Entendía que era obligación de la madre el procurarla alimento y, por lo tanto, la del hermano era subsidiaria y solo efectiva en una situación de completa orfandad. Sin embargo, dejó bien especificado lo innecesario de la medida, pues dijo saber, como benefactor del Convento, que en él se daba a su hermana de vestir y calzar, que se alimentaba perfectamente y que era "socorrida y curada de las enfermedades que tiene, de manera que no necesita alimentos"[87]. Lo cierto es que el Convento no poseía un patrimonio suficiente para sus profesas, dando a cada una de ellas una ración diaria de 14 maravedís y 2 libras de pan, sin otro socorro para vestidos ni botica. Esto hacía que Isabel Manrique, pese a su cargo de abadesa[88], no sintiese que se la trataba de acuerdo al nivel de una hija de los marqueses de Aguilar, pues con lo que tenía no era suficiente ni para el mantenimiento de una criada. En cuanto a su madre, lo cierto es que ya no disponía de capacidad para hacerse cargo de su hija, no solo

---

[86] Ibídem, Caja 2579,48.

[87] Ibídem.

[88] Algo común entre los miembros femeninos de la familia de los marqueses de Aguilar, benefactores del Convento. Melquíades Andrés Martín, "El convento de Santa Clara de Aguilar de Campoo (Palencia). Historia y vida", *Las clarisas en España y Portugal: Congreso Internacional, Salamanca, 20-25 septiembre 1993, Actas 1*, Salamanca, Asociación Hispánica de Estudios Franciscanos, 1993, pp. 317-354.

en cuanto a carencia de rentas, que se pagaban de la Casa del marqués según la sentencia de 1616, sino por encontrarse anciana y enferma. Parece ser, además, que Juan Luis Manrique estaba controlando sus rentas, si atendemos a las palabras que a este respecto dio la abadesa al decir que su madre doña Antonia "está tan enferma e inposibilitada de gouernar su acienda que la parte contraria la administra y es dueño de todo"[89]. Atendidas las peticiones de doña Isabel, y vistas las carencias económicas del marqués, el 15 de diciembre de 1632 el tribunal otorgó a la abadesa una renta, a cobrar del Estado de su hermano, de 1.000 reales anuales.

No le fue bien al marqués en los pleitos contra las mujeres de su Casa, aunque al menos el tiempo hizo que pudiera administrar las rentas de su madre. Tal es así que, después de la muerte de doña Antonia de la Cerda, su hijo el marqués quedó como administrador único de sus bienes y rentas, aunque eso no significó que cesasen los pleitos. En 1643 un caballero de la orden de Santiago, don Diego Pamo de Contreras, vecino de Ávila, demandó al marqués por un censo de 2.000 ducados de principal del que doña Antonia había sido fiadora y al que se había obligado junto con doña María de Rivera, como madre y curadora de su hijo don Diego de Pamo, a favor de doña Francisca de Guzmán en 1617. El 19 de abril de 1645 se dio sentencia definitiva por la que se condenaba al caballero de Santiago a pagar 1.055 ducados por una carta de pago y lasto presentadas en el pleito y a redimir el censo de 2.000 ducados de principal. El marqués de Aguilar, vencedor en un tribunal por fin en nombre de su madre difunta se apresuró a pedir la carta ejecutoria el 9 de octubre de 1646[90].

Conclusión

Lo que se puede ver en estas páginas no solo es la ruptura de esa dualidad de la mujer de la aristocracia como colectivo dominado dentro de un grupo dominante. Aparece también una mujer que debido a las

---

[89] Valladolid, A.R.Ch.V., Registro de ejecutorias, Caja 2579,48.
[90] Ibídem, Caja 2747,118.

circunstancias podía tomar las riendas de su vida, en gran parte gracias a su viudedad, pero también desempeñar un papel protagonista dentro del Estado de su hijo. Para ello, y por su condición de marquesa consorte, necesitó el requisito legal de una tutela testamentaria. Sin embargo, esta condición no fue suficiente para afianzarla plenamente en su poder señorial. La desconfianza que su persona y su gestión generó en su hijo hizo que este no admitiera la tutela de su madre y que pronto, antes aún de la mayoría de edad legal establecida, decidiera emanciparse, aunque no ha sido posible saber si con anuencia judicial o no. Así pues, socavada su condición de gobernadora y administradora, los fieles servidores de su marido se decantaron por apoyar al nuevo marqués. Una falta de apoyo hacia doña Antonia que parece que estuvo más ligada a su intento de acaparar poder y a una gestión no del todo afortunada que al hecho de que fuera mujer, pues hay numerosos ejemplos de cómo mujeres como Leonor de Guzmán o Vitoria Colonna[91], en idénticas circunstancias, supieron controlar férreamente sus Estados y sanear sus haciendas.

Por lo tanto, las gestiones económicas de doña Antonia en los tribunales se dirigieron fundamentalmente a conservar y recuperar el patrimonio de la Casa de Aguilar, pero en verdad careció de la capacidad necesaria para realizar un profundo saneamiento con inversiones fructíferas e incremento de rentas.

En el plano meramente afectivo lo cierto es que la relación de doña Antonia con su hijo no fue buena. Muy posiblemente, aun sin dejar de atenderle en lo más básico como ordenó su marido, se preocupó más de la hacienda de su hijo que de él mismo, demostrando una escasa o nula relación maternal algo, por otro lado, muy frecuente entre las mujeres nobles de esta época[92]. Así, se pone de manifiesto que aunque los patrimonios pudieran ganarse en los tribunales, no sucedía lo mismo con los afectos.

---

[91] Margarita Torremocha Hernández, "Vitoria Colonna (1586-1633)", *Mujeres ilustres en Valladolid: siglos XII-XIX*, Coordinación por José Ramón González García, [et. al.], Valladolid, Ayto. de Valladolid, 2003, p. 153.

[92] Margarita Torremocha Hernández, "Lágrimas [...]", p. 1762.

CRIMINALIDADE FEMININA NAS VISITAS PASTORAIS DA DIOCESE DE COIMBRA. O CASO DA PARÓQUIA DE POMBAL (1649-1805)

Ricardo Pessa de Oliveira
CIDEHUS-UE*

1. "Estabelecer a doutrina sã e orthodoxa, excluidas as heresias, manter os bons costumes, emendar os maos, com exhortações e admoestações, accender o Povo á Religião, paz e innocencia; e estabelecer o mais que o lugar, tempo e ocasião permittir para proveito dos Fieis, segundo o julgar a prudencia dos que visitarem"[1]. Foi desta forma que os conciliares reunidos em Trento (1545-1563), após determinarem que os prelados visitassem, ao menos a cada dois anos, a totalidade da diocese, por si, não estando legitimamente impedidos, ou por intermédio de um visitador, estabeleceram genericamente os objetivos da prática visitacional[2]. Pretendia revitalizar-se um mecanismo que remontava aos primórdios do Cristianismo, mas que entre finais do século XII e meados do século XVI, entrara em decadência,

---

* Doutor em História, especialidade de História Moderna, pela Faculdade de Letras da Universidade de Lisboa. Membro integrado do CIDEHUS-UE. Este trabalho é financiado por Fundos Nacionais através da FCT – Fundação para a Ciência e Tecnologia no âmbito do projeto UID/HIS/00057/2013.

[1] *O Sacrosanto, e Ecumenico Concilio de Trento em Latim e em Portuguez*, tomo II, Lisboa, Oficina Patriarcal, 1781, p. 271.

[2] *O Sacrosanto, e Ecumenico [...]*, tomo II, pp. 269-271. Sobre o Concílio de Trento, cf. a síntese apresentada por Adriano Prosperi, *Il Concilio di Trento e la Controriforma*, Trento, Edizioni U.C.T, 1999. Consulte-se ainda John W. O'Malley, *Trent. What Happened at the Council*, Cambridge (Massachusetts), Londres, The Belknap Press of Harvard University Press, 2013.

DOI: http://dx.doi.org/10.14195/978-989-26-1033-7_3

facto intimamente ligado ao aumento de privilégios e isenções de distintas entidades da Igreja, em detrimento do poder episcopal[3].

A visita pastoral pós-tridentina, que em Portugal assumiu contornos específicos que a distinguiram das realizadas noutros territórios europeus, especificidade que resultou do alargado poder jurisdicional que os prelados detinham sobre leigos[4], além de constituir um dos principais meios da afirmação da autoridade episcopal nas respetivas dioceses, assumiu-se crucial com vista à persecução da reforma católica, nas suas diversas vertentes, nomeadamente no disciplinamento e na moralização das condutas dos fiéis.

2. No presente texto pretendemos estudar os desvios comportamentais protagonizados por mulheres delatadas em sede de visita pastoral, conferindo particular relevo às questões ligadas à sexualidade. Após traçarmos um quadro geral dos delitos cometidos por elementos do sexo feminino, importará caracterizar as denunciadas, tentando apreender em que circunstâncias cometeram as transgressões, quais os delitos que originaram processos no auditório eclesiástico e quais as sentenças decretadas por esse tribunal, tentando, por último, aferir dos impactos causados por ambos os mecanismos de disciplinamento social na existência e nos comportamentos dessas mulheres.

O espaço geográfico em análise será a paróquia de Pombal, localizada na zona sul da diocese de Coimbra, arcediagado de Penela[5]. Tratou-se

---

[3] Sobre a visita cf. a síntese apresentada por José Pedro Paiva, "As Visitas Pastorais", *História Religiosa de Portugal*, direção de Carlos Moreira Azevedo, vol. 2, *Humanismos e Reformas*, coordenação de João Francisco Marques e António Camões Gouveia, Lisboa, Círculo de Leitores, 2000, pp. 250-255. Cf., igualmente a entrada de Joaquim Ramos de Carvalho, José Pedro Paiva, "Visitações", *Dicionário de História Religiosa de Portugal*, direção de Carlos Moreira Azevedo, vol. P-V, Apêndices, Lisboa, Círculo de Leitores, 2001, pp. 365-366.

[4] Joaquim Ramos de Carvalho, *As Visitas Pastorais e a Sociedade de Antigo Regime. Notas para o Estudo de um Mecanismo de Normalização Social*, Coimbra, Provas de capacidade científica apresentadas à Faculdade de Letras da Universidade de Coimbra, 1985, exemplar mimeografado; Idem, "A Jurisdição Episcopal sobre leigos em matéria de pecados públicos: As visitas pastorais e o comportamento moral das populações portuguesas de Antigo Regime", *Revista Portuguesa de História*, tomo XXIV, Coimbra, 1990, pp. 121-163. Sobre as provisões publicadas entre 1564 e 1578, que possibilitaram a consolidação da referida jurisdição, cf. Marcello Caetano, "Recepção e Execução dos Decretos do Concílio de Trento em Portugal", *Revista da Faculdade de Direito da Universidade de Lisboa*, vol. XIX, Lisboa, 1965, pp. 7-87.

[5] A propósito da diocese conimbricense cf. a síntese apresentada por António de Jesus Ramos, "Coimbra, Diocese de", *Dicionário de História Religiosa de Portugal*, direção de Carlos Moreira Azevedo, vol. A-C, Lisboa, Circulo de Leitores, 2000, pp. 387-399. Sobre

de uma das freguesias mais populosas do bispado. Em 1675, segundo um relatório *ad limina* redigido ao tempo de D. Frei Álvaro de São Boaventura (1672-1683), era a que possuía mais habitantes, com uma população que rondava os 6000 indivíduos[6]. Na centúria seguinte, ainda que tenham ocorrido alguns momentos de crise demográfica, a paróquia manteve elevados índices populacionais[7].

Como vários autores têm chamado a atenção, a documentação produzida pela atividade visitacional, sobremaneira os livros de devassa onde eram registados os depoimentos dos paroquianos chamados a delatar os "pecados públicos e escandalosos" arrolados nos editais de visita[8], constitui fonte de enorme valor, oferecendo múltiplas potencialidades de análise, designadamente no campo da história social e das mentalidades[9].

---

o arcediagado de Penela cf. António Duarte Brasio, "Arcediagado de Penela", *Papel das áreas regionais na formação histórica de Portugal. Actas do colóquio*, Lisboa, Academia Portuguesa da História, 1975, pp. 321-327; Maria Alegria Fernandes Marques, "O arcediagado de Penela na Idade Média: algumas notas", *Revista de História da Sociedade e da Cultura*, n.º 8, Coimbra, 2008, pp. 97-143.

[6] Vaticano, Archivio Segreto Vaticano, *Archivio della Congregazione del Concilio, Relationes Dioecesium, Coimbra*, vol. 252, fols. 71-74.

[7] Sobre a evolução da população no território que atualmente corresponde ao concelho de Pombal, cf. Ricardo Pessa de Oliveira, Saul António Gomes, *Notícias e Memórias Paroquiais Setecentistas – 11. Pombal*, Coimbra, Centro de História da Sociedade e da Cultura, Palimage, 2012, pp. 89-102; Ricardo Pessa de Oliveira, *Sob os Auspícios do Concílio de Trento: Pombal entre a Prevaricação e o Disciplinamento (1564-1822)*, Lisboa, Tese de Doutoramento no ramo de História, especialidade de História Moderna, apresentada à Faculdade de Letras da Universidade de Lisboa, 2013, exemplar mimeografado, pp. 25-34, cf. ainda, Joaquim Ramos de Carvalho, José Pedro Paiva, "A Diocese de Coimbra no Século XVIII. População, Oragos, Padroados e Títulos dos Párocos", *Revista de História das Ideias*, vol. 11, Coimbra, 1989, pp. 207 e 264.

[8] No que respeita ao bispado de Coimbra, cf. Isaías da Rosa Pereira, "As Visitas Paroquiais como Fonte Histórica. Uma Visitação de 1760", *Revista da Faculdade de Letras da Universidade de Lisboa*, III série, n.º 15, Lisboa, 1973, pp. 66-71. Para outros espaços cf. por exemplo, Ana Cristina Machado Trindade, *A Moral e o Pecado Público no Arquipélago da Madeira na Segunda Metade do Século XVIII*, Funchal, Centro de Estudos de História do Atlântico, Secretaria Regional do Turismo e Cultura, 1999, pp. 200-202.

[9] Joaquim Ramos de Carvalho, José Pedro Paiva, "A Evolução das Visitas Pastorais da Diocese de Coimbra nos Séculos XVII e XVIII", *Ler História*, n.º 15, Lisboa, 1989, p. 29. Em Portugal, Isaías da Rosa Pereira e Eugénio dos Santos foram dos primeiros autores a insistir na potencialidade dos livros produzidos pela atividade visitacional, cf. Isaías da Rosa Pereira, "Os Livros das Visitas Pastorais", *Actas do V Colóquio Internacional de Estudos Luso-Brasileiros*, vol. 2, Coimbra, Gráfica de Coimbra, 1965, pp. 475-484; Idem "As Visitas Paroquiais como Fonte [...]", pp. 11-71; Idem, *Subsídios para a História da Diocese de Lisboa no Século XVIII*, Lisboa, Academia Portuguesa da História, 1980; Eugénio dos Santos, "Os Livros das Visitas Pastorais da Região Portuense. Questões e Perspectivas de Abordagem", *Revista*

O Arquivo da Universidade de Coimbra conserva no seu acervo documentos relativos à atividade visitacional daquela diocese, sendo a maioria da documentação constituída por livros de devassa[10]. No que respeita à paróquia em estudo, existem 55 livros, respeitantes a outros tantos anos, sendo a esmagadora maioria relativos ao século XVII. A primeira visita para a qual existe devassa data de 1649, enquanto a derradeira teve lugar no ano de 1805. Em relação à documentação existente convém esclarecer que a mesma não respeita à totalidade das visitas efetuadas. O cruzamento de fontes, designadamente a análise dos livros de extratos de culpados e dos registos paroquiais, permitiu localizar referências a 24 visitas para as quais não se conservam registos de devassas. A maioria da documentação perdida respeita à primeira metade do século XVIII, já que das 21 visitas que sabemos terem tido lugar nesse período apenas existem registos para oito anos.

3. Nas 55 devassas estudadas contabilizámos 370 casos envolvendo mulheres[11]. A esmagadora maioria das transgressões respeitou a delitos morais, os quais representaram 85,4%. Neste grupo, em que incluem casos de alcoviteirice, amancebamentos, consentimento de comportamentos ilícitos de filhas, problemas conjugais e prostituição, a maioria das denúncias incidiu sobre casos de amancebamento, os quais atingiram 77,2%. O delito da má-língua, abrangendo todas as agressões verbais, tais como calúnias, insultos e pragas[12], constituiu o segundo caso de

<hr>

de História, vol. 2, Porto, 1979, pp. 237-244. Refira-se igualmente a tese de licenciatura de António Franquelim Sampaio Neiva Soares defendida em 1972 e do mesmo autor António Franquelim Sampaio Neiva Soares, *A Arquidiocese de Braga no Século XVII. Sociedade e Mentalidades pelas Visitações Pastorais (1550-1700)*, Braga, Edição do Autor, 1997.

[10] Joaquim Ramos de Carvalho, José Pedro Paiva, "Reportório das Visitas Pastorais da Diocese de Coimbra séculos XVII, XVIII e XIX", *Boletim do Arquivo da Universidade de Coimbra*, volume VII, Coimbra, 1985, pp. 111-214. Sobre os diferentes tidos de documentação produzida cf. Joaquim Ramos de Carvalho, *As Visitas Pastorais e a Sociedade* [...], pp. 23-27.

[11] O número de casos não corresponde ao número de mulheres acusadas, o qual foi inferior. Por exemplo, uma mulher acusada numa mesma visita de andar amancebada e de injuriar os vizinhos representa evidentemente dois casos. Por outro lado, dado que a contabilização foi feita por visita, uma mulher delatada em duas devassas pelo mesmo crime, representou outros tantos casos.

[12] Joaquim Carvalho, José Pedro Paiva, "A Evolução [...]", p. 33.

visita mais significativo, com 7,3% do total de situações reportadas. Por seu turno, a não assistência à missa ocupou a terceira posição na hierarquia de delitos, com 2,4%, seguida dos casos de embriaguez, com 2,2%. Foram ainda delatadas seis mulheres por inimizades com familiares ou vizinhos (1,6%), três por concederem casa de jogo (0,8%) e apenas uma por práticas mágicas (0,3%).

Entre 1649 e 1805, este quadro geral sofreu transformações que importa especificar. Assim, se as visitas Seiscentistas centraram a sua atenção quase exclusivamente nas questões morais, o cenário modificou-se na centúria seguinte, tendo ocorrido um alargamento da tipologia dos delitos. Esta ampliação foi especialmente significativa durante o governo de D. Miguel da Anunciação (1740-1779). Nesse período, os delitos morais praticados por mulheres baixaram para 64,1%, tendo a má-língua aumentado a sua expressão para 17,4%. Foi igualmente durante o governo deste prelado que, pela primeira vez em Pombal, mulheres foram acusadas de consumo exagerado de vinho, as quais neste período representaram 6,1%, e de consentir jogo nos seus estabelecimentos, delito que subiu para 3,1%[13].

4. Uma das vertentes da reforma católica respeitou precisamente às condutas dos fiéis, que se pretendiam ajustadas à moral cristã. Relativamente à sexualidade, apenas era considerada lícita quando praticada entre cônjuges, unidos pelo sacramento do matrimónio, e quando tivesse por objetivo a procriação. Todas as restantes práticas sexuais eram tidas por ilícitas, pelo que deviam ser extirpadas.

Como referimos, a esmagadora maioria das situações reportadas aos visitadores respeitou a casos de amancebamento, onde cabiam concubinatos, adultérios e incestos, que evidentemente apresentavam gravidades

---

[13] Para uma visão geral do sucedido na diocese, cf. Joaquim Carvalho, José Pedro Paiva, "A Evolução [...]", pp. 29-41. Para Pombal e freguesias limítrofes cf. Ricardo Pessa de Oliveira, *Sob os Auspícios* [...], pp. 64-66. Sobre a ação pastoral de D. Miguel da Anunciação cf. Manuel Augusto Rodrigues, "As Preocupações Apostólicas de D. Miguel da Anunciação à luz das suas Cartas Pastorais", *A mulher na Sociedade Portuguesa. Visão Histórica e perpectivas actuais. Actas do Colóquio*, vol. II, Coimbra, Instituto de História Económica e Social, Faculdade de Letras da Universidade de Coimbra, 1986, pp. 135-166.

e penalizações distintas. As acusadas eram sobretudo solteiras, a saber 61,1%. Por seu turno, as viúvas corresponderam a 16,8% do total de amancebadas, enquanto as casadas apenas representaram 15,9%. As fontes não esclarecem sobre o estado de 6,2% destas mulheres.

Ao contrário das testemunhas, cuja idade foi quase sempre registada, a das acusadas jamais foi assinalada. Relativamente ao estatuto socioeconómico os dados existentes, apesar de lacunares, apontam essencialmente para gente humilde. Surgem mulheres cujos maridos ou pais eram barbeiros, ferreiros, lavradores, porteiro da vila, marchantes, moleiros, sapateiros e trabalhadores. Quando registada, a profissão das acusadas aponta no mesmo sentido: amas, criadas, estalajadeiras, padeiras, vendeiras, taberneira e tecedeira. Entre os mais desfavorecidos figurou ainda uma escrava. Noutros casos, a condição precária das acusadas é revelada pela pena pecuniária a que foram sujeitas, ou pela ausência da mesma[14]. Refira-se o caso da pombalense Maria, a *Cega*, denunciada em duas visitas na segunda metade de Seiscentos, em virtude de andar amancebada com Manuel Luís. Após a devassa de 1687, o par, ao comparecer diante do visitador, confessou a culpa e prometeu emenda não sofrendo condenação "por serem muito pobres e miseraveis, que nem para pagarem este termo tem cousa algũa, tanto que se lhes deo esmola"[15]. Mencione-se ainda o sucedido com Maria, preta, solteira, presa na cadeia da vila. Após a devassa de 1695, na qual foi acusada de trato ilícito com o carcereiro, António Gomes, apenas foi admoestada e sujeita a uma pena espiritual, devido à sua condição de pobre[16]. Ainda assim, algumas das acusadas eram de condição mais elevada. D. Mariana de Sousa e Vasconcelos e D. Jerónima de Sousa e Vasconcelos, delatadas em 1693 e em 1708,

---

[14] A propósito, refira-se que em 1682, o visitador João Franco de Oliveira, desembargador da Mesa do Despacho, registou que "algũas condenaçois forão moderadas havendo respeito a pobresa", cf. Coimbra, Arquivo da Universidade de Coimbra (A.U.C.), *Devassas Penela*, liv. 29, fol. 45v [termos das admoestação].

[15] Coimbra, A.U.C., *Devassas Penela*, liv. 33, fol. não numerado. Já em 1683, não haviam sido condenados por serem pobres, cf. Coimbra, A.U.C., *Devassas Penela*, liv. 30, fol. 9 [termos de admoestação].

[16] Em 1696, foram novamente acusados, como se verifica pelo extrato de culpados desse ano, conservado no início do livro da devassa de 1695, cf. Coimbra, A.U.C., *Devassas Penela*, liv. 46, fol. 235.

respetivamente, representam os casos extremos, já que pertenciam à principal nobreza da vila[17].

Os desvios reportados aos visitadores evidenciam distintas situações e estratégias individuais diversas. Como se sabe, com frequência o casamento era precedido de uma promessa realizada pelos nubentes. Acontece que por vezes, após o prometimento, os noivos tinham relações sexuais ou passavam, inclusivamente, a viver maritalmente, o que evidentemente ia contra o determinado no Direito Canónico[18].

Em finais do século XVI, ainda havia quem considerasse que os esponsórios, seguidos de cópula carnal, constituíam casamento autêntico[19]. Pese os esforços das hierarquias eclesiásticas, parte da população continuou a considerar lícita, ou pelo menos a praticar, a conversação e convivência marital após os esponsais[20]. Por exemplo, a 27 de Outubro de 1722, foram denunciados Joana Lopes, filha de Manuel Lopes e de Maria Mendes, ambos já falecidos, e Manuel Rodrigues, filho de Miguel Rodrigues e de sua mulher Isabel João, também já falecida, todos residentes no Travasso. Segundo o testemunho de Manuel Antunes, lavrador do dito lugar, havia três meses que Joana e Manuel, ambos solteiros, estavam jurados para casar, existindo fama de terem tido, entretanto, cópula. No fim da visita, o casal, provavelmente por ter sido registada uma única denúncia, não foi sequer pronunciado. Seja como for, pouco depois a 18 de Novembro de 1722, contraíram de facto matrimónio[21]. Se desta feita o casamento acabou

---

[17] A primeira era filha de António de Sousa e Vasconcelos e de D. Jerónima. A segunda era filha de Nicolau de Sousa e Vasconcelos, irmão da referida D. Mariana, cf. Coimbra, A.U.C., *Devassas Penela*, liv. 42, fols. 222-223; Lisboa, Arquivo Nacional Torre do Tombo (A.N.T.T.), *Inquisição de Coimbra*, proc. 6928.

[18] Federico Palomo, *A Contra-Reforma em Portugal 1540-1700*, Lisboa, Livros Horizonte, 2006, pp. 117-118. Sobre os esponsais cf. Maria da Conceição Meireles Pereira, "Os Esponsais – Forma e Significado no Contexto da Sociedade Portuguesa de Setecentos", *Revista da Faculdade de Letras, História*, série II, vol. 5, Porto, 1988, pp. 189-210.

[19] *Constituições Synodaes do Bispado de Coimbra*, Coimbra, António de Mariz, 1591, fol. 34v.

[20] Cf, por exemplo, *Constituições Synodaes do Bispado de Coimbra*, Coimbra, António de Mariz, 1591, fols. 34v-35.

[21] Leiria, Arquivo Distrital de Leiria, (A.D.L.), *Registos Paroquiais, Pombal, Casamentos*, IV-42-D-5, fol. 260v.

por acontecer noutros casos tal não sucedia, o que representava um problema acrescido[22].

Em lugares de reduzida dimensão, como os que compunham a freguesia em estudo, com alguma frequência os nubentes encontravam-se nos graus de parentesco proibidos pela Igreja, mas suscetíveis de dispensa[23]. A documentação estudada demonstrou que parte dos noivos, enquanto aguardava a referida licença, passava a coabitar maritalmente, gerando inclusivamente prole. O caso de Maria e de Diogo, ambos solteiros e moradores no lugar do Travasso, denunciados em 1784, é paradigmático. O casal havia requerido a dispensa há seis anos "e com o titulo de cazamento continuão na sua incestuoza mancebia, frequentando a caza hum do outro"[24]. Entretanto, já havia tido três filhos, estando a caminho um quarto rebento. Na verdade, o desejo de obter a dispensa matrimonial poderá ter contribuído para o avolumar deste tipo de transgressão, pois havia consciência que a Igreja, por norma, dispensava quando tinha notícia da existência de relações sexuais entre parentes[25].

Uma das principais características do casamento cristão ocidental residiu no seu carácter de indissolubilidade. Desde que recebidos de forma legal, os cônjuges ficavam impossibilitados de contrair novo enlace. Existiam apenas duas possibilidades legais de tornar a casar: obter declaração de

---

[22] Por exemplo, em 1713 Manuel de Oliveira, oficial de pedreiro, andava amancebado com Teresa Gomes, viúva, da rua das Nogueiras, com quem prometera casar, caso a sua esposa falecesse. Segundo Bartolomeu da Silva, testemunha da devassa, o dito Manuel, que na verdade parecia chamar-se Manuel João, enganara a amante, "tendo principio desta illicita amizade por dizer hera viuvo e com ella havia de cazar, sendo que elle he cazado e ela emfadada de que a tivesse enganado o fes meter na cadea para haver de lhe pagar algum dinheyro que lhe devia, porem despois se compadeceu delle logo e outra vez o admite, como de antes, em sua caza", cf. Coimbra, A.U.C., *Devassas Penela*, liv. 54, fols. 5v e 17v.

[23] Joaquim Ramos de Carvalho, "As Sexualidades", *História da Vida Privada em Portugal*, direção de José Mattoso, [vol. 2], *A Idade Moderna*, coordenação de Nuno Gonçalo Monteiro, [Lisboa], Círculo de Leitores, Temas e Debates, 2010, p. 110.

[24] Coimbra, A.U.C., *Devassas Penela*, liv. 54, fol. 245v.

[25] João Rocha Nunes, *A Reforma Católica na Diocese de Viseu (1552-1639)*, Tese de Doutoramento em Letras, área de História, especialidade de História Moderna, apresentada à Faculdade de Letras da Universidade de Coimbra, Coimbra, 2010, exemplar mimeografado, pp. 250-251.

nulidade do primeiro matrimónio, o que apenas sucedia em situações particulares, ou o falecimento de um dos cônjuges[26]. Na inexistência de uma das condições referidas, aquele que pretendesse reconstruir a vida com alguém que não o legitimo cônjuge, teria de optar por uma de várias situações ilícitas, entre as quais figuravam o amancebamento e a bigamia. A análise da documentação evidenciou que para algumas das acusadas o recurso a um relacionamento ilícito, afigurava-se como forma de refazer a vida. Não raras vezes, existe indicação da ausência prolongada do marido, que podia estar inclusivamente morto. Assim, em 1673, Manuel Lopes ao delatar a relação ilícita de Madalena Fernandes com Simão de Faria, o *Vinagreiro*, declarou existir dúvida "se o marido he vivo ou se he morto, e que os ditos complices tem feito promessa de cazar"[27]. Não muito diferente parece ter sido o caso de Maria Francisca, delatada em 1722, cujo marido, José Francisco, estava ausente há 15 anos[28].

Além das situações já evidenciadas, as fontes esclarecem outros motivos que concorreram para a transgressão às normas instituídas, nomeadamente a submissão da acusada face ao cúmplice. O caso que melhor retrata esta situação é o de Isabel, escrava mulata, delatada nas visitas de 1673 e de 1674, por andar amancebada com Manuel Leal, solteiro, capitão da vila e seu proprietário, de quem tivera dois filhos[29]. Evidentemente que a escravidão de Isabel tornava-a vulnerável às investidas do seu proprietário, que desta forma, além de satisfazer a sua concupiscência aumentava o número de escravos[30]. Se num primeiro momento o par foi admoestado

---

[26] Não obstante, a Igreja entendia que os viúvos não deviam contrair novo enlace. Assim sendo, se não proibia nova união, também não a encorajava. Recorde-se que no segundo matrimónio não era concedida a bênção sacerdotal, cf. Isabel M. R. Mendes Drumond Braga, *A Bigamia em Portugal na Época Moderna. Sentir Mal do Sacramento do Matrimónio?*, Lisboa, Hugin, 2003, p. 91. "E declaramos, que as benções se não fação quando são viuvos ambos, ou a molher, porque sendo elle viuvo & ella, não se lhe devem nem podem fazer", cf. *Constituições Synodaes do Bispado de Coimbra*, Coimbra, António de Mariz, 1591, fol. 35v.

[27] Coimbra, A.U.C., *Devassas Penela*, liv. 22, fol. 220.

[28] Coimbra, A.U.C., *Devassas Penela*, liv. 56, fol. 584v.

[29] Coimbra, A.U.C., *Devassas Penela*, liv. 22, fols. 219v-220v, 221v, 224v e liv. 23, fols. 134v e 135v.

[30] Sobre esta temática cf. Jorge Fonseca, *Escravos e Senhores na Lisboa Quinhentista*, Lisboa, Colibri, 2010, pp. 341-349.

e sujeito a uma pena pecuniária de 400 réis, cada um, em 1674, as autoridades eclesiásticas conscientes da particularidade do caso, obrigaram que o capitão Manuel Leal comparecesse com Isabel perante o visitador "pera fazer termo de vender a escrava"[31].

Refira-se por último as frequentes situações envolvendo homens da elite local e mulheres de estratos inferiores, nas quais não raras vezes existem indícios de dependências económicas[32]. Este tipo de relacionamento, em que o casamento se afigurava impossível, era do conhecimento das respetivas famílias podendo ser, em localidades de reduzida dimensão, socialmente tolerado[33]. Atentemos num caso concreto. Na visita de 1718, António da Fonseca de Mancelos (1678-1748), figura grada da terra, que entre outras instituições veio a dirigir a Misericórdia local na década de trinta do século XVIII, foi acusado de andar amancebado com Antónia dos Santos, solteira, natural do Souto, freguesia de Vila Cã, filha de Manuel Pimenta, criada de uma Teresa, com quem também terá tido um caso. Da relação entre António e Antónia nasceu Diogo, batizado a 5 de Março de 1718. Pelo assento de batismo, além de constatarmos que o progenitor foi claramente identificado, verificamos que os familiares de António participaram na cerimónia, tendo Simão de Mancelos da Fonseca apadrinhado a criança[34]. Mais tarde, a 16 de Dezembro de 1737, Diogo acabaria por ser legitimado e chegaria, também ele, à provedoria da Misericórdia pombalense[35]. Registe-se ainda que este relacionamento e posterior legitimação de Diogo possibilitaram uma enorme melhoria de vida a Teresa, a ponto de, em 1754, viver na companhia do filho na sua quinta do Souto, arrabalde da vila de Pombal, e ter apadrinhado diversas crianças[36].

---

[31] Coimbra, A.U.C., *Devassas Penela*, liv. 23, fol. 225.

[32] A propósito desta realidade cf. Joaquim Ramos de Carvalho, "As Sexualidades [...]", p. 110.

[33] Joaquim Ramos de Carvalho, "As Sexualidades [...]", p. 110.

[34] Leiria, A.D.L., *Registos Paroquiais, Pombal, Baptismos*, IV-42-B-71, fol. 635.

[35] Coimbra, A.U.C., *Devassas Penela, Extractos de culpados*, liv. 4, fol. 296. Leiria, A.D.L., *Registos Paroquiais, Pombal, Baptismos*, IV-42-B-71, fol. 635. Lisboa, A.N.T.T., *Chancelaria de D. João V, Perdões e Legitimações*, liv. 139, fols. 208v-209.

[36] Leiria, A.D.L., *Registos Paroquiais, Pombal, Baptismos*, IV-42-B-72, fols. 551 e 581v.

5. Na Época Moderna, a Igreja e as autoridades seculares reformularam a postura face à prostituição. A tolerância que a prática havia conhecido na Idade Média, período em que, ainda que desaprovada, era considerada um mal necessário e inevitável, diminuiu consideravelmente[37].

Nas visitas estudadas, a prostituição representou 10,5% do total de casos denunciados e 12,3% dos delitos morais. A esmagadora maioria das acusadas era solteira, a saber 82,1%. Apenas foram registadas três viúvas e duas casadas, permanecendo desconhecida a situação de duas moças delatadas em 1759 e identificadas pela alcunha *Estacas*, ainda que neste caso o termo "moça" remeta para alguém jovem que, muito provavelmente, ainda não havia contraído matrimónio. No que respeita às casadas, cabe referir que nenhuma coabitava com o cônjuge. Luísa Gomes delatada por diversos delitos morais, entre 1657 e 1665, estava separada do marido, Domingos Francisco, que residia em Leiria. Na visita de 1658, o padre Manuel Nunes, afirmou que Luísa era a responsável pela separação "per que sempe teve fama de má molher assy em solteira como depois de cazada e de prezente tem a mesma fama e de dia ve elle testemunha que alguns homens vão a sua caza falar com ella"[38]. Mais tarde, em 1745, Angélica Joaquina, natural de Coimbra, mas residente há dois ou três anos na Pelariga, em casa de uma tia, tinha o marido ausente nas partes ultramarinas.

Relativamente à condição socioeconómica das acusadas as informações são igualmente lacunares. Na visita de 1664, foi denunciada uma viúva, cujo nome não foi registado, moradora em Pombal, que havia sido casada com o *Gago* de alcunha, que fora marchante[39]. Por sua vez, em 1686, foi acusada Maria Lopes, solteira, filha de Manuel Francisco, porteiro da vila[40]. Muito

---

[37] Sobre a prostituição na Idade Média cf. Mario Pilosu, *A Mulher, a Luxúria e a Igreja na Idade Média*, tradução de Maria Dolores Figueira, Lisboa, Editorial Estampa, 1995, pp. 73-98. Para o caso português, cf. Maria Ângela V. da Rocha Beirante, "As Mancebias nas Cidades Medievais Portuguesas", *A Mulher na Sociedade Portuguesa. Visão Histórica e Perspectivas Actuais. Actas do Colóquio*, vol. 1, Coimbra, Instituto de História Económica e Social, Faculdade de Letras da Universidade de Coimbra, 1986, pp. 221-241. Sobre a evolução da atitude face à prostituição no reino vizinho, cf. Ainhoa Fernández Sobremazas, "Prostitutas en la España Moderna", *Historia 16*, n.º 357, 2006, pp. 8-37.

[38] Coimbra, A.U.C., *Devassas Penela*, liv. 9, fols. 106-106v.

[39] Coimbra, A.U.C., *Devassas Penela*, liv. 14, fol. 187v.

[40] Coimbra, A.U.C., *Devassas Penela*, liv. 32, fols. 243v, 244v, 246 e 246v.

mais tarde, em 1757, duas pessoas acusaram Francisca Marques, vendeira de água ardente[41]. Por seu turno, Bernarda e Feliciana, denunciadas em 1762, eram filhas de António Gomes, carcereiro da vila[42]. Outros elementos permitem verificar que se tratava de mulheres de baixa condição social. A 4 de Junho de 1692, Maria Corada, fez termo em terceiro lapso, não sendo condenada por ser pobre[43]. Algo idêntico sucedeu com Luísa, solteira, moradora em Pombal, delatada em 1695, que por ser pobre foi admoestada e teve pena espiritual[44]. Por outro lado, várias das acusadas eram órfãs de pai, situação que poderá ter obrigado à utilização do sexo como meio de subsistência, ou pelo menos, como um complemento.

Em Pombal, as acusadas achavam-se dispersas por diversas ruas da vila e lugares da freguesia. Antónia, a *Maracota*, solteira, filha de Maria das Neves, viúva, delatada em 1668, era moradora na rua da Azinhaga[45]. Pouco depois, em 1676, foi denunciada Maria, filha de Maria Gaspar, viúva, residente na rua da Estalagem[46]. Na mesma rua, habitava Ana Botelha delatada em 1692[47], ano em que foi ainda denunciada a já mencionada Maria Corada, moradora na praça velha, atrás da igreja[48]. Quanto aos restantes lugares da freguesia destaque para a Pelariga e para o Santorum, onde residiam quatro e três das mulheres denunciadas, respetivamente.

Os espaços do delito eram variados. As acusadas aliciavam os seus clientes em distintos locais, designadamente em estradas, em fontes e nas margens do rio. Os encontros sexuais, propriamente ditos, tinham preferencialmente lugar nas habitações das delatadas. Vejamos alguns exemplos. Catarina, a *Corada*, e Ana, sua prima direita, igualmente co-

---

[41] Coimbra, A.U.C., *Devassas Penela*, liv. 66, fol. 303v.

[42] Coimbra, A.U.C., *Devassas Penela*, liv. 68, fol. 188.

[43] Coimbra, A.U.C., *Devassas Penela*, liv. 41, fol. não numerado [termos].

[44] Coimbra, A.U.C., *Devassas Penela*, liv. 46, fol. 235v. Refira-se ainda uma Maria, solteira, a *Torta* de apelido, residente em Pombal, acusada na visita de 1741, ano para o qual não se conserva livro de devassa, que foi admoestada sem multa em virtude da sua pobreza, cf. Coimbra, A.U.C., *Devassas Penela, Extractos de culpados*, liv. 7, fol. 119.

[45] Coimbra, A.U.C., *Devassas Penela*, liv. 18, fols. 69-69v.

[46] Coimbra, A.U.C., *Devassas Penela*, liv. 24, fol. 259.

[47] Coimbra, A.U.C., *Devassas Penela*, liv. 41, fols. 163-163v.

[48] Coimbra, A.U.C., *Devassas Penela*, liv. 41, fols. 172v e 174v.

nhecida por aquela alcunha, delatadas em 1702, ofereciam-se a diversos homens no rio, entenda-se nas suas margens, na fonte e em qualquer parte pública[49]. Por sua vez, as irmãs Isabel e Felizarda, filhas de João Rodrigues da Cova, moradoras no lugar do Santorum, delatadas em 1736, recebiam vários indivíduos na sua habitação "e ahy estam fazendo galhofas e maganagens com grande escandalo"[50]. Mais tarde, em 1745, Ana Guardada, viúva, do lugar da Venda da Cruz, foi delatada por ser "muito chocareyra e muito amiga de conversar e galhofear com homens admettindo os em sua caza"[51].

No que toca à clientela destas mulheres, as fontes indicam que estas eram procuradas quer por conterrâneos, quer por indivíduos procedentes de outras paragens, sendo mencionados homens de mau procedimento, soldados e vadios. Isabel, solteira, moradora no lugar do Passo, filha de João Francisco, já falecido, delatada em 1686 e em 1692, recebia em sua casa "muitos homens asim da terra como de fora"[52]. Por seu turno, em 1745, Ana Maria, solteira, que viera da freguesia de Vermoil, bispado de Leiria, moradora na Ranha de Baixo há cerca de um ano, admitia na sua residência diversos elementos do sexo masculino, especialmente do bispado de Leiria[53]. Em 1781, Maria, solteira, filha de Manuel Domingues, também ele já defunto, acolhia na sua habitação "homens de mao procedimento e soldados com escandallo de seus vezinhos"[54]. No mesmo ano, Margarida, solteira, filha de João Ferreira e de Maria dos Santos, do lugar do Santorum, foi acusada de andar pelas estradas "com homens vadios e de mão procedimento recolhendo-os em sua caza"[55]. Entre os que

---

[49] Coimbra, A.U.C., *Devassas Penela*, liv. 49, fol. 40. Não raras vezes as fontes surgem como locais onde ocorriam relações sexuais, cf. Paulo Drumond Braga, "Dados para o estudo da homossexualidade em Portugal no século XVII: o processo inquisitorial de Manuel de Andrade", *Vértice*, II série, nº 58, Lisboa, Janeiro-Fevereiro de 1994, p. 127; Idem, "Cheiram os homens a mulheres; não a Marte, mas a Vénus. Sociabilidades Homossexuais (séculos XVI-XVII)", *Lusíada, História*, série II, n.º 4, Lisboa, 2007, p. 192.

[50] Coimbra, A.U.C., *Devassas Penela*, liv. 60, fols. 395-395v.

[51] Coimbra, A.U.C., *Devassas Penela*, liv. 62, fol. 123v.

[52] Coimbra, A.U.C., *Devassas Penela*, liv. 41, fols. 159v-160.

[53] Coimbra, A.U.C., *Devassas Penela*, liv. 62, fols. 136v e 147.

[54] Coimbra, A.U.C., *Devassas Penela*, liv. 74, fols. 111v-112.

[55] Coimbra, A.U.C., *Devassas Penela*, liv. 74, fols. 117, 122-122v.

mantinham contactos sexuais com estas mulheres figuravam igualmente indivíduos de estatuto mais elevado, caso de Manuel da Fonseca, feitor da Quinta da Gramela, denunciado em 1745, por manter uma relação com a já referida Ana Guardada[56].

Quanto aos preços praticados por estas mulheres as fontes são praticamente omissas. Sabemos apenas que em 1692, uma testemunha ao acusar Esperança, solteira, natural da freguesia de Colmeias, bispado de Leiria, moradora nos Crespos, termo de Pombal, referiu que "os tempos passados veio ahi hum homem o qual lhe dera hum tostão por usar della mal"[57], ou seja, uma moeda de prata no valor de 100 réis[58], quantia verdadeiramente insignificante. Para se ter ideia, no ano anterior Maria Carvalha, solteira, moradora na rua do Rio, após ter sido acusada de andar amancebada com Domingos Antunes, boticário da vila, foi admoestada pelo pároco, o qual atendendo à "sua confissão e protesto da emenda e visto a sua pobreza a condenou em duzentos e corenta reis"[59].

6. Concluída a devassa tinha lugar a pronúncia da sentença. O tipo de pena a aplicar variava, evidentemente, consoante o tipo de delito e o grau de reincidência. Por norma, as acusadas limitavam-se a assinar um termo de admoestação, em que prometiam emenda, termo que podia ou não ser acompanhado de uma pena pecuniária, a arbítrio do visitador[60]. Como verificámos, em alguns casos a multa podia ser substituída por uma pena espiritual. Na maioria das ocasiões, a admoestação tinha lugar perante o visitador, na própria paróquia ou em igreja vizinha. O termo podia

---

[56] Coimbra, A.U.C., *Devassas Penela*, liv. 62, fols. 127, 127v-128, 144, 148, 152v-153, 154. Este relacionamento ilícito já havia sido denunciado em 1741, quando o marido de Ana, João Gonçalves, ainda era vivo. Na ocasião, o feitor fez termo em primeiro lapso de concubinato, enquanto Ana foi admoestada em segredo pelo pároco, cf. Coimbra, A.U.C., *Devassas Penela, Extractos de culpados*, liv. 7, fol. 118v.

[57] Coimbra, A.U.C., *Devassas Penela*, liv. 41, fol. 177.

[58] Avelino de Freitas de Meneses, "As Finanças", *Nova História de Portugal*, direção de Joel Serrão e A.H. de Oliveira Marques, vol. VII, *Portugal. Da Paz da Restauração ao Ouro do Brasil*, coordenação de Avelino de Freitas de Meneses, Lisboa, Editorial Presença, 2001, p. 362.

[59] Coimbra, A.U.C., *Devassas Penela*, liv. 37, doc. avulso.

[60] Joaquim Ramos de Carvalho, *As Visitas Pastorais e a Sociedade* [...], pp. 123-125; António Franquelim Sampaio Neiva Soares, *A Arquidiocese de Braga* [...], pp. 631-632.

ainda ser assinado em Coimbra, na Mesa episcopal, diante do provisor do bispado. Acrescente-se que em alguns casos, sobretudo tratando-se de mulheres adúlteras, a admoestação poderia ocorrer em segredo, perante o vigário da paróquia, o que era justificado pelo receio de que o marido, ao tomar conhecimento da traição, atentasse contra a vida da esposa[61].

Apenas os casos mais graves, especialmente as relações incestuosas, originaram processo no auditório eclesiástico, designado por livramento e que compreendia distintas modalidades. Por outro lado, aquelas que após uma terceira admoestação persistiram na sua conduta errónea foram sujeitas a um processo no juízo eclesiástico. Desta forma, verifica-se que as denúncias reportadas em sede de visita pastoral constituíram como que um processo inicial que em situações de maior gravidade suscitou a abertura de processo judicial[62].

Relativamente à paróquia de Pombal, e no que respeita a mulheres, apenas 8,4% dos casos denunciados em visita foram pronunciados a livramento. Cabe referir que nem todas chegaram a ser realmente julgadas. Joana Jorge delatada na visita de 1655, por consentir no comportamen-

---

[61] *Constituições Synodaes do Bispado de Coimbra*, Coimbra, António de Mariz, 1591, fol. 197. Recorde-se que as ordenações do reino possibilitavam o assassinato da mulher adúltera, conferindo proteção ao marido, cf. *Ordenações Filipinas*, reprodução fac-símile da edição de 1870, livro V, Lisboa, Fundação Calouste Gulbenkian, 1985, título XXXVIII, pp. 1188-1189. Esse desfecho devia suceder com relativa frequência. Em 1723, o teatino Bluteau, ao pregar um sermão numa igreja lisboeta afirmou que "qualquer sombra de infidelidade no tálamo conjugal afia o punhal para o desagravo e o matar mulheres é ponto de honra", cf. Maria Antónia Lopes, *Mulheres, Espaço e Sociabilidade. A transformação dos papéis femininos em Portugal à luz de fontes literárias (segunda metade do século XVIII)*, Lisboa, Livros Horizonte, 1989, p. 35.

[62] A propósito desta realidade cf. João Rocha Nunes, "Crime e castigo: 'Pecados Publicos' e Disciplinamento Social na Diocese de Viseu (1684-1689)", *Revista de História da Sociedade e da Cultura*, vol. 6, Coimbra, 2006, pp. 177-213; Idem, *A Reforma Católica* [...], pp. 315-324. Sobre o auditório eclesiástico de Coimbra, cf. Jaime Ricardo Gouveia, "Quod non est in actis, non est in mundo: Mecanismos de Disciplina Interna e Externa no Auditório Eclesiástico de Coimbra", *Revista de História da Sociedade e da Cultura*, n.º 9, Coimbra, 2009, pp. 179-204; Idem, "A Configuração Organizacional dos Auditórios Eclesiásticos: Perfis, Competências e Funções dos Oficiais da Justiça. O caso de Coimbra", texto apresentado ao XXX Encontro da Associação Portuguesa de História Económica e Social, disponível em linha em, http://www.iseg.utl.pt/aphes30/docs/progdocs/JAIME%20RICARDO%20GOUVEIA. pdf (consultado em 4 de Novembro de 2014). Para a diocese do Funchal, cf. Ana Cristina Machado Trindade, Dulce Manuela Teixeira, "O Regimento dos Auditórios Eclesiásticos do Bispado do Funchal (1589)", *Lusitania Sacra*, 2.ª série, n.º 15, Lisboa, 2003, pp. 289-330; Idem, *O Auditório Eclesiástico da Diocese do Funchal. Regimento e espólio documental do século XVII*, Funchal, Instituto Superior de Administração e Línguas, 2003.

to ilícito da filha, Isabel, com o padre frei Simão Correia, foi perdoada pelo cabido *sede vacante* por constar que a filha havia contraído matrimónio[63]. Por motivo semelhante, mas muito mais tarde, D. Miguel da Anunciação, por despacho de 6 de Julho de 1746, perdoou o livramento a Manuel Gonçalves e a Mariana Francisca que haviam sido postos na visita do ano anterior por concubinato incestuoso[64]. Ou seja, nestes casos o casamento, pese embora precedido de trato ilícito, funcionou como circunstância atenuante.

Apesar dos processos terem desaparecido ou ainda não terem sido localizados, a análise dos livros de extratos de culpados e dos livros de devassa permitiu conhecer o registo sumário das sentenças de dez mulheres, moradoras na freguesia de Pombal. Todas as sentenças conhecidas datam do século XVIII, sendo a primeira de 1700 e a derradeira de 1782. A totalidade dos processos foi originada por delitos morais, designadamente seis casos de incesto, duas mancebias com clérigos, um concubinato cuja natureza não foi especificada e um caso de alcoviteirice.

Relativamente aos casos de incesto, as constituições da diocese estipulavam que os leigos que cometessem o delito, em primeiro grau de consanguinidade, fossem punidos com quatro anos de degredo para as galés e multa pecuniária a arbítrio do vigário-geral. Tratando-se de nobre ou indivíduo de idade avançada, como tal inútil para as galés, a pena seria comutada por degredo para o Brasil, por um período de sete anos. Nos restantes graus, por via de consanguinidade ou afinidade, o réu seria sujeito a degredo e a pena pecuniária, segundo o grau de parentesco, o estatuto social e as circunstâncias do crime[65]. Relativamente às mulheres, o texto especificava que fossem condenadas a degredo e prisão "segundo o grau em que for, & malicia que contra ellas se provar, tendo-se

---

[63] Coimbra, A.U.C., *Devassas Penela*, liv. 7, fols. 117-117v. Casou a 23 de Dezembro de 1655, na ermida de Nossa Senhora do Cardal, com Manuel Luís, da paróquia de Vila Cã, termo de Pombal, cf. Leiria, A.D.L., *Registos Paroquiais, Pombal, Casamentos*, IV-42-D-5, fol. 24.

[64] Coimbra, A.U.C., *Devassas Penela*, liv. 62, fol. 156v. O matrimónio teve lugar a 8 de Setembro de 1755, na matriz de São Martinho, cf. A.D.L., *Registos Paroquiais, Pombal, Casamentos*, IV-42-D-5, fols. 404v-405.

[65] *Constituições Synodaes do Bispado de Coimbra*, Coimbra, António de Mariz, 1591, fols. 198-198v.

respeyto a sua fraqueza, o que ficará ao arbitrio do nosso vigayro"[66]. Recorde-se que a mulher, a quem o discurso normativo cristão associava a maldade e a inferioridade, gozava em virtude de tal discriminação, de um estatuto jurídico especial[67]. Em conformidade, o vigário-geral deveria ter em conta a sua natural fraqueza comutando a pena de degredo ou designando local onde o pudesse melhor cumprir, como esmiuçava por exemplo o texto normativo da diocese de Portalegre[68].

Nas sentenças conhecidas, nenhuma compreendendo incesto entre familiares diretos, só por duas vezes as acusadas foram sentenciadas a degredo, em ambos os casos por período de um ano, uma para o bispado da Guarda, outra para a diocese de Leiria. Cinco foram sujeitas a pena pecuniária, que oscilou entre 800 réis e 6.000 réis. Distinta foi a sentença proferida a 24 de Novembro de 1719, contra Maria das Neves Freire, do lugar da Estrada, que por andar amancebada com Damião Furtado Morais, seu parente em segundo e terceiro graus de afinidade, foi condenada em dois meses de aljube e obrigada a pagar as custas do processo[69].

Relativamente aos demais amancebados, as constituições, que não distinguiam entre casados e solteiros, decretavam que aquele que depois de admoestado três vezes reincidisse no delito fosse preso e condenado em dez cruzados, ou seja, 4.000 réis[70], para a Sé e meirinho, e nas mais penas que merecesse, podendo ainda vir a ser degredado[71]. Pese o determinado, a 31 de Janeiro de 1780, Maria das Neves, viúva, por ilícita amizade com Manuel Nogueira, foi condenada em 8.000 réis e a um ano de degredo para o bispado de Portalegre[72].

---

[66] *Constituições Synodaes do Bispado de Coimbra*, Coimbra, António de Mariz, 1591, fol. 198v.

[67] Sobre o estatuto da mulher cf. António Manuel Hespanha, *História das Instituições: Épocas Medieval e Moderna*, Coimbra, Almedina, 1982, p. 229. A propósito do discurso normativo cristão sobre a mulher cf. Maria Antónia Lopes, *Mulheres, Espaço e Sociabilidade* [...], pp. 17-45.

[68] *Constituições Synodaes do Bispado de Portalegre*, Portalegre, Jorge Roiz, 1632, fol. 237v..

[69] Coimbra, A.U.C., *Devassas Penela, Extractos de culpados*, liv. 1, fol. 55v.

[70] Avelino de Freitas de Meneses, "As Finanças [...]", p. 362.

[71] *Constituições Synodaes do Bispado de Coimbra*, Coimbra, António de Mariz, 1591, fols. 199-199v.

[72] Coimbra, A.U.C., *Devassas Penela, Extractos de culpados*, liv. 1, fol. 55v.

Ao contrário das ordenações do reino, as constituições não especificavam as penas a aplicar às barregãs de clérigos. Assim, as sentenças contra as duas mulheres acusadas de trato ilícito com eclesiásticos foram bastante díspares. A 10 de Agosto de 1737, Teresa dos Santos, solteira, do lugar do Santorum, delatada na visita de 1736 por andar amancebada com o padre Manuel da Cunha (4.º lapso), foi condenada em 4.000 réis e a um ano de degredo para fora do bispado[73]. Muito mais rígida foi a sentença proferida a 20 de Junho de 1757, contra Mariana da Assunção Botelha, natural da freguesia de Tapéus, criada do vigário proprietário de Pombal frei José Rodrigues Maia, com o qual andava amancebada há mais de duas décadas[74]. Semelhante tenacidade motivou que fosse condenada em 16.000 réis, a três anos de degredo para o bispado da Guarda e a pagar as custas do processo. Não obstante, recorreu da sentença para a Legacia, tendo sido absolvida por sentença de 4 de Novembro de 1757, ficando apenas obrigada a pagar o custo dos autos[75]. Como se sabe, o auditório funcionava como tribunal de primeira instância, sendo permitido recorrer da sentença para o tribunal metropolitano, que no caso da diocese de Coimbra era a relação de Braga. Era ainda exequível apelar, como demonstra o caso em apreço, para o tribunal do Núncio e eventualmente para Roma[76]. Não obstante, o recurso exigia meios financeiros consideráveis[77]. No caso em análise, tratando-se de uma criada parece evidente que o recurso apenas foi possível por intermédio do dito vigário, seu cúmplice.

No que toca às sentenças, há ainda a registar o arquivamento de um processo. Tratou-se dos autos relativos a Domingas Rodrigues, viúva, que havia sido acusada de alcovitar a sua filha Josefa. Muito provavelmente

---

[73] Coimbra, A.U.C., *Devassas Penela*, liv. 60, fol. 400v.

[74] Sobre este clérigo e o conflito que protagonizou com o bispo D. Miguel da Anunciação, cf. Ricardo Pessa de Oliveira, *Sob os Auspícios de Trento* [...], pp. 106-112.

[75] Coimbra, A.U.C., *Devassas Penela, Extractos de culpados*, liv. 9, fol. 73.

[76] Acrescente-se a possibilidade de recorrer para os tribunais régios, cf. Joaquim Ramos de Carvalho, *As Visitas Pastorais e a Sociedade* [...], pp. 148-151; João Rocha Nunes, "Crime e Castigo [...]", pp. 184-185; Jaime Ricardo Gouveia, "Quod non est [...]", pp. 185-186.

[77] Jaime Ricardo Gouveia, "Quod non est [...]", p. 190.

terá conseguido provar que as testemunhas de acusação eram suas inimigas, acabando absolvida por sentença de 30 de Agosto de 1723[78].

Segundo os dados existentes, quer parecer que o processo de livramento corria de forma relativamente célere. Nos quatro casos em que conhecemos a data da visita em que a ré foi delatada e a data da sentença, verificamos que por três ocasiões decorreram entre onze e doze meses entre as duas datas, enquanto o processo mais moroso prolongou-se por 20 meses.

Após a leitura da sentença, houve quem tivesse alcançado a comutação das penas, permanecendo desconhecido se tal resultou de requerimento da própria sentenciada. Ainda assim, nos dez casos conhecidos tal apenas ocorreu por uma ocasião. Tratou-se de Maria Teresa, que havia sido condenada em 1757, a uma pena pecuniária no valor de 6.000 réis e a um ano de degredo para o bispado da Guarda, além das custas do processo[79]. Acabou por pagar somente 3.000 réis, tendo sido perdoado o degredo e o pagamento das custas[80].

Uma das questões que se coloca respeita ao cumprimento das penas. Seriam de facto cumpridas? Na documentação estudada existem determinadas notas que evidenciam que tal nem sempre sucedia, pelo menos no imediato. Se ao lado do registo da condenação de Isabel, solteira, filha de Manuel João, do lugar dos Carvalhais, existe indicação de ter pago os 2.000 réis a que havia sido sentenciada[81], noutros casos foi registada uma advertência, dando conta de que faltava cumprir parte ou a totalidade da sentença. A já mencionada Maria das Neves, condenada em 1780, a pagar 8.000 réis e a um ano de degredo para o bispado de Portalegre, devia ainda (desconhecemos a data) o degredo[82]. Por seu turno, Maria, processada em 1782 a uma pena de 4.000 réis e a cumprir um ano de degredo para a diocese leiriense, devia tudo[83]. A escassez de

---

[78] Coimbra, A.U.C., *Devassas Penela, Extractos de culpados*, liv. 1, fol. 55v.

[79] Coimbra, A.U.C., *Devassas Penela, Extractos de culpados*, liv. 8, fol. 84.

[80] Na diocese de Viseu, parte considerável dos sentenciados entre 1684 e 1689, obteve perdão do degredo, cf. João Rocha Nunes, "Crime e Castigo [...]", p. 204.

[81] Coimbra, A.U.C., *Devassas Penela, Extractos de culpados*, liv. 3, fol. 63.

[82] Coimbra, A.U.C., *Devassas Penela, Extractos de culpados*, liv. 1, fol. 55.

[83] Coimbra, A.U.C., *Devassas Penela, Extractos de culpados*, liv. 3, fol. 63.

dados, aliada ao facto de permanecem desconhecidos os dispositivos que a justiça episcopal possuía para obrigar ao cumprimento das sentenças proferidas, não permite retirar grandes ilações.

Importa por último, tentar aferir as verdadeiras consequências da sentença para as prevaricadoras? O conjunto de penas aplicadas teria com toda a certeza um forte impacto no seu quotidiano, nomeadamente a nível económico. Tratando-se sobretudo de gente humilde, pertencente aos baixos estratos sociais, seria dificultoso pagar as penas pecuniárias a que haviam sido sujeitas. Para o território em estudo não possuímos dados que nos permitam confirmar estas suspeitas. No entanto, para a diocese de Viseu, sabemos que uma mulher, após ter sido condenada a dois anos de degredo e a pagar um marco de prata, em virtude da sua pobreza passou a viver numa casa do pároco da freguesia "que lhe faz esmola de a sustentar e alguma couza que tinha a tem vendido pera paguar ao meirinho e escrivão"[84]. Por outro lado, o cumprimento da pena de degredo tornaria a situação destas mulheres ainda mais frágil e vulnerável, especialmente aquelas que foram desterradas para as dioceses da Guarda e de Portalegre, já que o bispado de Leiria confinava com a freguesia de Pombal.

Relativamente à reforma dos comportamentos e à eficácia dos mecanismos de normalização social, as fontes esclarecem que nem todas as sentenciadas modificaram as suas condutas, inclusivamente aquelas que haviam sido sujeitas a processo no auditório eclesiástico. Refira-se a título de exemplo o caso de Luísa, solteira, da Roussa de Baixo, processada por aquela instância no seguimento das acusações de concubinato incestuoso com Manuel, seu parente em quarto grau de consanguinidade, registadas na devassa de 1692. O par, que havia solicitado dispensa para efectuar o matrimónio, voltaria a ser delatado em 1694 e em 1695, tendo sido novamente sujeito a livramento[85].

A propósito da reforma das condutas, mencione-se ainda a resposta do pároco da Redinha, freguesia vizinha da de Pombal, a um inquérito remetido

---

[84] Viseu, Arquivo Distrital de Viseu, *Câmara Eclesiástica, Livro de Registo dos Sumários das Sentenças*, 8/54, fols. 20-22, *apud* João Rocha Nunes, "Crime e Castigo [...]", p. 211.

[85] Coimbra, A.U.C., *Devassas Penela*, liv. 41, fols. 171v-172v e 180; liv, 45, fols. 90, 91, 93-93v e 96v; liv. 46, 236v e 238v-240.

pelo prelado conimbricense na segunda metade do século XVIII. Segundo frei João dos Santos, vigário daquela paróquia "muitas mulheres vivem com muita dissolução e com escandalo desta mesma villa e se me faz precizo nomear algumas para que vossa senhoria lhe ponha o remedio, pois não tem bastado as muitas vizitas em que forão culpadas". Depois de declarar o nome de quatro mulheres e respetivos delitos, o pároco esclareceu o prelado que "todas estas forão ja denunciadas e sem reforma algũa e me pareçe a não terão, só exterminando-as", isto é, sentenciando-as a degredo.

7. Como verificámos, a esmagadora maioria das delações registadas em sede de visita pastoral respeitou a delitos morais, dentro dos quais prevaleceram os casos de amancebamento. As acusadas eram sobretudo solteiras, de baixos estratos sociais, ainda que esporadicamente algumas escapassem a esse universo social típico.

Entre as distintas situações e estratégias individuais evidenciadas pelas fontes, ficou patente que determinados casos estiveram intimamente ligados à ideia de casamento, designadamente os casais que após os esponsais tinham relações sexuais e os que, tendo impedimento de parentesco, coabitavam, antes da necessária dispensa. Apesar de pretenderem casar, estes últimos incorriam em concubinato incestuoso, crime grave para o qual os textos normativos estipulavam penas assaz pesadas, pelo que a intenção, na maior parte das vezes, pouco lhes valia.

Ficou igualmente demonstrado que o disciplinamento social levado a cabo pelas autoridades eclesiásticas foi realizado, mormente sem ter lugar processo no juízo eclesiástico[86]. De facto, menos de 10% dos casos reportados em visita foi pronunciado a livramento, sendo a maioria das causas instauradas por relações incestuosas.

A análise das sentenças de dez mulheres, cujos autos correram no auditório no século XVIII, evidenciou que o estipulado nas constituições diocesanas, onde a condição específica da mulher surge evidenciada, nem sempre foi seguido à letra. A penalização mais gravosa passou pelo de-

---

[86] O mesmo sucedeu na diocese de Viseu, cf. os trabalhos da autoria de João Rocha Nunes, já citados.

gredo, decretado preferencialmente para as dioceses vizinhas da Guarda e de Leiria. Tratando-se essencialmente de gente humilde, o recurso para um tribunal superior foi bastante raro, pois carecia de meios para o fazer. No caso em apreço, localizámos apenas uma ré que conseguiu apelar para instância superior, tendo sido absolvida. Quanto ao cumprimento das penas, nem todas as sentenciadas satisfizeram a totalidade da condenação, pelo menos no imediato.

A eficácia dos mecanismos de disciplinamento social não foi, como dificilmente seria, total. As fontes esclarecem que várias mulheres persistiram nas suas condutas erróneas, mesmo depois de terem sido sujeitas a processo no auditório. Semelhantes casos motivaram inclusivamente um pároco a apresentar uma proposta radical ao prelado, entendendo que a única forma de cessar esses comportamentos era "exterminando-as".

Se como referimos o disciplinamento foi sobretudo feito por intermédio de exortações e de admoestações, como de resto preconizava o excerto com que abrimos este texto, tal deveu-se à política paciente de cristianização dos fiéis, adotada pela Igreja[87]. Era sobretudo essencial evitar a ruína espiritual, não só dos transgressores, mas igualmente do próximo que com escândalo haviam ofendido, o que era alcançado por intermédio do termo de admoestação. A estratégia requeria, pois, paciência e moderação. Mais do que punir era essencial catequizar.

---

[87] A expressão é de José Pedro Paiva, *Bruxaria e Superstição num País sem "caça às bruxas" 1600-1774*, 2.ª edição, Lisboa, Editorial Notícias, 2002, pp. 352-354.

LA CRIMINALIDAD FEMENINA ANTE LA JUSTICIA EPISCOPAL EN LA SALAMANCA DEL SIGLO XVII[*]

José Luis de las Heras Santos
Universidad de Salamanca

1. Introducción

La perspectiva de género fue introducida con gran provecho por Enrique Villalba en un análisis general sobre las causas criminales de la Sala de Alcaldes de Casa y Corte durante el Barroco. El trabajo de este autor dejó patente que la legislación ofrece una descripción estereotipada y deformada de la vida femenina, que gira en torno al matrimonio, y, sobre todo, en torno a los aspectos económicos del mismo. Este ensayo erradicó la idea de que la mayoría de las transgresiones de las mujeres estaban relacionadas con delitos contra la moral y especialmente con la prostitución. La realidad era que las mujeres del Madrid barroco eran capaces de ejecutar un repertorio amplio de delitos: podían robar, insultar, colaborar en estelionatos, amancebarse, quebrantar destierros o envenenar a sus maridos, porque muchas de ellas tenían una capacidad de iniciativa y llevaban vidas más activas de lo que a los moralistas de la época les hubiera gustado[1].

[*] Este trabajo forma parte del pryecto de investigación Religionidad e Reforma Católica en el noroeste de la Península Ibérica durante el Antiguo Régimen (HAR2013-44187-P), financiado por el Ministerio de Economia y Competitividad.

[1] Enrique Villalba Pérez, *¿Pecadoras o delincuentes?: Delito y género en la Corte (1580-1630)*, Madrid, Calambur, 2004.

DOI: http://dx.doi.org/10.14195/978-989-26-1033-7_4

Como ha indicado Ofelia Rey Castelao el modelo teórico de moralidad femenina de los tiempos modernos que insistía en la obligación de obediencia, humildad, modestia, discreción, vergüenza y retraimiento, no tuvo tanto éxito como en general se le atribuye[2]. En el caso gallego, que ella estudia, por la dificultad de reprimir comportamientos desviados en el medio rural y porque el clero de las aldeas frecuentemente incurría en los mismos pecados de incontinencia en los que caían sus feligreses.

En este estudio nos vamos a acercar a la realidad social de una ciudad castellana, muy marcada por el hecho de ser sede de una universidad en la que estudiaban miles de estudiantes y en la que el impacto de la iglesia era muy grande, tanto por el número de clérigos como por su influencia en la configuración de la mentalidad colectiva.

Partimos de la base de que en ninguna parte culminó completamente la ejecución del modelo teórico, y que en todos sitios hubo mujeres dispuestas a saltarse las rígidas normas de un orden jurídico en el que pecado y transgresión penal tendían a asimilarse. El caso salmantino es el de una diócesis en la que el disciplinamiento operado por la Reforma Católica tuvo éxito. Por tanto, un marco social muy distinto al de la Galicia rural.

Estamos de acuerdo con Tomás Mantecón cuando afirma que los procesos judiciales ofrecen una información estimable que permite cuantificar delitos, delincuentes, sentencias, etc., los cuales ofrecen una información estimable por sí misma; pero es necesario ir más allá y descubrir las significaciones de los fenómenos en sus contextos específicos, las transgresiones ocurridas, las actuaciones de las instituciones penales los logros disciplinares que obtienen[3].

En el ámbito del País Vasco, Milagros Álvarez Urcelay ha estudiado la presencia de las mujeres dentro del mundo de la criminalidad de Bergara, una villa guipuzcoana del interior con una gran actividad económica y muy dinámica desde el punto de vista social durante la época preindus-

---

[2] Ofelia Rey Castelao, "Las campesinas gallegas y el honor en la Edad Moderna", *Las mujeres y el honor en la Europa Moderna*, edición de Mª Luisa Candau Chacón, Huelva, Publicaciones de la Universidad de Huelva, 2014, p. 431.

[3] Tomás A. Mantecón Movellán, "Los impactos de la criminalidad en sociedades del Antiguo Régimen: España en sus contextos europeos", *Vínculos de Historia*, nº 3, Ciudad Real, 2014, p. 56.

trial. Dicha autora ha llegado a la conclusión de que el mundo vergarés de la delincuencia era esencialmente masculino, aunque es muy destacable la implicación de las mujeres en los delitos sexuales y los del apartado contra la familia. La explicación que se da de ello es que aunque, por ejemplo, en el delito de amancebamiento concurran dos personas, por tratarse de una acción cometida en pareja, la justicia ordinaria no encausa a muchos hombres por tratarse de clérigos a quiénes sólo los tribunales eclesiásticos podían juzgar. Desde nuestro punto de vista habría que seguir investigando para probar esta aseveración documentalmente, y demostrar definitivamente que los implicados son eclesiásticos y que no se trataba de una discriminación más de género, en virtud de la cual algunos delincuentes masculinos quedaban impunes por circunstancia que el juzgador estimó convenientes y que se deberían demostrar. Como peculiaridad de la delincuencia femenina vergaresa del siglo XVIII sobresale el alto porcentaje de mujeres implicadas en casos de contrabando, hasta el punto de que podría considerarse una actividad habitual de las mujeres para completar los ingresos familiares[4].

Ramón Sánchez González ha estudiado 170 expedientes relativos a mujeres de las poblaciones de los Montes de Toledo, lo cual le ha permitido desvelar qué tipo de criminalidad femenina podemos encontrar en una zona rural como esa. Su conclusión es que en la inmensa mayoría de los casos, las mujeres aparecen implicadas en procesos en los que la sexualidad aparece como móvil determinante[5].

A la vista de todo lo anterior puede deducirse que a día de hoy tenemos estudios representativos con los que comparar nuestras propias investigaciones sobre la criminalidad femenina. En esta ocasión hemos optado por centrar nuestras miradas en las actuaciones de la justicia eclesiástica, una jurisdicción que pese a su importancia no ha suscitado

---

[4] Milagros Álvarez Urcelay, "Mujeres y criminalidad en Guipúzcoa en el Antiguo Régimen: el caso de Bergara", *Marginación y Exclusión Social en el País Vasco*, edición de Milagros Álvarez Urcelay, Iñaki Reguera Acedo, Iñaki Bazán Díaz, César González Mínguez, Bilbao, Universidad del País Vasco, 1999, pp. 246-250.

[5] Ramón Sánchez González, *Sexo y Violencia en los Montes de Toledo: Mujeres y Justicia durante la Edad Moderna*, Toledo, Asociación para la Integración Laboral de la Mujer en Castilla-La Mancha, Asociación para el Desarrollo Integral del Territorio 'Montes Toledanos', 2006, p. 114.

la atención de la investigación histórica en la misma medida que lo han hecho otras jurisdicciones, igualmente importantes, como la Inquisición.

Para comparar los datos de Salamanca disponemos del sólido trabajo realizado como tesis doctoral por Isabel Pérez Muñoz[6] que ha examinado 321 procesos instruidos por la justicia episcopal de la diócesis de Coria a lo largo de los siglos XVI y XVII. El archivo diocesano de Salamanca es una institución bien atendida que alberga una documentación abundante y bien catalogada. Pertenecientes al siglo XVII se conservan 674 procesos criminales. 644 en los que los acusados son hombres, 20 en los que las acusadas son mujeres y 10 en los que hay hombres y mujeres como acusados.

Distribución por Sexos de los Procesos Criminales de la Jurisdicción Episcopal de Salamanca en el siglo XVII	
Procesos en los que los acusados son HOMBRES	644
Procesos en los que las acusadas son MUJERES	20
Procesos en los que se acusa conjuntamente a HOMBRES y MUJERES	10
Total	674

2. Rasgos generales de la delincuencia femenina castigada por la Justicia Episcopal

Dentro de cada diócesis el obispo ostentaba la mayor autoridad eclesiástica, lo que se manifestaba en el ejercicio de tres poderes: orden, magisterio y jurisdicción. En virtud de su potestad jurisdiccional el obispo podía dar normas y estatutos sobre múltiples asuntos relacionados con el Derecho Canónico y el gobierno de su diócesis. De ello se derivaba la facultad de la justicia episcopal para intervenir sobre dichos asuntos, dictando sentencias y castigando culpables con penas espirituales y temporales según la gravedad de las faltas cometidas[7]. El obispo podía administrar

---

[6] Isabel Pérez Muñoz, *Pecar, Delinquir y Castigar: El Tribunal Eclesiástico de Coria en los siglos XVI y XVII*, Cáceres. Institución Cultural 'El Brocense', 1992.

[7] Un ejemplo típico de cómo se combinaban penas espirituales y materiales en la misma sentencia lo tenemos en el caso de Ana Vásquez, sardinera y mujer de un cabes-

justicia por sí mismo, pero lo más común es que lo hiciera a través de su vicario o de otros jueces designados por él, en quienes delegaba su poder jurisdiccional. A sus tribunales llegaban las causas contenidas en la legislación episcopal en primera instancia o en apelación, y las sentencias dictadas eran recurribles ante el tribunal metropolitano o pontificio[8].

El poder jurisdiccional de los obispos tenía un triple carácter: legislativo, judicial y ejecutivo y se aplicaba a todos los comportamientos que transgredían los principios morales y doctrinales de la iglesia. El deber de un obispo consistía en mantener el orden social y castigar a los clérigos y fieles sometidos a su jurisdicción, cuya conducta no se adecuase a las leyes divinas y eclesiásticas. El problema básico al que se enfrentaba la justicia episcopal era el de la diferenciación entre fuero interno, perteneciente al ámbito de la conciencia y el externo, referido a lo que era conocido públicamente. Mientras que las faltas cometidas en el fuero interno debían ser declaradas al confesor para que impusiese una penitencia, los tribunales eclesiásticos sólo tenían competencia en aquello que se conocía públicamente, y que por tanto formaba parte del fuero externo. El procedimiento judicial canónico prefería el testimonio oral a la prueba escrita, y de ahí la importancia que tenían los testigos en los juicios.

Juan Hernández Franco y Encarnación Meriñán Soriano han estudiado las relaciones sexuales extramatrimoniales en el período inmediatamente posterior al concilio de Trento en la zona de Lorca, utilizando como

---

trero de Salamanca, a quien el fiscal episcopal acusó "porque con poco temor de Dios y menosprecio de la justicia es mujer supersticiosa y hechicera y hace cercos y habla con el demonio y hace conjuros y dice palabras secretas y debajo de algunas palabras que dice buenas, las mezcla con otras malsonantes de invocación al demonio y esto tiene por uso y lleva dineros por ello y embuste a muchas personas, de lo cual hay mucho escándalo y murmuración y ha cometido graves y atroces delitos dignos de punición".

En atención a estos hechos fue condenada "en que ayune nueve viernes y en cada uno de ellos rece el rosario a nuestra señora y haga decir en cada uno de los viernes una misa por las almas del purgatorio, la cual oiga y acabada, bese la mano del sacerdote que la dijere en señal de obediencia a la Santa Madre Iglesia. Más la condenamos en año y medio de destierro de esta ciudad y sus arrabales. Los seis meses precisos y los demás voluntarios según fuere voluntad del juez". Salamanca, Archivo Diocesano de Salamanca (A.D.S.), Proceso Criminal contra Ana Vázquez, Audiencia Episcopal, leg. 43, n° 8.

[8] Jorge Díaz Ibáñez, "La potestad jurisdiccional del obispo y cabildo burgalés durante el siglo XV", *Medievalismo: Revista de la Sociedad Española de Estudios Medievales*, n° 22, Madrid, 2012, pp. 77 y 78.

fuente la documentación notarial. Su conclusión fue que a pesar de la teórica igualdad esencial de todos dentro de la creación armónica de la humanidad, se percibe una situación de subordinación, desigualdad e inferioridad de las mujeres en aquella sociedad de directrices, decisiones y actitudes homocéntricas.

En el período contrarreformista que se inició hacia 1560 la sexualidad fue objeto de una cuidada atención didáctica y represiva. El matrimonio se estableció como único marco de sexualidad. Se prohibieron las prácticas sexuales extramatrimoniales, pero continuó cierta sensualidad incontrolada. Como consecuencia de estos actos la mujer no podía conservar lo que el rol cultural le imponía: la virginidad en el caso de la soltera y la exclusiva relación con el cónyuge en el caso de la casada. Además, junto con la virginidad, la mujer perdía el honor-virtud, que era su máximo capital simbólico[9].

Ya se sabe que la delincuencia perseguida por la justicia diocesana no era toda la perpetrada. En primer lugar, porque todos los tribunales son selectivos en sus actuaciones y en segundo lugar porque junto a la justicia eclesiástica existían otras jurisdicciones: real, señorial, universitaria, etc. En realidad nuestro estudio no versa tanto sobre la criminalidad existente en la diócesis, como sobre las actuaciones del juez eclesiástico.

En relación con la tipología de la delincuencia femenina castigada por la justicia episcopal en el siglo XVII, podemos adelantar que la represión de la alcahuetería fue un objetivo central. Del total de los 20 procesos en los que las mujeres fueron encausadas con carácter exclusivo, más de la mitad estaban relacionados con transgresiones sexuales. En nueve de ellos se las acusó de "alcahuetas y encubridoras", en dos de amancebamiento y en uno de poligamia.

Los demás procesos se reparten de la siguiente forma: dos de agresiones físicas, uno de hechicería, uno de robo, uno por desenterrar el cadáver de un recién nacido y tres procesos contra mujeres religiosas que serán comentados más adelante.

---

9 Juan Hernández Franco y Encarnación Meriñán Soriano, "Notas sobre sexualidad no permitida y honor en Lorca (1575-1615)," *Historia de la mujer e historia del matrimonio*, dirección de María Victoria López-Cordón Cortezo y Montserrat Carbonell i Esteller, Murcia, Universidad de Murcia, 1997, pp. 131–138.

Tipología de la Delincuencia Femenina Castigada por la Justicia Episcopal	
Procesos en los que se acusa a mujeres de alcahuetas y encubridoras	9
Procesos en los que se acusa a mujeres de amancebamiento	2
Procesos en los que se acusa a mujeres de agresiones físicas	2
Procesos en los que se acusa a la mujer de poligamia	1
Procesos en los que se acusa a la mujer de hechicería	1
Procesos en los que se acusa a la mujer de robo	1
Procesos en los que se acusa a la mujer de desenterrar un recién nacido	1
Procesos en los que se acusa a mujeres religiosas	3
Total Procesos	20

En cuanto a los delitos en los que intervinieron hombres y mujeres conjuntamente, todos están relacionados con materia sexual. En 10 procesos fueron acusados hombres y mujeres en la misma causa. En nueve de estos procesos los implicados fueron acusados de amancebamiento y en un caso de adulterio.

Tras saber de qué se les acusaba a las mujeres conviene averiguar quién las acusa. La tónica general es que los procesos criminales contra las mujeres son incoados de oficio por la justicia eclesiástica, sin acusación de parte. Tanto los procesos en los que las mujeres aparecen como únicas denunciadas, como aquellos otros en los que comparten acusación y delito con algún hombre, se instruyeron por iniciativa propia de la justicia episcopal. La única excepción es, por otra parte, una mujer casada de las Casas del Conde que fue acusada de adulterio por su marido[10].

Interesa conocer en qué poblaciones vivían las mujeres procesadas, porque ello nos permitirá saber el grado de desarrollo y de eficiencia de la justicia episcopal fuera de su sede capital. En la tabla adjunta se pueden ver los lugares de residencia de las personas acusadas, el número de procesos relativos a cada una de las poblaciones y la cantidad de habitantes en el censo de población de Floridablanca de 1787[11].

---

[10] Salamanca, A.D.S., Audiencia Episcopal. Proceso contra Catalina Hernández y Pedro de Ine. Año 1636. leg. 37, n° 185.

[11] Utilizamos el censo de Floridablanca porque tenemos sus datos vaciados para toda la antigua provincia de Salamanca para un trabajo que estamos realizando sobre población y jurisdicciones en el siglo XVIII. Es verdad que dicho censo es más tardío, pero a los efectos de hacernos una idea del tamaño de las poblaciones, puede ser válido. Fuente: Miguel Artola, *España Dividida en Provincias e Intendencias y Subdividida en Partidos, Corregimientos, Alcaldías Mayores, Gobiernos Políticos y Militares, así Realengos como de*

Población	Nº de procesos	Habitantes 1787
Aladeadávila	1	1511
Aldeatejada	1	167
Cereceda	1	284
Ciudad Rodrigo	1	5254
La Vellés	1	738
Las Casas del Conde	1	566
Ledesma	1	1844
Moriscos	1	236
Pedrosillo de Salvatierra	1	415
Salamanca	10	16.267
Vecinos	1	227
Vitigudino	1	864
Villaverde	1	346
Villoruela	1	702
Zorita de la Frontera	1	416

Dicha tabla prueba que las mujeres procesadas vivían en muy diferentes poblaciones de la diócesis, de diferentes tamaños y a cualquier distancia de la capital, aunque se aprecia que faltan los lugares muy pequeños, que eran muy abundantes en la antigua provincia de Salamanca. El pueblo más pequeño en el que hubo alguna mujer procesada era Aldealengua, que tenía 167 habitantes, pero debemos indicar que en el censo de Floridablanca aparecen 516 núcleos de población con menos de 167 habitantes, en cuyo conjunto vivían 23.586 habitantes[12]. A partir de este dato hemos de pensar que las infracciones cometidas en los núcleos más pequeños eran corregidas por la propia comunidad por otros procedimientos.

Eventualmente encontramos a las mujeres como denunciantes, pero en la mayoría de los procesos incoados por denuncia de la mujer no se dictó

Órdenes, Abadengo y Señorío. Obra Formada por las Relaciones Originales de los Respectivos Intendentes, Madrid, Boletín Oficial del Estado, 2001.

[12] En 1787 la provincia de Salamanca tenía 1067 núcleos de población con una densidad por debajo de la media de la Corona de Castilla. Se trataba, pues, de una provincia con una demografía débil y en la que abundaban los despoblados.

sentencia y en el único caso que se dictó fue benigna, sin contar que finalmente se levantó la pena por orden del obispo sin explicar las razones.

Las mujeres aparecen como denunciantes en cinco casos. Cuando la mujer denuncia es porque ha sido víctima de agresiones, injurias y amenazas graves. Los agresores procesados son eclesiásticos que además son parientes en grado próximo con las víctimas. Los agresores justifican sus acciones porque dicen salir en defensa de otras mujeres de la familia —por ejemplo la madre del inculpado—, porque le habían reclamado una deuda indebidamente, porque la víctima sembraba discordias entre su hija y su yerno, porque había aconsejado a una mujer casada que no tuviese relación escandalosa con el clérigo agresor o porque tenía la sospecha de que la víctima —parienta suya— estaba amancebada[13].

Son agresiones terribles: "Con mucha furia dio a la dicha Isabel Rodríguez una gran bofetada en el rostro, de la cual la bañó en sangre y le salió mucha sangre de la boca. Y no contento con esto la dio dos coces que la echó en el suelo y estando echada en él la dio dos o tres puñadas que a no llegar este testigo y quitársela a tiempo, la matara"[14].

Los insultos contra las mujeres que aparecen en la documentación son los habituales de la época: bellaca, embustera, desvergonzada, loca, puta, alcahueta, pícara, etc. Las amenazas son siempre de muerte proferidas en momentos de gran enojo y exasperación.

---

[13] Salamanca, A.D.S., Audiencia Episcopal: Proceso criminal de Isabel Gómez, vecina de Salamanca contra Pedro Sánchez de Segura, cura de la iglesia de San Marcos, por allanamiento de morada y agresiones (Año 1617, leg. 18, n° 16); Proceso criminal del fiscal de la Audiencia Episcopal de Salamanca contra Esteban López, beneficiado del lugar de Monleras, por atacar de palabra y obra a Isabel Rodríguez, mujer de Juan Recio, vecinos de Ledesma (Año 1631, leg. 32, n° 172); Proceso criminal de Catalina Álvarez, vecina de Salamanca, contra el clérigo Juan Álvarez Mostaza, presbítero, acusándole de golpes y heridas cuando fue a pedirle lo que le debía de sus servicios como ama (Año 1634, leg. 35, n° 72); Proceso criminal de Francisca Díez, viuda de Domingo Sánchez, vecina de Alba de Tormes, contra el clérigo José Rodríguez, cura del lugar de Sieteiglesias, por escándalo público y amenazas de muerte (Año 1641, leg. 42, n° 35); Proceso criminal de Dª María de Guillamar, vecina de Salamanca y señora de Canillas, contra el canónigo D. Antonio de Mercado, por insultarla e intentar matarla (Año 1652, leg. 40, n° 95).

[14] Salamanca, A.D.S., Proceso criminal del Fiscal de la Audiencia Episcopal de Salamanca, contra Esteban López, beneficiado del lugar de Monleras, por atacar de palabra y obra a Isabel Rodríguez, mujer sido Juan Recio, vecinos de la villa de Ledesma (Año 1631, leg. 32, n° 172).

En la mayoría de los casos en los que la mujer fue denunciante no se dictó sentencia. En tres casos se suspendieron las diligencias procesales contra los acusados en un momento determinado y no se llegó a pronunciar sentencia. En otro caso la víctima querellante se apartó del proceso y se suspendieron las actuaciones judiciales. Seguramente la intermediación de terceras personas puso de acuerdo a las partes en instancias extrajudiciales, como era tan común en las sociedades del Antiguo Régimen. En uno de los procesos consta que aunque se suspendieron las actuaciones y no se dictó sentencia se le exigió al acusado por parte de la justicia episcopal el pago de las costas procesales.

Sólo en un caso se dictó sentencia, aunque benigna: "Se declara a Isabel Rodríguez por mujer honrada y virtuosa y no caber en ella las palabras que Esteban López le dijo". Al acusado se le amonestó y se le mandó "que de aquí adelante no diga semejantes palabras". "Por su culpa se le condena en seis meses de suspensión del oficio de presbítero". Llamamos la atención sobre el hecho de que en la sentencia se pasa por alto sobre el tema de los brutales golpes propinados a esta pobre mujer, mientras que se pone mucho cuidado en la reparación de su honra para que no quepa duda a nadie de que se trataba de una mujer honrada en quien no cabían tales injurias. Finalmente el obispo levantó la pena al condenado "por justas causas que le movieron a ello", pero que nunca explicó[15].

La alcahuetería fue el delito femenino que más preocupó a la justicia eclesiástica en los últimos años del siglo XVI y primeros años del siglo XVII. Era una actividad fundamentalmente urbana, casi todos los casos perseguidos ocurrieron en la ciudad de Salamanca, una urbe llena de eclesiásticos y de estudiantes[16].

---

[15] Salamanca, A.D.S., Audiencia Episcopal, Año 1631, leg. 32, n° 172.

[16] Salamanca, A.D.S., Audiencia Episcopal, proceso criminal contra María Casada, leg. 46, n° 9. Proceso criminal contra María de Paredes, leg. 65, n° 14. Proceso criminal contra Francisca Barrena, alias "La Trecha", leg. 68, n° 16. Proceso criminal contra Isabel Rodríguez, leg. 72, n° 7. Proceso criminal contra Francisca de Valdenebro, leg. 71, n° 4. Proceso Criminal contra Isabel Hernández, leg. 1, n° 51. Proceso criminal contra Violante Gómez, leg. 2, n° 68. Proceso Criminal contra Juana Perera, leg. 3, n° 62. Proceso criminal contra Antonia Núñez, leg. 5, n° 19.

Los pleitos nos revelan quiénes eran los clientes de la alcahueta: estudiantes, religiosos de órdenes regulares, jóvenes solteros y hombres casados con relaciones extramatrimoniales más o menos habituales.

El modus operandi nos lo describen perfectamente las acusaciones del fiscal de la audiencia episcopal[17]:

> El licenciado Francisco de Segura, fiscal de la jurisdicción episcopal de Salamanca, dice que la acusada con poco temor de Dios y menosprecio de su justicia es pública alcahueta de hombres y mujeres de todos los estados para que se conozcan carnalmente y ofendan a Dios, dándoles casa y cama para ello, viviendo dos o tres mujeres de mal vivir en su casa para que los hombres que entran en su casa, las conozcan carnalmente. Y en particular ha alcahueteado y encubierto a María de Plasencia y a María Aguilar para que tuviesen acceso con sus amigos estudiantes. También ha permitido que una mujer casada tuviese relación con un estudiante. Por ello recibe dinero, comida y otros regalos[18].

A la pregunta de quiénes son las alcahuetas, deberíamos responder que generalmente son mujeres pobres y solas. Así nos lo indica algún testimonio tipo: "No sabe si lleva dineros por estos tratos, pero sabe que la acusada no tiene hacienda de la que pueda sustentarse y supone que se lo pagarán[19]. La deposición anterior recuerda el caso de La Celestina:

> ¿Qué pensabas, Sempronio? ¿Habíame de mantener del viento? ¿Heredé otra herencia? ¿Tengo casa o viña? ¿Conósceme otra hacienda, más de este oficio? ¿De qué como y bebo? ¿De qué visto y calzo? ¿En

---

[17] El modus operandi de las alcahuetas vizcaínas está bien descrito en José Patricio Aldama Gamboa, "Alcahuetas y prostitutas en Bilbao y su entorno en la Edad Moderna", *Marginación y Exclusión Social en el País Vasco*, edición de César González Mínguez, Iñaki Bazán Díaz e Iñaki Reguera, Bilbao, 1999, pp. 81–109.

[18] Proceso criminal del fiscal de la Audiencia Episcopal de Salamanca contra Isabel Rodríguez, vecina de Salamanca y que vive en el Desfiladero, acusada de alcahueta y encubridora. Salamanca, A.D.S., Audiencia Episcopal, Año 1592, leg. 72, n° 7.

[19] Proceso criminal del fiscal de la Audiencia Episcopal de Salamanca contra Isabel Rodríguez. Testimonio de Miguel Méndez. Salamanca, A.D.S., Audiencia Episcopal, Año 1592, leg. 72, n° 7

esta ciudad nacida y en ella criada, manteniendo honra, como todo el mundo sabe? Conoscida como soy. Quien no supiere mi nombre y mi casa tenle por extranjero[20].

Los oficios "tapadera" de la alcahueta eran los oficios típicamente femeninos: costurera, partera, etc.

La relación entre alcahuetas y prostitutas es descrita fielmente por Magdalena de San Jerónimo, la mujer que promovió un sistema carcelario específico para las mujeres en la Edad Moderna:

> Hay mujeres que toman una casita de por sí, con oficio de costureras, parteras u otros oficios semejantes y debajo de este color su casa es una tienda de ofensas a Dios, pecando unas veces por sus personas y otras acogiendo mujeres para lo mismo[21].
>
> Hay otras muchas que sirven de alcahuetas y de terceras, que, demás de hacer en su casa muchos malos recaudos, entran en muchas casas, y aún principales, haciendo gran estrago no sólo en las criadas, pero aún en las hijas y aún en las señoras, con grande ofensa de Dios, deshonra de una familia y escándalo de todo el pueblo.
>
> Hase visto por experiencia que hay muchas mujeres de edad mayor que tienen por granjería tener dos o tres mujeres que con título de pedir limosna van a muchas partes a donde hacen muchas ofensas a Dios.

La reincidencia no era muy característica de la delincuencia de la época, pero en el caso de la alcahuetería perseguida por la justicia eclesial de Salamanca hemos hallado un 20% de recaidas en las mismas conductas. No se volvía a reincidir en la misma ciudad, pero bastaba un traslado desde Zamora o desde Valladolid a Salamanca para seguir ejerciendo la misma actividad con la esperanza de no ser detectada por las autoridades de la ciudad de acogida.

---

[20] Francisco de Rojas, *La Celestina o Tragi-comedia de Calisto y Melibea*, Madrid, Imprenta de C. León Amarita, 1835, p. 72.

[21] Isabel Barbeito, *Cárceles y Mujeres en el siglo XVII. Razón y forma de la Galera, proceso inquisitorial de San Plácido*, Madrid, Castalia. Instituto de la Mujer, 1991, p. 74.

En una sociedad en la que la separación de sexos era muy estricta. La relación entre hombres y mujeres era complicada. Por más que se buscaran encuentros aparentemente casuales en los espacios en los que la sociabilidad de los jóvenes parecía más natural (las fiestas, las fuentes, los paseos, etc.), había una gran necesidad de colaboración de terceras personas (las amistades, los familiares, el personal de servicio, etc.). Cuando esa intermediación la efectuaban personas que lo tenían por oficio y su intervención se encaminaba fundamentalmente a facilitar las relaciones sexuales pecaminosas, estamos ante la figura de la celestina, personaje magistralmente retratado por Fernando de Rojas a finales del siglo XV y celebrado por todos los públicos de la Edad Moderna hasta su prohibición en 1792. El personaje existió en la realidad antes que en la literatura y a lo largo de toda la Edad Moderna hubo mujeres que por necesidad o ambición asumieron ese rol en cada una de las ciudades, arriesgándose a ser acreedoras de los correctivos sancionadores de los jueces de las distintas jurisdicciones.

La mentalidad mágica imperante en la época propició la utilización de la hechicería como un remedio para conseguir amores imposibles. Nunca sabremos hasta qué punto la hechicera creía en la eficacia de su magia. Con embustes, engaños y burlas se podía obtener ganancia fácil de corazones encandilados por la pasión erótico-amorosa. Independientemente de que se pudiese dudar de la capacidad de una bruja concreta para obrar hechizos, el hecho es que todo el mundo creía en la existencia de fuerzas sobrenaturales que podían actuar, si eran invocadas convenientemente. Otra cosa es que la brujería estuviese implacablemente perseguida por los poderes civiles y eclesiásticos por ser contraria a la cosmovisión cristiana establecida como verdad universal.

En este contexto podemos entender que fuera frecuente la asociación entre alcahuetería y embrujos. En cuatro pleitos la justicia episcopal formula cargos conjuntos de alcahuetería y hechicería con fines amorosos:

> Que tienen por trato y oficio ser hechiceras y para este efecto buscan cosas malas como un perro y un gato negro y un sapo y un cordero para hacer bebedizos para dar a personas que quieran bien.
>
> [...]

Mataron un gato negro, un perro y un corderito, y colgaron un sapo y lo que echaba por la boca lo habían echado en un vaso, y allí habían echado sangre de los males de la mujer y que por estar preñada no la tenía, y se la sacó de las narices; y también habían de echar sangre de gato, perro y cordero, todos en un vaso y que con unas palabras que había de decir se lo había de echar en lo que bebiese el dicho Álvaro Gil. Por eso fueron al ama del dicho Álvaro Gil para que se lo diese. Y que una hierba que habían menester por no haber en esta ciudad, habían ido su madre y María Morcilla camino de Zamora a por ella, la cual habían molido y echado a la puerta del dicho Álvaro Gil[22].

El caso más llamativo es el de una viuda que cortó un trozo de altar de una iglesia y lo molió para darle un bebedizo al licenciado Juan García, cuyos amores parecían inalcanzables por aquellos días:

El fiscal acusa grave y criminalmente a Antonia González y María Castaña, porque con poco temor de Dios y de la justicia se atrevieron a profanar en vana observancia de superstición y hechicería cometiendo graves y exorbitantes excesos en su profanación para conservar en sus ilícitos y detestables tratos a Juan García. Intentó darle por medio de un ama un pedazo de ara molida que por otro medio no podía acercarle de su desacertada comunicación, sin reparar y menos reconocer se le podía seguir su muerte o perder el juicio[23].

Otra aplicación clásica de la hechicería tocaba a la cura de enfermedades. Isabel Rodríguez fue acusada en un pequeño lugar de la comarca de Vitigudino por hacer brebajes y conjuros para curar enfermedades.

---

[22] Proceso criminal contra Antonia González, su madre (María González) y María Morcilla, acusadas de hacer bebedizos y ser hechiceras y a María González, además de alcahueta y encubridora. Testimonio de María de Paz. Salamanca, A.D.S., Audiencia Episcopal, Año 1609. leg. 10, n° 49.

[23] Proceso criminal contra María Rodríguez, viuda, vecina de Ciudad Rodrigo, por dar unos polvos de "piedra de ara" a Antonia González Lobera, para dárselos al licenciado Juan García para que la quisiera. Acusación fiscal. Salamanca, A.D.S., Audiencia Episcopal, Año 1660, leg. 61, n° 126.

Fue amonestada por sentencia y "usando de benignidad se la condenó en 600 mrs.", al tiempo que se la mandó que "en lo sucesivo no curase con medicinas ni diciendo palabras ningunas sin que se entiendan y sólo pueda decir oraciones de la doctrina cristiana, so pena de excomunión y seis años de destierro"[24].

En relación con las religiosas procesadas no hemos encontrado casos de transgresiones graves del celibato, que estarían muy justificadas por la falta de vocación de muchas profesas, a las cuales habían llevado al convento sin contar con su voluntad.

Es posible que la falta de vocación estuviese detrás del caso de María de Jesús que abandonó la clausura de su convento para irse a vivir a Ledesma[25]. También debemos tener en cuenta que las transgresiones de las monjas eran castigadas directamente por sus superioras, sin intervención episcopal. En atención a estas circunstancias consideramos que al obispado le preocupó sobre todo que las monjas actuaran de manera autónoma. Por ejemplo, que en su capilla expusieran la sagrada eucaristía sin estar expresamente autorizadas o que se distrajeran con la representación de una comedia en su capilla[26].

Todas las mujeres estaban sometidas a algún hombre: al padre, al marido, a los hermanos. En el caso de las monjas eran guiadas por un padre espiritual y se comprueba que eventualmente podían ser corregidas por la justicia episcopal.

El honor era un factor decisivo en las relaciones interpersonales de la Edad Moderna, que afectaba al imaginario colectivo y a la moral. En el caso de las mujeres se ligaba estrechamente con su conducta

---

[24] Proceso criminal contra Isabel Rodríguez "La Miguela", mujer de Nicolás de la Plaza y vecina del lugar de Cipérez. Salamanca, A.D.S., Audiencia Episcopal, Año 1625. leg. 19, nº 190.

[25] Proceso criminal contra María de Jesús, religiosa profesa, en el convento de Santa Isabel de Salamanca, por haber quebrantado la clausura e irse a Ledesma. Salamanca, A.D.S., Audiencia Episcopal. Año 1643, leg. 44, nº 162.

[26] Proceso criminal contra la hermana Mayor y demás beatas, de la casa de beatas, llamada también de la Caridad, perteneciente a la parroquia de San Julián de Salamanca, por haber sido expuesto el santísimo Sacramento en dicha casa. Año 1628, leg. 29, nº 53. También proceso criminal contra la abadesa del Convento de San Salvador, extramuros de Ledesma, y ciertos vecinos de la villa, por representar una comedia no autorizada en la capilla de dicho lugar. Año 1637, leg. 38, nº 112.

sexual, afectando a la opinión y pública fama que los demás tenían de ella. El menoscabo de la honra afectaba de forma determinante a la ejecución de sus proyectos personales de vida. Eso explica que una mujer hiciera las cosas más inverosímiles por preservar su honor.

Una vecina de Herguijuela de la Sierra desenterró a su hijo recién nacido al poco de haber sido inhumado en la iglesia de la localidad. Cuando la justicia episcopal procedió contra Catalina Pérez, que así se llamaba aquella mujer, declaró:

> Que la razón que tuvo la acusada para sacar la criatura, fue por verse afligida por la nota que en ella ponían los parientes de su desposado, dudando si sería suya la criatura porque les habían dicho que tenía de largo media bara y que si era así, no podía ser de dicho desposado, respecto del tiempo en que tuvo acceso con ella. Y que para satisfacerles se arrojó a desenterrarla para mostrársela.

En la investigación se probó que la acusada estaba apalabrada de matrimonio con Lorenzo Pérez para casarse, el prometido le expuso algunas dudas, porque el "niño" no debería tener más de tres meses y algunas personas le habían dicho que tenía más de siete, "y que siendo de tanto tiempo no se quería casar con ella por no ser suyo". "Por cuya causa, movida por la defensa de su honor y no juzgando cometía delito en desenterrar dicho niño, fue a la dicha sepultura y le desenterró, el cual habiéndoselo enseñado al dicho Lorenzo Pérez y visto que tendría los tres meses, poco más o menos, quedó satisfecho. Después echó el niño en el osario de dicha iglesia, y habiéndose sabido por unos niños que estaba allí, lo sacó del osario y lo llevó a la iglesia y lo enterró en dicha sepultura, donde se hallará"[27]. Salió en libertad bajo fianza de un familiar del Santo Oficio que se comprometió con sus bienes muebles y raíces. Como otras muchas veces no se depositó dinero alguno, cesaron las actuaciones judiciales y seguramente la interesada contrajo matrimonio con su novio, tal y como deseaba.

____

[27] Proceso criminal contra Catalina Pérez, viuda, vecina de Herguijuela de la Sierra, por haber desenterrado un niño. Salamanca, A.D.S., Audiencia Episcopal. Año 1688, leg. 89, nº 84.

Los sucesos de riñas de mujeres sancionadas por la justicia diocesana salmantina en el siglo XVII fueron dos. En ambos casos el sitio de los incidentes fueron lugares sagrados. Águeda Rodríguez, vecina de Pedrosillo el Ralo, riñó y agredió a Catalina Rodríguez cuando estaba a punto de comenzar la misa dominical. El motivo de la riña era frecuente en la época y en otras ocasiones hemos visto implicados a hombres. La razón: "Se quiso sentar en el asiento donde otras veces se sienta la acusada. Delante de muchas personas le dio un bofetón con ánimo de injuriarla, que la derribó el tocado en el suelo y le dio muchos porrazos y la hizo otros malos tratos"[28]. Pocos días después de la denuncia consiguió el apartamiento de la parte ofendida, "porque buenas gentes se lo han pedido, y lo principal por amor de Dios y ser tiempo de Santa Cuaresma, se apartaba de dicha querella y remitía cualquier derecho, tanto civil como criminal". El problema es que en este asunto no sólo había una parte perjudicada, sino que también había que rendir cuentas por el escándalo causado por alterar el orden en un templo consagrado. La sentencia amonestó a Águeda para que en lo sucesivo no riñese con nadie en la iglesia y se la condenó en 600 mrs. y costas.

El segundo incidente ocurrió en la iglesia parroquial de Vecinos durante las amonestaciones previas al matrimonio de Isabel Guillén. Su tía, que era contraria a la boda que se preparaba, no pudo aguantar la rabia y explotó en un ataque de ira "diciendo muchas palabras feas, le dio muchas puñadas y luego la asió con ambas manos de la garganta y si no fuera porque la ayudó la mujer de Juan Holgado, lo pasara muy mal".

El fiscal entendió que la acusada había cometido grave sacrilegio y atroz delito. Fue condenada en 1.000 mrs. de pena y las costas. Lo peor para ella es que también fue condenada "a que el día de Nuestra Señora de agosto oiga la misa mayor en pie con una vela de cera encendida en las manos"[29].

---

[28] Proceso criminal del fiscal de la Audiencia Episcopal de Salamanca contra Águeda Rodríguez, vecina de Pedrosillo el Ralo, por haber tenido pendencia dentro de la iglesia con Catalina Rodríguez, vecina de dicho lugar. Salamanca, A.D.S., Año 1628, leg. 29, n° 75.

[29] Proceso criminal contra Mª Guillén, vecina de Vecinos, por insultar y pegar a Isabel Guillén cuando estaba oyendo misa en la iglesia de dicha villa. Salamanca, A.D.S., Audiencia Episcopal, Año 1640, leg. 41, n° 136.

La condenada entendió que permanecer de pie durante la misa del día de la Asunción podía dañar gravemente la honra familiar y solicitó su conmutación, a lo cual accedió el juez eclesiástico:

> "Como el lugar es de pocos vecinos y los más de ellos enemigos míos y se puede temer mirarán las cosas con malicia y pondrán nota en su persona y en la de su linaje, aunque no la haya, pide y suplica la conmutación de dicha pena por otra. Particularmente, como tiene devoción a la imagen de nuestra señora, la cual no tiene un frontal decente en su altar, puede hacer uno a su costa hasta la cantidad de dinero que se le señale".

3. El destierro la pena más frecuente

En relación con las penas impuestas por la justicia episcopal en la Salamanca del siglo XVII, lo primero que debemos indicar es que no siempre hubo sentencia. En el 40% de los casos no se llegó a dictar fallo alguno. Pero ello no debe interpretarse como signo de ineficacia o de descuido judicial.

A la justicia eclesiástica no le importa tanto la gravedad de la infracción cometida como asegurarse el cese del escándalo y el desafío a las santas normas. Por otra parte, no era infrecuente que en el transcurso del proceso judicial intercediese algún eclesiástico en favor de la acusada, asegurando y afianzando que nunca más iba a incurrir en semejante infracción. A veces figura en el mismo proceso que determinado eclesiástico afianzó con sus bienes muebles y raíces para garantizar la buena vida futura de la acusada y que por este motivo se suspendían las actuaciones. Eso sí, con la amenaza de continuarlas y agravar las penas si reincidía.

En otras publicaciones nos hemos ocupado de la severidad en el castigo de la justicia ordinaria[30]. Sin embargo, la punición de la justicia

---

[30] José Luis de las Heras Santos, "Ejemplaridad, paternalismo y utilitarismo en la justica de la España de los Habsburgo", *Estudios humanísticos. Historia*, 2013, no. 12, León, pp. 185-213; José Luis de las Heras Santos, *La justicia penal de los Austrias en la Corona de Castilla*, Salamanca, Universidad de Salamanca, 1991.

eclesiástica se caracteriza por el comedimiento y la templanza. La sesión XIII del Concilio de Trento insistió en recordar a los obispos que eran pastores y no verdugos:

> Acuérdense los obispos y demás ordinarios que son pastores y no verdugos y que conviene que rijan a sus súbditos de tal forma, que no se enseñoreen de ellos, sino que los amen como a hijos y hermanos, y se esfuercen con exhortaciones y avisos de apartarlos del mal, para no verse en la precisión de castigarlos con penas justas si llegan a delinquir; y si ocurriese por la fragilidad humana llegaran éstos a delinquir en algo, debe observarse aquel precepto de apóstol de razonar con ellos, de rogarles encarecidamente, de reprenderlos con toda bondad y paciencia, pues en muchas ocasiones puede más, para los que hay que corregir, la benevolencia que el rigor, la exhortación que la amenaza, y es preferible el amor a la autoridad; mas si por la gravedad del delito es necesario el castigo, de la justicia con misericordia, y de la severidad con dulzura, para que sin asperezas se conserve la disciplina saludable y necesaria de los pueblos, y los que han sido corregidos se enmienden o, si éstos no quieren enmendarse, se aparten de los vicios los demás ante el saludable ejemplo del castigo de los otros[31].

En la jurisdicción eclesiástica tenían carta de naturaleza las penas espirituales, particularmente tratándose del castigo de eclesiásticos díscolos, pero no hemos observado que fueran frecuentes en el castigo de las infracciones femeninas.

La pena más habitual fue el destierro. El periodo más prolongado de destierro se le impuso a la mujer que hizo polvo un trozo de altar con ánimo de fabricar una bebida con la que conquistar los amores de su hombre deseado, la cual fue castigada con diez años de extrañamiento, cuando lo más habitual es que las mujeres fueran condenadas a períodos

---

31 Antonio Benlloch Poveda, "Jurisdicción eclesiástica en la Edad Moderna. El proceso" *Instituciones de la España Moderna. Las Jurisdicciones*, coordinado por Enrique Martínez Ruiz y Magdalena de Pazzis Pi Corrales, Madrid, Actas, 1996, pp. 128 y 129.

comprendidos entre uno y cuatro años. En el caso de las reincidentes, además de ser desterradas, fueron sacadas a la vergüenza pública y azotadas.

Siempre que sus circunstancias económicas lo permitieron, se les impuso alguna pena pecuniaria, y, cuando se pudo, no se les dejaron de cobrar las costas judiciales.

A la vista de lo expuesto anteriormente podemos deducir que a diferencia de lo que ocurría en el ámbito civil, el destierro fue una pena frecuente en la justicia eclesiástica para castigar los comportamientos sexuales ilegítimos de las mujeres.

A finales del siglo XV el destierro era la pena por excelencia del sistema penal en la Corona de Castilla, pero a partir del siglo XVI la aplicación del destierro iniciará un proceso de decadencia, siendo sustituido por la pena de galeras. No obstante, en la jurisdicción eclesiástica siguió usándose con profusión. Tenía la ventaja de que evitaba la continuación del delito en casos como el amancebamiento.

Los destierros se ligaban a un espacio geográfico y a unos límites temporales. Como normal general el lugar de extrañamiento era la población y los alrededores del lugar del que fuera vecino el delincuente o donde hubiera perpetrado el delito. En los casos más graves se le expulsaba de todo el territorio de la diócesis.

El destierro tenía consecuencias sociales, morales y económicas para quienes lo padecían. Para gentes con recursos económicos el destierro les ocasionaba perjuicios morales y menoscabos en sus niveles de disfrute del poder, pero no les abocaba a la marginación socio-económica[32].

A quienes dependían de su trabajo diario el destierro les arrojaba a la marginación, produciendo un efecto rebote. La comunidad se deshacía de las personas que alteraban el orden establecido, pero al expulsarlas se potenciaba la proliferación de una población marginal. Las personas que tenían familiares o amistades en otras partes, se dirigían hacia allí, pero cuando se carecía de estos lazos de solidaridad, no era fácil salir adelante.

---

[32] Iñaki Bazán Díaz, "El destierro en el País Vasco (siglos XIV-XVI): la exclusión social a través del sistema penal", *Marginación y Exclusión Social en el País Vasco*, Coordinado por César González Mínguez, Iñaki Bazán Díaz e Iñaki Reguera, Bilbao, Universidad del País Vasco, 1999, pp. 25–54.

Las mujeres se enfrentaban a un problema grave. Sirva el ejemplo de las amancebadas. Se habían amancebado porque no podían pagar una dote que las introdujera en el mercado matrimonial y una vez desterradas se las obligaba a andar vagabundeando y viviendo de la caridad.

El amancebamiento es cosa de dos personas, pero podía procesarse sólo a uno de los culpables, si el juez lo consideraba oportuno. Al provisor general del obispado le preocupaba particularmente la persistencia de las relaciones amorosas ilícitas que se mantenían estables a lo largo del tiempo, porque ello causaba enorme escándalo y porque a ojos de todos suponían un desafío para el sacramento del matrimonio y para el orden familiar establecido por el derecho civil, el derecho canónico y por las convenciones sociales de la época.

Sin embargo, la continuidad de la relación espuria se podía evitar procesando a una de las dos personas implicadas. Para llevar a cabo la elección de cuál de ellos, se tenían en cuenta factores sociales (la calidad de cada una de las partes), el estado (si uno de ellos era casado, lo cual unas veces podía ser un agravante, pero otras podía eximir del castigo para evitar el escándalo), factores de género (frecuentemente se echaba la culpa de la transgresión a las mujeres, porque se les suponía que tenían la obligación de rechazar cualquier solicitud masculina).

Tenemos registrados dos casos en los que se procesó únicamente a las mujeres. Uno fue el caso de Isabel Rodríguez, moza soltera, amancebada con el licenciado Morales, catedrático de la universidad[33]. El otro fue el caso de María Rodríguez, lavandera de paños, amancebada con Gaspar Pimentel, estudiante universitario portugués[34].

Las soluciones de la justicia episcopal fueron las siguientes: En el primer caso la acusada demostró que hacía un mes que había cortado su relación con el catedrático al darse cuenta del escándalo que estaba causando. La sentencia fue benigna: 200 mrs. de pena, más las costas del proceso. En el segundo caso la acusada se presentó voluntariamente ante

---

[33] Proceso criminal contra Isabel Rodríguez, por estar amancebada con el licenciado Morales. Salamanca, A.D.S., Audiencia Episcopal, Año 1591, leg. 70, n° 6.

[34] Proceso criminal contra María Rodríguez, acusada de estar amancebada con Gaspar Pimentel, portugués y estudiante en Salamanca. Salamanca, A.D.S., Año 1591, leg. 69, n° 19.

el provisor general de la diócesis y éste la mandó salir de la ciudad, cosa que hizo y con ello terminaron las actuaciones judiciales.

En ocasiones los maridos se marchaban lejos por motivos diferentes y no se volvía a saber de ellos. Mª José de la Pascua, Isabel Testón y Rocío Sánchez Rubio estudiaron hace unos años el impacto de la ausencia y el abandono en el mundo femenino. Las mujeres abandonadas se convertían en verdaderas viudas de vivos[35].

Magdalena Villalonga se casó con un tal Francisco Sánchez, frutero de profesión y apodado "El Tahón" porque tartamudeaba. Tras un año de matrimonio se enroló en una compañía en Zamora y se marchó a combatir a Flandes. Al cabo de un tiempo corrió por la ciudad el rumor de que unos villanos le habían matado en Flandes cuando se encontraba junto a otros soldados. Algún tiempo después Magdalena se casó con un carnicero y cuando éste murió se casó con un herrador portugués. Más tarde, cuando éste falleció se amancebó con un estudiante.

Consultados los libros parroquiales por orden judicial, no aparecieron inscritos algunos de los supuestos matrimonios. De hecho algunos testigos declaran en el proceso que al menos en un par de ocasiones el primer marido volvió a la ciudad y recibió dinero de la acusada para que se marchase, a fin de seguir haciendo vida maridable con la pareja a la que estaba vinculada en aquellos momentos. Desgraciadamente se interrumpieron las diligencias judiciales y nunca se dictó sentencia en este caso, con lo cual desconocemos la solución dada por la justicia episcopal a este caso de poliandria.

4. Conclusiones

La documentación generada por cada tribunal de justicia da fe de las actuaciones del mismo. Cada jurisdicción tenía cometidos específicos, a veces

---

[35] María José de la Pascua Sánchez, "La cara oculta del sueño indiano: mujeres abandonadas en el Cádiz de la carrera de Indias, "*Chronica Nova: Revista de Historia Moderna de la Universidad de Granada*, 1993, nº 21, pp. 441–468; Rocío Sánchez Rubio e Isabel Testón Núñez, "Mujeres abandonadas, mujeres olvidadas," *Cuadernos de Historia Moderna*, n.º 19, Madrid, 1997, pp. 91–120.

compartidos con otras, aunque el mismo tema podía ser visto de una manera diferente en cada una de ellas y por tanto ser castigado de manera distinta.

Los estudios que se habían realizado sobre la criminalidad femenina reprimida por la justicia civil habían puesto de manifiesto que las mujeres eran capaces de cometer una variedad de delitos mayor que la reflejada en las fuentes literarias.

El análisis de la documentación relativa a la Audiencia Episcopal de Salamanca pone de relieve el esfuerzo de la iglesia por reprimir la sexualidad extramatrimonial, concentrando su trabajo en la lucha contra la alcahuetería y los amancebamientos.

El control de la moral social se convirtió en un tema de capital importancia en la Europa católica postridentina. De alguna manera se convirtió a las mujeres en depositarias de la moral pública. De ahí que la iglesia pusiera tanto énfasis en su educación y control, pues consideraba que su conducta influía no sólo en su salvación personal, sino también en la salvación de los hombres. Por otra parte, lo que estaba en juego no era sólo la salvación de las almas, era también la salvaguarda del orden social establecido[36].

Como ha indicado Ofelia Rey Castelao, el modelo teórico de moralidad femenina de los tiempos modernos no tuvo un éxito tan rotundo como a veces se le atribuye, pero qué duda cabe que la conjunción de actuaciones de tribunales tan distintos con el objetivo común de moralizar la vida social según los principios doctrinales de la iglesia católica, tuvo como consecuencia el disciplinamiento de la sociedad hasta cotas muy elevadas.

La iglesia sabía que la debilidad del ser humano le hacía caer en los pecados de la carne y para remedio de ello disponía del sacramento de la penitencia. A la luz de los procesos estudiados se deduce que a la justicia eclesiástica le preocupaba relativamente la represión de hechos pecaminosos concretos. A través de la confesión se imponía a cada fiel la penitencia individualizada por sus pecados. Sin embargo, las actuaciones judiciales se reservaban en buena medida para erradicar conductas

---

[36] María Ruiz Ortiz, "Normas y resistencias femeninas: una mirada cotidiana a través de las sumas de confesión (ss. XVI-XVIII)", *Las mujeres y el honor en la Europa Moderna*, dirigido por María Luisa Candau Chacón, Huelva, Universidad de Huelva, 2014, pp. 165–187.

escandalosas persistentes y continuas, que suponían un verdadero desafío para la moralidad vigente en la sociedad cristiana.

La inmensa mayoría de los procesos contra las mujeres son incoados de oficio por iniciativa del propio juez eclesiástico. La razón de ello es que en casi ninguno hay perjuicio de parte y por tanto no hay quien pretenda resarcirse del daño acudiendo al juez. Por otra parte, que no figuren denunciantes no quiere decir que no los hubiera. En la cabeza de muchos procesos se deja traslucir que antes de comenzar la instrucción de los mismos, el provisor conocía todos los pormenores y circunstancias de los casos. En realidad el proceso no iba encaminado a investigar una verdad que ya se conocía en sus aspectos fundamentales, sino que buscaba confirmarla y dejar constancia escrita de los testimonios recogidos conforme al derecho canónico. Quizás, la finalidad última del proceso era legitimar la condena. Creemos que a través de contactos privados y de la confesión, los párrocos conocían comportamientos aparentemente mantenidos en la intimidad, pero en realidad muy divulgados por la murmuración.

Ninguna mujer denunció criminalmente malos tratos del marido. Cuando las agresiones del esposo eran demasiado insoportables, se podía iniciar un proceso de divorcio que permitía disolver el vínculo matrimonial y recuperar la dote. Quienes aparecen como agresores de las mujeres en los procesos criminales de la justicia diocesana son eclesiásticos que además eran parientes suyos en grado próximo o tenían una relación muy cercana; por ejemplo, porque se trataba de su empleada doméstica. Ya hemos indicado más arriba hasta qué punto las mujeres estaban sometidas a los hombres, ahora debemos dejar constancia de la violencia con la que eran tratadas cuando cualquier individuo encolerizado de su familia tenía alguna diferencia con ellas. En estos casos las denuncias podían servir para amilanar un poco al agresor, pero casi nunca se llegaba a dictar sentencia y por tanto su conducta quedaba impune.

En una sociedad en la que existía una separación estricta de sexos, las relaciones entre hombres y mujeres resultaban difíciles. Por eso eran tan necesarias las intermediaciones y de ahí que la iglesia insistiera tanto el perseguir la alcahuetería, que además de facilitar relaciones sexuales inmorales, caía con frecuencia en el delito de hechicería como supuesto remedio para alcanzar amores irrealizables.

La justicia ordinaria recurría con frecuencia a un rigor exagerado en las condenas para resultar efectiva. Se complacía en el amedrentamiento ejemplificante. Sin embargo, la justicia episcopal demuestra una eficacia sorprendente con actuaciones bastante comedidas que consiguieron altos niveles de disciplinamiento social.

En la jurisdicción eclesiástica fueron características las penas espirituales. Junto a ellas, la pena de destierro fue la más frecuente y para las reincidentes se dejaron los azotes y la vergüenza pública. Al igual que en la justicia civil, las penas pecuniarias y el cobro de costas procesales fue esencial para sufragar los gastos del sistema judicial.

El destierro había sido la pena por excelencia en la Corona de Castilla hasta finales del siglo XV, pero a partir del siglo XVI el destierro fue cediendo terreno en el sistema penal castellano en favor de la pena de galeras. No obstante, en la jurisdicción eclesiástica siguió conservando una posición central, pues tenía la ventaja de evitar la continuidad del delito en casos como el amancebamiento. En contrapartida también podía tener efectos dañinos. Las mujeres desterradas que no se reinsertaban en otra población, porque no podían o porque no querían, empezaban a vagar de unas ciudades a otras, viviendo de la caridad pública o reincidiendo en las mismas transgresiones en otros lugares.

CRIMINALIDADE FEMININA E PERDÃO RÉGIO EM PORTUGAL NA ÉPOCA MODERNA

Paulo Drumond Braga
Escola Superior de Educação Almeida Garrett

1. Na Época Moderna, uma das manifestações da chamada graça régia era a comutação de penas e o perdão de determinados delitos, possível na medida em que o monarca era o juiz supremo do reino. Nos séculos XVI a XVIII, tal acabou por se tornar uma prática rotineira, eliminando o carácter excecional que terá começado por manifestar. Ao tomar esta atitude, o rei nunca deveria ir, em princípio, contra os interesses dos que haviam sido vitimados pela ação criminosa, uma vez que só deveria perdoar se o réu tivesse previamente obtido o perdão da parte ofendida. Ao conceder as comutações e os perdões, o monarca contribuía também para alterar o curso normal da justiça, não poucas vezes injusta. Reintegrava os delinquentes, que não mais poderiam vir a ser processados pelo crime de que haviam sido perdoados; restabelecia a paz entre súbditos desavindos; criava laços especiais na ligação entre os Portugueses e a instituição real; reforçava a sua própria imagem; e, numa outra perspetiva, assegurava várias realidades de ordem mais prática, como o povoamento de áreas afastadas dos centros de poder, constantemente carentes de gente, como era o caso dos coutos de homiziados, das praças do Norte de África e do Brasil; o guarnecimento financeiro de instituições como a Arca da Piedade, o Tribunal da Relação, o Hospital Real de Todos os Santos

DOI: http://dx.doi.org/10.14195/978-989-26-1033-7_5

e o Desembargo do Paço; o financiamento de obras mais prementes, por exemplo, em igrejas e mosteiros[1].

2. Muitas mulheres portuguesas receberam, ao longo da Época Moderna, cartas régias de perdão por crimes cometidos. Vejamos alguns exemplos de crimes no feminino. Em primeiro lugar, as mancebas, para as quais a lei era severa. Se o fossem de homens casados, eram prescritos açoites com baraço e pregão, degredo por um ano para um dos coutos de homiziados e metade "da quarentena que seu barreguaõ deueria paguar, se pollo dito malefício condenado fosse", agravando-se a multa cada vez que reincidisse, na mesma proporção que se previa com o barregueiro[2]. Quanto às mancebas de eclesiásticos, pagariam 2000 reais e seriam degredadas um ano para fora da localidade onde haviam prevaricado. Se reincidissem, à segunda vez pagavam a mesma multa mas agravava-se o degredo em um ano para fora da diocese. À terceira, seriam açoitadas e conduzidos para fora da diocese a arbítrio régio. A lei previa ainda a possibilidade de novas reincidências, sendo nestes casos a pena o degredo perpétuo para a ilha de São Tomé. De notar que tudo isto podia assentar apenas em "voz e fama". Pelo contrário, se se provasse "notoriamente", aplicar-se-iam à manceba açoites e seria degredada para fora do bispado até ordem régia, logo na primeira vez que prevaricasse, mantendo-se a multa anteriormente referida[3]. Acrescente-se que, como seria de esperar, atendendo a que vigorava o foro eclesiástico, o homem da Igreja que tivesse manceba não era incomodado pela justiça régia. A lei determinava que apenas deveria ser preso pelas justiças civis se tal fosse solicitado pelas autoridades eclesiásticas. Se, por seu lado, as mesmas justiças civis achassem monge

---

[1] Luís Miguel Duarte, *Justiça e Criminalidade no Portugal Medievo* (1459-1481), [Lisboa], Fundação Calouste Gulbenkian, Fundação para a Ciências e Tecnologia, 1999, pp. 453-490.

[2] *Ordenações Manuelinas*, liv. V, Lisboa, Fundação Calouste Gulbenkian, 1984, p. 79. D. João III determinou, em 1533, que se procedesse da mesma forma em relação às mancebas casadas. Cfr. Duarte Nunes do Lião, *Leis Extravagantes e Repertório das Ordenações*, Lisboa, Fundação Calouste Gulbenkian, 1987, f. 169v.

[3] *Ordenações Manuelinas* [...], liv. V, pp. 82-83.

ou frade fora do cenóbio com alguma mulher, deveriam entregá-lo ao seu superior hierárquico[4].

Vejamos alguns exemplos. Uma mulher acusada de mancebia, Antónia de Brito, disse-se vítima de calúnia dos inimigos do cónego Simão de Gouveia de Brito, seu tio materno, com quem vivia por ser órfã e muito pobre. Foi perdoada em 1595[5]. O mesmo aconteceu com Inês Antunes, de quem se dizia ser manceba de um clérigo, quando vivia com a mãe no maior recolhimento e honestidade. Foi beneficiada pela graça de Filipe II, em 1597[6]. Já Susana Francisca fora acusada de manceba do padre Sebastião Botelho, quando era "molher omrrada e nunqua fora culpada de semelhante delito"[7]

Quanto ao lenocínio, as Ordenações do Reino distinguiam os alcoviteiros e os rufiões, sendo os primeiros os que em sua casa acolhiam mulheres que se prostituíam e os segundos os que mantinham "manceba theuda em mancebia, de que receba bemfazer, ou ella delle". Os alcoviteiros eram punidos de acordo com o tipo de mulher que albergavam, por exemplo, se fossem casadas a pena prevista era a morte. Já para os rufiães se reservava o degredo a arbítrio régio para o Norte de África (ou perpétuo para fora da vila e termo se fossem escudeiros) e uma multa de 1000 reais para o delator[8]. Eis um caso afim a tantos outros: Elvira Fernandes dava "alcouce em sua casa", sendo, portanto, culpada de lenocínio na vertente da alcovitice. Foi agraciada por Filipe II logo nos primeiros meses do seu reinado[9].

Tal como os homens, as filhas de Eva protagonizavam atos de violência diversos. Um deles era a injúria verbal, frequentemente conotada

---

[4] *Ordenações Manuelinas* [...], liv. V, pp. 85-86.

[5] Lisboa, Arquivo Nacional Torre do Tombo, (A.N.T.T.), *Chancelaria de D. Filipe I, Perdões e Legitimações*, liv. 5, ff. 29-29v.

[6] Lisboa, A.N.T.T., *Chancelaria de D. Filipe I, Perdões e Legitimações*, liv. 23, f. 43.

[7] Lisboa, A.N.T.T., *Chancelaria de D. Filipe I, Perdões e Legitimações*, liv. 24, f. 165.

[8] *Ordenações Manuelinas* [...], liv. V, pp. 87-90. Sobre a prostituição, cfr. Maria Ângela Beirante, "As mancebias nas cidades medievais portuguesas", *O Ar da Cidade. Ensaios de História Medieval e Moderna*, Lisboa, Colibri, 2008, pp. 7-24; Afonso Henriques de Carvalho, "As mancebias em Évora durante o Antigo Regime", *Primeiras Jornadas de História Moderna*, vol. II, Lisboa, Universidade de Lisboa, Centro de História, 1989, pp. 695-711.

[9] Lisboa, A.N.T.T., *Chancelaria de D. Filipe I, Perdões e Legitimações*, liv. 11, f. 139v.

com o mundo feminino[10]. Por exemplo, Catarina Eanes, moradora na ilha de São Miguel, arquipélago dos Açores, perdoada por D. João III em 1538, injuriou o porteiro do concelho que se deslocou a sua casa para cobrar certa dívida de seu marido. Chamou-lhe "velhaquo e bebado Roubador das ffazendas alheas"[11]. Escassos anos depois, Madalena Luís, irmã de uma jovem que tinha tido uma "deferença" com André de Pinho, almotacé da Universidade de Coimbra, quando vendia farinha, lhe disse que os almotacés eram todos "rapazes chamando lhe vylão roim boeiro e outros nomes de infamia"[12].

Outro ato de violência era a agressão física[13]. Por exemplo, Isabel de Betancor, moradora em Ponta Delgada, ilha de São Miguel, agrediu Gaspar do Rego. Foi perdoada em 1562[14]. Em 1584, Filipe II agraciou

---

[10] Maria Helena da Cruz Coelho, "A mulher e o trabalho nas cidades medievais portuguesas", in id., *Homens, Espaços e Poderes. Séculos XI-XVI*, vol. I *(Notas do Viver Social)*, Lisboa, Horizonte, 1990, p. 48; Irene Maria Vaquinhas, "Mulheres que se injuriam, mulheres que se batem: alguns valores femininos vistos através de uma análise da delinquência de Coimbra. 1850-1915", in *A Mulher na Sociedade Portuguesa. Visão Histórica e Perspectivas Actuais. Actas*, vol. II, Coimbra, Universidade de Coimbra, Faculdade de Letras, Instituto de História Económica e Social, 1986, pp. 307-323. Maria Ângela Beirante, "As filhas de Eva nas cidades portuguesas da Idade Média", *O Ar da Cidade. Ensaios de História Medieval e Moderna*, Lisboa, Colibri, 2008, pp. 77-78.

[11] Lisboa, A.N.T.T., *Chancelaria de D. João III, Perdões e Legitimações*, liv. 10, ff. 74-74v.

[12] Lisboa, A.N.T.T., *Chancelaria de D. Sebastião e D. Henrique*, Perdões e Legitimações, liv. 19, f. 208.

[13] Sobre este delito, cfr. Luís Miguel Duarte, *Justiça e Criminalidade* [...], pp. 306-309; Henrique Augusto Dias Lopes, *Poder e Violência em Proença-a-Nova de 1710 a 1750. Um Itinerário do Quotidiano através das Correições e Querelas*, dissertação de Mestrado em História Moderna apresentada à Faculdade de Letras da Universidade de Coimbra, exemplar mimeografado, Coimbra, 1996, pp. 79-85; Anabela Ramos, *Violência e Justiça em Terras de Montemuro. 1708-1820*, Viseu, Palimage, 1998, pp. 44-49; Isabel Maria de Moura Ribeiro de Queirós, *Theudas e Mantheudas. A Criminalidade Feminina no Reinado de D. João II através das cartas de perdão (1481-1485)*, dissertação de Mestrado em História Medieval apresentada à Faculdade de Letras da Universidade do Porto, exemplar mimeografado, vol. I, Porto, 1999, p. 72; Paulo Drumond Braga, *Coimbra e a Delinquência Estudantil (1580-1640)*, Lisboa, Hugin, 2002, pp. 38-40; id., *Do Crime ao Perdão Régio (Açores, Séculos XVI-XVIII)*, Ponta Delgada, Instituto Cultural de Ponta Delgada, 2003, pp. 21-23; id., *Torres Vedras no Reinado de Filipe II. Crime, Castigo e Perdão*, Lisboa, Colibri, Torres Vedras, Câmara Municipal, 2009, pp. 43-45; Dina Catarina Duarte Alves, *Violência e Perdão em Óbidos (1595-1680)*, dissertação de Mestrado em História Moderna apresentada à Faculdade de Letras da Universidade de Coimbra, exemplar mimeografado, Coimbra, 2003, pp. 112-114.

[14] Lisboa, A.N.T.T., *Chancelaria de D. Sebastião e D. Henrique, Perdões e Legitimações*, liv. 6, f. 171v.

Maria Antunes e sua criada, Simoa, moradoras no termo de Torres Vedras, que tinham espancado um jovem, Álvaro Eanes, que andava com os seus bois, "e lhe dispirão o pelote"[15].

Eram também comuns os casos das mulheres que ajudavam familiares do sexo masculino a bater em terceiros. Em 1588, a Coroa perdoou Francisco Pires, sua mulher, Leonor Dias, e o filho de ambos, Joane, moradores em Fernandinho, termo de Torres Vedras, que agrediram Domingos da Costa, "no rosto no beiço de baixo e lhe quebrarão quatro dentes"[16]. Em 1596, foi a vez de serem agraciados outros moradores no mesmo termo de Torres Vedras, Fernão Jorge e seus filhos, Valentim, Natália e Mécia, que espancaram Pero Lourenço, deixando-lhe "nodoas e pisaduras em seu corpo"[17]. Uma outra mulher, Isabel de Abreu, da cidade açoriana de Angra, ajudou o marido a agredir Catarina Vieira. Receberam mercê régia em 1608[18]. Curiosos são ainda outros casos. Margarida Aranha, da ilha de São Miguel, perdoada por D. João III em 1533, mandou alguém bater numa outra mulher, Mónica Dias[19]. Grácia Rodrigues, da ilha Terceira, mandou fazer o mesmo, mas em relação ao próprio marido. A Coroa perdoou-a em 1595[20].

Mais graves foram as situações de homicídio[21]. Sabe-se, por exemplo, que Domingas Pires, objeto da graça de D. João III, fugira da

---

[15] Lisboa, A.N.T.T., *Chancelaria de D. Filipe I, Perdões e Legitimações*, liv. 20, f. 218v.

[16] Lisboa, A.N.T.T., *Chancelaria de D. Filipe I, Perdões e Legitimações*, liv. 22, ff. 7-7v.

[17] Lisboa, A.N.T.T., *Chancelaria de D. Filipe I, Perdões e Legitimações*, liv. 17, f. 207v.

[18] Lisboa, A.N.T.T., *Chancelaria de D. Filipe II, Perdões e Legitimações*, liv. 1, f. 199.

[19] Lisboa, A.N.T.T., *Chancelaria de D. João III, Perdões e Legitimações*, liv. 9, f. 180.

[20] Lisboa, A.N.T.T., *Chancelaria de D. Filipe I, Perdões e Legitimações*, liv. 5, f. 135.

[21] Sobre o crime de homicídio, leiam-se Jean Claude Chernais, "Histoire de la violence: l'homicide et le suicide à travers les âges", *Revue Internationale de Sciences Sociales*, vol. 44, n.º 132, fasc. 2, Paris, 1992, pp. 228-229; Ángel Alloza, *La Vara Quebrada de la Justicia. Un Estudio Histórico sobre la Delincuencia Madrileña entre los Siglos XVI y XVIII*, Madrid, Catarata, 2000, pp. 121-132; Benoît Garnot, *Justice et Societé en France aux XVIe, XVIIe et XVIIIe siècles*, Paris, Ophrys, 2000, p. 39; Julius R. Ruff, *Violence in Early Modern Europe. 1500-1800*, Cambridge, Cambridge University Press, 2001, pp. 75-77, *passim;* Luís Miguel Duarte, *Justiça e Criminalidade* [...], pp. 269-283; Paulo Drumond Braga, *Coimbra e a Delinquência Estudantil* [...], p. 40; id., *Do Crime ao Perdão Régio* [...], pp. 43-33; id., *Torres Vedras no Reinado de Filipe II* [...], p. 45; Dina Catarina Duarte Alves, *Violência e Perdão em Óbidos* [...], pp. 114-116.

prisão onde estava detida sob acusação de infanticídio: " por se dizer que ao tempo de parir matara a propria criança que ella supricante parira"[22]. O mesmo monarca perdoou também Leonor Nunes, da ilha Graciosa, que tentara envenenar a mulher de um cunhado, com quem tinha uma relação[23] e veio a fazer o mesmo com Leonor Luís, de Angra, que ajudou um homem a matar a mulher[24]. Guiomar de Lima, da Ribeira Grande, ilha de São Miguel, assassinou o marido e foi agraciada pela Coroa em 1558[25]. O casal Bastião Afonso Homem e Antónia Evangelha, perdoado pelo cardeal rei D. Henrique em 1579, matou um outro homem[26]. Já Ana Fernandes, igualmente açoriana, mas da ilha Terceira, tirou, sozinha, a vida a um homem. Foi agraciada por Filipe III em 1608[27].

3. Se estivessem em condições de solicitar o perdão do monarca, as mulheres poderiam fazê-lo, apresentando então uma vasta soma de argumentos para convencer o rei. Assim, por exemplo, Guiomar do Rego, acusada de vender carne a preços superiores à taxa, invocou ser mulher e, como tal, ignorante a respeito da lei[28]. O caso de Maria de Vila é muito interessante, uma vez que a mesma recebeu um primeiro perdão, em 1586, pela ligação com Lopo Carvalho, que já fora igualmente perdoado pela Coroa. As penas de degredo de um ano para Castro Marim, de açoites e de baraço e pregão a que fora condenada pelo Tribunal da Relação foram transformadas em cinco anos de degredo para o Brasil[29]. Mas, dois anos depois, solicitou poder ir viver para Castela

---

[22] Lisboa, A.N.T.T., *Chancelaria de D. João III, Perdões e Legitimações*, liv. 25, f. 236.

[23] Lisboa, A.N.T.T., *Chancelaria de D. João III, Perdões e Legitimações*, liv. 16, ff. 284v-285.

[24] Lisboa, A.N.T.T., *Chancelaria de D. João III, Perdões e Legitimações*, liv.21, ff. 303-306v.

[25] Lisboa, A.N.T.T., *Chancelaria de D. Sebastião e D. Henrique, Perdões e Legitimações*, liv. 37, f. 259.

[26] Lisboa, A.N.T.T., *Chancelaria de D. Sebastião e D. Henrique, Perdões e Legitimações*, liv. 32, ff. 192-192v.

[27] Lisboa, A.N.T.T., *Chancelaria de D. Sebastião e D. Filipe II, Perdões e Legitimações*, liv. 28, f. 99.

[28] Lisboa, A.N.T.T., *Chancelaria de D. Filipe I, Perdões e Legitimações*, liv. 7, f. 437.

[29] Lisboa, A.N.T.T., *Chancelaria de D. Filipe I, Perdões e Legitimações*, liv. 4, ff. 220v-221.

para junto do marido, que era oriundo desse Reino. Ou seja, acabou por não cumprir nenhuma das penas. Acrescente-se ainda a respeito deste caso, um outro dado curioso: a mulher de Lopo de Carvalho, Catarina Serrão, perdoou Maria da Vila com a condição de esta ser condenada a degredo para o Brasil ou para a Índia. O perdão da parte, como se viu, condição *sine qua non* para a concessão da graça régia, funcionava aqui como forma de pressão sobre o próprio monarca, a bem de uma suposta estabilidade doméstica[30].

Perdões totais, ou seja, sem a exigência de qualquer contrapartida, também foram outorgados. Não estava, de facto, em causa uma menor gravidade dos delitos. Elvira Fernandes, acusada de lenocínio, teve perdão total em 1581[31]. Por ter vendido carne de vaca fora dos açougues foi perdoada Guiomar do Rego, em 1592[32].

5. Citando António Manuel Hespanha, "se, ao ameaçar punir (mas punindo, efetivamente, muito pouco), o rei se afirmava como justiceiro, dando realização a um tópico ideológico essencial no sistema medieval e moderno de legitimação do poder, ao perdoar, ele cumpria um outro traço da sua imagem – desta vez como pastor e como pai – essencial também à legitimação. A mesma mão que ameaçava com castigos impiedosos, prodigalizava, chegado o momento, as medidas de graça. Por esta dialética do terror e da clemência, o rei constituía-se, ao mesmo tempo, em senhor da Justiça e mediador da Graça. Se investia no temor, não investia menos no amor. Tal como Deus, ele desdobrava-se na figura do Pai justiceiro e do Filho doce e amável"[33]. Assim era com homens e com mulheres se bem que, pelo que se sabe, a criminalidade feminina terá sido sempre inferior à masculina[34], não havendo, por outro lado,

---

[30] Lisboa, A.N.T.T., *Chancelaria de D. Filipe I, Perdões e Legitimações*, liv. 22, ff. 11-12.

[31] Lisboa, A.N.T.T., *Chancelaria de D. Filipe I, Perdões e Legitimações*, liv. 11, f. 139v.

[32] Lisboa, A.N.T.T., *Chancelaria de D. Filipe I, Perdões e Legitimações*, liv. 7, f. 437.

[33] António Manuel Hespanha, "A punição e a graça", *História de Portugal*, direção de José Matoso, vol. IV (*O Antigo Regime. 1620-1807*), coordenação de António Manuel Hespanha, Lisboa, Estampa, 1993, p. 248.

[34] Robert Muchembled, *Le Temps des Supplices. De l' Obéissance sous les Rois Absolus. XVe-XVIIIe Siècle*, Paris, Armand Colin, 1992, p. 92; Claude Gauvard, "De

uma criminalidade tipicamente feminina[35], se se excluir a mancebia que, como é óbvio, era um delito exclusivamente de mulheres.

Grace Especial". *Crime, État et Societé en France à la Fin du Moyen Âge*, vol. I, Paris, Sorbonne, 1991, pp. 299-346; Nicole Castan, "La justice expéditive", *Annales. Économies, Sociétés, Civilisations*, 31.º ano, n.º 2, Paris, 1976, p. 337; Arlette Farge e André Zysberg, "Les théâtres de la violence à Paris au XVIIIe siècle", *Annales. Économies, Sociétés, Civilisations*, 31.º ano, n.º 2, Paris, 1976, p. 988; Claude Furet, "Douais au XVIe siècle: une sociabilité de l' agression", *Revue d' Histoire Moderne et Contemporaine*, tomo 21, fasc. 3, Paris, 1974, p. 12; Isabel Perez Muñoz, *Pecar, Delinquir y Castigar. El Tribunal Eclesiastico de Coria en los Siglos XVI y XVII*, [Cáceres], Institución Cultural El Brocense, Deputación Provincial de Cáceres, 1992, p. 130; Jacqueline Eales, *Women in Early Modern England. 1500-1700*, Londres, UCL, 1998, pp. 98-109; Ulinka Rublack, *The Crimes of Women in Early Modern Germany*, Oxford, Clarendon Press, 2001; Benoît Garnot, *Justice et Societé en France aux XVIe, XVIIe et XVIIIe siècles*, Paris, Ophrys, 2000, pp. 67-69; J. M. Beattie, *Policing and Punishment in London. 1660-1750. Urban Crime and the Limits of Terror*, Oxford, Oxford University Press, 2001, pp. 63-71. Para o caso português, cfr. Isabel M. R. Mendes Drumond Braga, "A criminalidade em Portalegre no reinado de D. João III: delitos e perdões", *A Cidade*, nova série, n.º 8, Portalegre, 1993, p. 72; id., "Os estrangeiros e a justiça portuguesa durante o século XVI (1521-1578)", *Arquivos do Centro Cultural Calouste Gulbenkian*, vol. XXXVII, Lisboa-Paris, 1998, p. 352; id., *Um Espaço, duas Monarquias (Interrelações na Península Ibérica no Tempo de Carlos V*, Lisboa, Hugin Editores, Universidade Nova de Lisboa, Centro de Estudos Históricos, 2001, pp. 590-591; Paulo Drumond Braga, "Perdões concedidos a moradores em Évora no reinado de D. João IV", in *Congresso de História no IV Centenário do Seminário de Évora. Actas*, vol. I, Évora, Instituto Superior de Teologia, Seminário Maior de Évora, 1994, p. 534; id., "Perdões concedidos a moradores em Setúbal no reinado de D. João IV", in *Homenaje al Profesor Carlos Posac Mon*, tomo II, Ceuta, Instituto de Estudios Ceutíes, 1998 [aliás, 2000], p. 270; id., "Os perdões de D. António, Prior do Crato", *Brigantia*, vol. XIX, n.º 3-4, Bragança, Julho-Dezembro de 1999, p. 49; id., "A Madeira e o perdão régio (1642--1704)", *Islenha*, n.º 28, Funchal, Janeiro-Junho de 2001, p. 77; id., *Do Crime ao Perdão Régio* [...], pp. 21-23; id., *Torres Vedras no Reinado de Filipe II* [...], pp. 29-30; Janaína Amado, "Crimes domésticos. Criminalidade e degredo feminino em Portugal no século XVIII", *Mare Liberum*, n.º 17, Lisboa, Junho de 1999, pp. 73-96; Dina Catarina Duarte Alves, *Violência e Perdão em Óbidos (1595-1680)* [...], pp. 103-108.

[35] Sobre este assunto, veja-se Jacqueline Eales, *Women in Early Modern England. 1500--1700*, Londres, 1998, pp. 98-109; Ulinka Rublack, *The Crimes of Women in Early Modern Germany*, Oxford, 2001; Janaína Amado, "Crimes domésticos. Criminalidade e degredo feminino em Portugal no século XVIII" [...]; Isabel Maria de Moura Ribeiro de Queirós, *Theudas e Mantheudas. A Criminalidade Feminina no Reinado de D. João II através das cartas de perdão (1481-1485)* [...]; Paulo Drumond Braga, "Mulheres criminosas, mulheres perdoadas (Cabo Verde e São Tomé. Século XVI)", *Islenha*, n.º 38, Funchal, Janeiro-Junho de 2003, pp. 98-105; id., "Mulheres violentas e mulheres vítimas de violência (Portugal, séculos XVI e XVII)", *Seminário Internacional Fazendo Gênero. Corpo, Violência e Poder. Anais*, Florianópolis, 2008 [CD Rom]; Isabel M. R. Mendes Drumond Braga,"Violência no feminino, violência sobre o feminino", *Vivências no Feminino. Poder, Violência e Marginalidade nos séculos XV a XIX*, Lisboa, Tribuna da História, 2007, pp. 11-20.

Mulheres condenadas à morte em Portugal: de 1693 à abolição da pena última

Maria Antónia Lopes
Faculdade de Letras da Universidade de Coimbra

Com as fontes até agora conhecidas, é impossível saber quantos foram os homens e mulheres sentenciados à morte em Portugal durante a Idade Moderna. Contudo, embora escassas e lacunares, chegaram até nós listas nominativas das pessoas executadas, que nos informam também sobre os crimes, proveniências e formas de suplício, permitindo ainda conhecer a proporção de mulheres nesse universo e traçar alguns aspetos dos seus perfis.

1. Fontes

A fonte mais importante e fiável é um manuscrito intitulado *Lembranças dos que foram a justiçar no tempo em que fui procurador*, com datas extremas de agosto de 1693 e setembro de 1754, e que se deve aos religiosos que acompanhavam os padecentes em Lisboa. Só inclui, portanto, os condenados pela Casa da Suplicação (Relação de Lisboa) e executados na capital do império durante esse período. Em 1880, António Luís de Sousa Henriques Secco, um político, estudioso e memorialista coimbrão, publicou-a nas suas *Memorias do tempo passado e presente para lição dos vindouros* sob o título "Execuções de pena última em Portugal".

DOI: http://dx.doi.org/10.14195/978-989-26-1033-7_6

E completou-a, continuando-a até à abolição da pena de morte em Portugal, em 1867, acrescentando os sentenciados à morte com pena não executada e, ainda, arrolando as sentenças a pena capital dos séculos anteriores[1]. Os dados que Secco fornece para 1755-1867 revelam-se dignos de confiança (talvez com sub-registo no reinado conturbado de D. Miguel, em 1828-1834), mas não os que inventaria para os anos anteriores a 1693, que são muito parcelares. Acrescentou os sentenciados pela Inquisição de que obteve notícias, que eu não levei em conta por não serem fiáveis e por me interessarem apenas as rés de crimes civis. A lista publicada por Henriques Secco foi já trabalhada por António Manuel Hespanha[2] e Ana Cristina Araújo[3], mas com outros propósitos e sem que nenhum deles analisasse as mulheres executadas ou distribuísse os condenados por género.

Ao trabalharmos as *Lembranças dos que foram a justiçar* e as execuções elencadas por Henriques Secco até ao final do século XVIII, só chegamos aos condenados pela Relação de Lisboa, que abrangia o território que ia do Ribatejo ao Algarve. E alguns indícios apontam para práticas severas da Relação do Porto (com jurisdição no restante espaço continental), onde só entre janeiro e junho de 1736 a Misericórdia local acompanhou ao cadafalso cinco padecentes[4]. Como é possível que a fonte enferme de algumas lacunas e como só abrange parte do reino, este trabalho não fornece, obviamente, o número de mulheres condenadas à morte em

---

[1] António Luiz de Sousa Henriques Secco, *Memorias do tempo passado e presente para lição dos vindouros*, vol. 1, Coimbra, Imprensa da Universidade, 1880, pp. 227-616.

[2] António Manuel Hespanha, "Da "iustitia" à "disciplina". Textos, poder e política penal no antigo regime", em *Justiça e litigiosidade: História e prospectiva*, Lisboa, Fundação Calouste Gulbenkian, 1993, pp. 297-320. Originalmente publicado em *Anuario de historia del derecho español*, n.º 57, Madrid, 1987, pp. 493-578, edição que utilizei. A mesma fonte usada em "A punição e a graça", *História de Portugal,* direção de José Matoso, vol. IV *(O Antigo Regime. 1620-1807),* coordenação de António Manuel Hespanha, Lisboa, Círculo de Leitores, 1993, pp. 239-256. O autor considerou os anos 1601-1800.

[3] Ana Cristina Araújo, "Cerimónias de execução pública no Antigo Regime – escatologia e justiça", *Revista de História da Sociedade e da Cultura*, n.º 1, Coimbra, 2001, pp. 169--211. Esta Autora só considerou fiáveis os dados posteriores a 1693, opinião que perfilho, e deteve-se em 1754.

[4] Cf. Maria Teresa Cardoso, *Os presos da Relação do Porto. Entre a cadeia e a Misericórdia (1735 a 1740),* Braga, tese de mestrado apresentada ao Instituto de Ciências Sociais da Universidade do Minho, 2005, p. 184.

Portugal, mas sim as que foram sentenciadas em Lisboa e, ainda, as que a Alçada do Porto condenou em 1757.

As fontes referidas podem e devem ser completadas com outras que facultam menos informações sobre os condenados, mas confirmam a credibilidade dos dados constantes nas *Lembranças* e na compilação de Henriques Secco. Refiro-me a uma listagem de condenados (que não são apenas os executados) elaborada por António Joaquim Moreira, "official maior da academia real das sciencias", e publicada por Levi Maria Jordão em 1861[5] e por Inocêncio da Silva em 1862[6] e, ainda, a um documento elaborado por José da Conceição, decano da polícia pre ventiva, que colheu memórias orais e testemunhou algumas execuções, tendo terminado a sua relação muito provavelmente em 1843. O manuscrito, que pertenceu a Brito Aranha e se encontra na Biblioteca Nacional de Portugal, foi publicado em 1982 por António Braz de Oliveira, que confirmou ou corrigiu (ligeiramente) os dados, a partir das sentenças originais[7]. Por fim, mas apenas para o ano de 1772, são preciosas as informações fornecidas por Fr. Cláudio da Conceição[8].

2. Quadro geral

Escreveu Eduardo Correia sobre as Ordenações Manuelinas depois de analisar as Afonsinas: "Esta pena [de morte] aparece agora com maior difusão. Raro é o título em que ela se não previa"[9]. As Ordenações Filipinas, que se mantiveram em vigor até meados do século XIX, pouco

---

[5] Levi Maria Jordão, *Projecto de Código Penal Portuguez*, Lisboa, Imprensa Nacional, 1861, pp. 223-235.

[6] Inocêncio da Silva, *Diccionario bibliográfico portuguez*, vol. 7, Lisboa, Imprensa Nacional-Casa da Moeda, 1987, pp. 229-254.

[7] António Braz de Oliveira, "As execuções capitais em Portugal num curioso manuscrito de 1843", *Revista da Biblioteca Nacional*, n.º 2 (1), Lisboa, 1982, pp. 109-127.

[8] Fr. Cláudio da Conceição, *Gabinete histórico*, vol. 17, Lisboa, Impressão Regia, 1831, pp. 30-33, 36-49.

[9] Eduardo Correia, "Estudo sobre a evolução histórica das penas no direito português", *Boletim da Faculdade de Direito*, n.º 53, Coimbra, 1977, p. 88.

alteraram esta matéria[10]. Contudo, embora profusa no plano teórico, na prática a pena de morte era pouco frequente[11].

Portugal aboliu a pena de morte por crimes políticos em 1852 e por crimes civis em 1867, sendo um dos primeiros países do mundo a fazê--lo[12]. Como desde 1834 não era aplicada aos crimes políticos e desde 1846 aos de natureza civil na metrópole, estas leis vanguardistas não suscitaram polémica, pois correspondiam à prática penal portuguesa que a abolira de facto. Usei a expressão "na metrópole" no que se refere aos crimes comuns, porque (o que em geral é omitido) em 1857 a Relação de Goa condenou à morte um nativo da Índia portuguesa, que foi aí enforcado no ano seguinte, pois o rei D. Pedro V não comutou a sentença, contrariando a *praxis* estabelecida. O facto não foi divulgado e os jornais só o souberam em 1874[13].

Se procurarmos a última mulher executada em Portugal e no seu império por sentença judicial, será necessário remontar a 1772. Muito mais tarde, em 1811 e no contexto de guerra, uma outra mulher foi condenada à morte. Fugiu e, estabelecida a paz, veio a ser absolvida.

As listas descritas no ponto anterior permitem perceber que, entre os condenados à pena última, as mulheres constituíram uma ínfima proporção, embora se verifiquem fortes variações no tempo. Entre 1693 a 1800, num total de 444 execuções por crimes civis, só se encontram

---

[10] Sobre os crimes passíveis de pena de morte em Portugal, ver Guilherme Braga da Cruz, *Obras Esparsas II. Estudos de História do Direito. Direito Moderno*, Coimbra, por Ordem da Universidade, 1981, pp. 37-46.

[11] Cf. António Hespanha, "Da "iustitia" à "disciplina" [...]", p. 503-521.

[12] Antes de Portugal, só a República de San Marino (1848) e a Venezuela (1863) haviam abolido a pena de morte para crimes civis. Em 1786 e 1787, a Toscana e a Áustria tinham--na também abolido, mas rapidamente a restabeleceram, em 1790 e em 1795. Em Portugal, entre 1867 e o fim da monarquia manteve-se em vigor a pena de morte para crimes de natureza militar, que, contudo, nunca foi aplicada. Totalmente abolida em 1911, foi reposta na justiça militar em 1916, com a entrada de Portugal na 1ª Guerra Mundial, mas apenas para crimes de militares perpetrados em teatro de guerra com país estrangeiro. Assim se manteve até 1976, tendo sido usada uma só vez, em 1917, na frente de batalha da Flandres francesa. O soldado fuzilado terá tentado passar para o lado inimigo, onde pretendia revelar as posições portuguesas. Portugal continua a destacar-se pela brandura da sua lei penal, pois é o único país do mundo onde é impossível deter alguém por mais de 25 anos.

[13] António L. S. H. Secco, *Memorias* [...], pp. 490-494; Guilherme Braga da Cruz, *Obras Esparsas II* [...], p. 137.

28 mulheres, que representam 6,3% da série. Estas fontes que – repetimos – não incluem as mortes sentenciadas pela Relação do Porto, apontam para uma média anual de 4,1 pessoas executadas e 0,3 mulheres, números muito benignos, mesmo que superiores aos calculados por António Hespanha.

O consulado pombalino destaca-se pelo endurecimento das sentenças, o que também se concretiza numa subida acentuada das condenações à morte. De facto, se de 1693 a 1754 foram executadas por ano 4,9 pessoas em média, este número sobe para 5,3 entre 1755 a 1772 (última mulher executada), descendo abruptamente para 1,8 de 1773 a 1800. Observando as mulheres, o período compreendido entre 1755 e 1772 revela-se ainda mais excecional, pois se em 1693-1754 foram enforcadas em média 0,3 mulheres, passam depois a 0,7. E se em 1693-1754 elas representaram 5,3% dos que subiram ao patíbulo, em 1755-1772 atingiram os 12,5% (9% se excluirmos os enforcados e enforcadas por sentença da Alçada do Porto). Sublinhe-se também que foi apenas na década de 1760 que a Relação de Lisboa condenou à morte mulheres cujo crime se resumira a furto ou roubo. Data de 1772 a última execução de uma mulher em Portugal, como frisei, mas foi um ano particularmente grave para os padrões portugueses, com quatro supliciadas.

Gráfico 1 - Evolução anual das condenações e execuções de mulheres, 1694-1772

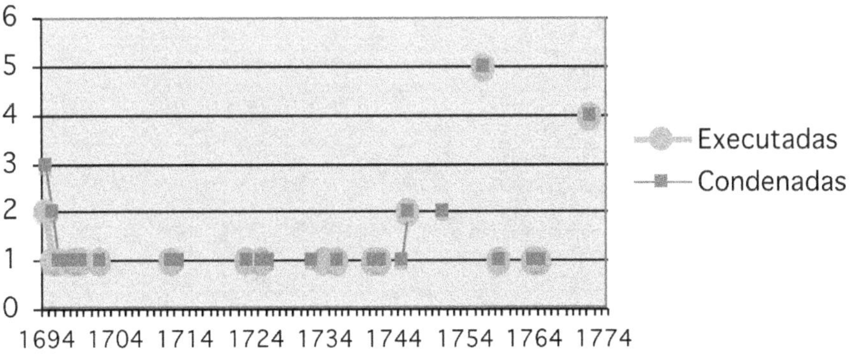

3. As mulheres condenadas à morte

Vejamos o que é possível saber sobre estas mulheres condenadas à morte, tendo ou não subido ao patíbulo. Só são conhecidas as idades de 27%. Tinham em média 34 anos, situando-se entre os 22 e os 58. Os estados conjugais estão mais bem definidos, em 70% da série. Não há viúvas e na sua imensa maioria eram mulheres casadas, pois atingiam os 89%. Como se verá, isto está relacionado com os seus crimes, pois o que prevalece é o maritricídio. Outro crime severamente punido era a morte dos senhores por parte dos escravos. Assim, encontramos cinco mulheres negras (quatro escravas e uma forra) numa proporção de 14%.

Quanto às suas residências (e locais dos crimes), conhecidas em 76% dos casos, espalham-se do Ribatejo ao Algarve, área de jurisdição da Relação de Lisboa.

Quadro 1 – Residências das mulheres condenadas à morte

Concelho atual	Casos
Lisboa	6
Porto	5
Torres Novas	2
Setúbal	2
Alcácer do Sal	2
[Algarve]	1
Alcochete	1
Borba	1
Campo Maior	1
Coimbra	1
Grândola	1
Portel	1
Salvaterra	1
Santiago do Cacém	1
Serpa	1
Vila Franca de Xira	1
Total	28

Escapam a esse território cinco portuenses enforcadas na sua cidade pela participação na sedição do Porto de 1757 (cujos dados não foram colhidos nas *Lembranças*) e a última mulher executada em Portugal, que foi garrotada em Lisboa, embora residisse em Coimbra, cidade pertencente à área de jurisdição da Relação do Porto.

4. Os crimes

As acusadas de homicídio, 30 mulheres, atingem os 81% entre as sentenciadas à morte, pois até à sedição de 1757, todas elas foram executadas por matar. Depois, a justiça tornou-se mais dura: além das cinco infelizes do Porto condenadas por crime de lesa-majestade (o que não passou de uma ficção jurídica), as duas mulheres enforcadas na década de 1760 foram-no por roubo, comportamento penal totalmente localizado, fugindo à *praxis* portuguesa.

Deparam-se-nos ainda dois casos de crimes políticos, ambos de mulheres nobres: o da célebre marquesa de Távora, D. Leonor Tomásia, acusada de atentar contra a vida do rei em finais de 1758; e o de D. Isabel de Roxas e Lemos, condenada à morte em 1811 por traição à pátria, cuja sentença não se aplicou porque a ré conseguiu fugir do país.

Na sua grande maioria, 80%, os crimes de morte foram perpetrados em ambiente familiar, vitimando pessoas muito próximas, o que é uma permanência na criminalidade feminina[14].

---

[14] Sobre criminalidade feminina em Portugal na Idade Moderna, veja-se Isabel Drumond Braga, *Vivências no Feminino. Poder, Violência e Marginalidade nos séculos XV a XIX*, Lisboa, Tribuna da História, 2007; Maria Antónia Lopes, *Pobreza, assistência e controlo social em Coimbra (1750-1850)*, Coimbra, CHSC, Viseu, Palimage, 2000, vol. I, pp. 537-601; id., "Presos pobres de Coimbra: perfis e vivências à luz das inquirições da Misericórdia (1720-1732)", *I Congresso Histórico Internacional. As Cidades na História: População*, vol. III, *Cidade Moderna I*, Guimarães, Câmara Municipal de Guimarães, 2013, pp. 179-202; Paulo Drumond Braga, "Mulheres violentas e mulheres vítimas de violência (Portugal, séculos XVI e XVII)", *Seminário Internacional Fazendo Gênero. Corpo, Violência e Poder*, Anais, Florianópolis, Universidade Federal de Santa Catarina, 2008; Ana Sofia Vieira Ribeiro, *Convívios difíceis. Viver, sentir e pensar a violência no Porto de Setecentos (1750-1772)*, Porto, CITCEM, 2012. Para outros espaços remete-se para Francisco Tomás y Valiente, *El derecho penal de la monarquía absoluta: siglos XVI, XVII y XVIII*, Madrid, Tecnos, 1992; Arlette Farge, *Vivre dans la rue à Paris au XVIIIe siècle*, Paris, Gallimard, 1979; id., *La vie fragile. Violence, pouvoirs et*

Acima de tudo, estas mulheres mataram ou tentaram matar os maridos, que representam quase metade das vítimas, 47%[15]. A grande distância vêm os filicídios, em geral de recém-nascidos, com 17%, e depois os senhores ou seus familiares às mãos de escravas, com 13%. Surge-nos ainda uma mulher cega que, em conivência com a mãe, matou o padrasto.

Saindo do quadro doméstico, encontram-se a marquesa de Távora, três condenadas que mataram mulheres para as roubar ou por inimizade e a última executada, uma ama de expostos de Coimbra que assassinou 34 meninos e meninas enjeitados.

Os métodos que estas mulheres usaram para matar os maridos (quando agiram sozinhas) foram desde as pancadas com enxada aos tiros de espingarda, estrangulamento, facadas e veneno. Este último processo de morte, tradicionalmente associado à criminalidade feminina, só foi usado por uma esposa, mas também duas escravas terão assassinado pelo mesmo método, tendo uma outra recorrido ao estrangulamento. Quanto às filicidas, à exceção de uma que matou a filha à pancada, nada mais é esclarecido, mas tratando-se de bebés é possível que tenham recorrido à sufocação ou estrangulamento, como o fez a mulher que matou 34 enjeitados.

---

solidarités à Paris au XVIIIe siècle, Paris, Hachette, 1986; id. e Michel Foucault, L*e désordre des familles: lettres de cachet des archives de la Bastille*, Paris, Gallimard-Julliard, 1982; Nicole Castan, "Criminosa", *História das Mulheres no Ocidente* direção de Georges Duby e Michelle Perrot, vol. 3, *Do Renascimento à Idade Moderna*, direção de Natalie Zemon Davies e Arlette Farge, Porto, Afrontamento, 1994, pp. 535-551; Catharina Lis e Hugo Soly, *Disorded Lives. Eighteenth century families and their unruly relatives*, Oxford, Polity Press, 1996; Margarita Ortega López, "El período barroco" e "Siglo XVIII: La Ilustración", *Historia de las mujeres en España*, direção de Elisa Garrido González, Madrid, Editorial Síntesis, 1997, pp. 253-344; 345-414; Cécile Dauphin e Arlette Farge, (dir.), *De la violence et des femmes*, Paris, Albin Michel, 1999; Enrique Villalba Pérez, *Pecadoras o delincuentes? Delito y género en la Corte (1580-1630)*, Madrid, Calambur, 2004; Loïc Cadiet *et al.*, *Figures de femmes criminelles de l'Antiquité à nos jours*, Paris, Publications de la Sorbonne, 2010; Tomás Mantecón Movellán, "Las mujeres ante los tribunales castellanos: acción de justicia y usos de la penalidad en el Antiguo Régimen", *Chronica Nova*, n.º 37, Granada, 2011, pp. 99-123; José Luis das las Heras Santos, "Ejemplaridad, paternalismo y utilitarismo en la justicia de la España de los Habsburgo", *Estudios humanísticos*, nº 12, León, 2013, pp. 185-213.

[15] No seu estudo sobre uma amostragem de 125 mulheres portuguesas condenadas a degredo entre 1737 e 1800, Janaína Amado contabilizou 115 com crime registado: 15 eram homicidas e, dentro destas, 12 (80%) haviam assassinado os maridos (Janaína Amado, "Crimes domésticos: criminalidade e degredo feminino", *Revista Textos de História*, vol. 6, Brasília, n.ºs 1-2, 1998, pp. 143-168. Republicado em *Portuguese Studies Review*, vol. 15, n.^{os}1-2, Peterborough, Ontário, 2007, pp. 281-305 com o título "Mulheres que partem: as condenadas em Portugal ao degredo, 1737-1800").

5. Os suplícios, as penas suspensas e as comutações

O intervalo entre a sentença e a execução raramente é registado, mas nos casos conhecidos foi sempre muito curto, como se praticava no nosso país. Conhecida a sentença, os réus deviam preparar-se logo para a morte, confessando-se nesse mesmo dia e comungando no imediato. Por reverência para com Deus recebido na comunhão, a execução concretizava-se só no dia seguinte[16]. Os homens seguiam descalços para o patíbulo, mas não as mulheres[17], e eram todos acompanhados e amparados por capelães e irmãos das misericórdias das terras onde eram supliciados, que depois os enterravam e lhes faziam os sufrágios[18].

Salvo a marquesa de Távora, que foi decapitada, as outras mulheres morreram na forca, como plebeias que eram. Houve ainda duas sentenças de morte por garrote, uma aplicada à ama dos expostos em 1772 e outra prevista em 1811 para D. Isabel de Roxas e Lemos. Quase todas morreram por "morte natural", isto é, sem suplícios prévios, pois só três mulheres so-freram tormentos por terem cometido crimes considerados particularmente hediondos: uma escrava que matou o senhor e foi atenazada em 1725 e duas outras mulheres que além da tenaz em brasa aplicada pelo corpo, ti-veram as mãos cortadas em vida, ambas em 1772. Tratava-se da *serial killer* dos meninos enjeitados e de uma escrava que assassinara o seu senhor, tendo-se cumprido a lei do reino que estipulava o atenazamento e o corte das mãos em vida para escravos que matassem os seus donos ou filhos[19].

---

16 Cf. Eduardo Correia, "Estudo sobre a evolução histórica das penas [...]", p. 99; Guilherme Braga da Cruz, *Obras Esparsas II* [...], p. 50.

17 António L. S. H. Secco, *Memorias* [...], pp. 627, 631.

18 As misericórdias portuguesas obtiveram também o privilégio de, anualmente, proce-derem ao enterro dos despojos dos condenados a ter os corpos ou parte deles expostos e consumidos no local do suplício. Faziam-no em cerimónia religiosa solene no dia de Todos os Santos. Assim sendo, os cadáveres (ou as cabeças e as mãos) dos supliciados regressavam ao seio da comunidade cristã, usufruindo de todos os ritos e sufrágios normais. Sobre esta prática das misericórdias portuguesas, enquadrada no panorama europeu da "cristianização da morte como pena", ver Adriano Prosperi, *Delitto e perdono. La pena di morte nell'orizzonte mentale dell'Europa cristiana, XIV-XVIII secolo*, Turim, Einaudi, 2013, pp. 451-464. Sobre a assistência em Portugal no período moderno, ver Maria Antónia Lopes, *Protecção Social em Portugal na Idade Moderna*, Coimbra, Imprensa da Universidade de Coimbra, 2010.

19 *Ordenações Filipinas*, Liv. V, Tit. 41, pr.

Era mais vulgar recorrer a penas infamantes mas não dolorosas, através de mutilações nos cadáveres para que uma parte, quase sempre a cabeça, ficasse exposta na localidade do crime ou na própria forca. Esta sentença atingiu quinze mulheres, mas só foi aplicada a doze. Nove delas tiveram as cabeças decepadas e expostas (1694, 1712, 1746, 1757), sendo três por morte do marido, uma de padrasto e cinco de lesa-majestade (as sediciosas do Porto). Ao corpo de escrava que matara um familiar da senhora, foram cortadas a cabeça e as mãos que ficaram pregadas na forca (1741). A mesma sentença foi aplicada a uma negra forra que participara no assassínio do senhor de uma escrava (1772). A última mulher executada em Portugal, a que matou as crianças da Roda de Coimbra, foi a que sofreu a pena mais grave de toda a série em análise: além de atenazada e mãos cortadas em vida, o corpo foi queimado, o que impedia para sempre a sepultura dos seus despojos com acompanhamento religioso e deposição em campo santo.

Quanto às mutilações não aplicadas, reportam-se a três casos em que a própria pena de morte não se concretizou, uma por comutação em degredo, outra com pena suspensa e a terceira porque a condenada fugiu.

Como referi, António Henriques Secco completou o elenco das pessoas executadas com os dados sobre aquelas cujas penas não foram aplicadas. Isolando as mulheres, encontramos quatro comutações, todas em degredo, sendo três da década de 1690: uma maritricida que foi enviada para Angola em 1694, uma outra condenada pelo mesmo crime que no ano seguinte viu a pena de morte comutada em degredo em Angola por 10 anos e uma filicida degredada para a Baía (Brasil) também durante 10 anos, em 1697. Depois, só em 1745 surge nova comutação. Tratava-se de uma escrava que envenenara um amigo dos seus senhores. A pena aplicada foram açoites e degredo perpétuo para Benguela (Angola).

Mais sorte tiveram outras três mulheres cuja pena de morte foi suspensa: uma infanticida considerada mentalmente incapaz em 1713 e duas conjuncicidas por menoridade, em 1726 e 1751. Por fim, uma outra condenada à forca porque matara uma filha à pancada, obteve perdão régio em 1732.

6. Tentando perceber as circunstâncias dos crimes

Embora tenhamos de repetir algumas informações, debrucemo-nos com mais minúcia sobre todos estes casos, tentando perceber as circunstâncias dos crimes.

6.1. Conjuncicidas

Segundo as sentenças das 14 mulheres que mataram ou tentaram matar os maridos, nove agiram sozinhas e cinco com cúmplice, mas destas só três com homens, possivelmente amantes. Uma outra, mulher de Setúbal, matou o marido com a ajuda da filha cega, de 25 anos, já referida, que era enteada da vítima. Porque o fez e porque o fizeram as que mataram sozinhas, não sabemos. Mas conhecemos várias circunstâncias de algumas destas tragédias.

Em 1694, Joana Baptista, de 26 anos, foi enforcada na Ribeira (Lisboa), sendo depois a cabeça cortada e conduzida para Alhandra, o local do crime, onde foi exibida num poste. Matara o marido com a ajuda de um homem um ano mais velho do que ela. Não se esclarece a ligação entre os dois, embora a proximidade de idades possa sugerir uma relação íntima. No mesmo ano, Cecília Rodrigues, de Grândola, foi cúmplice no homicídio do marido. Teve a sorte de ver a condenação à morte comutada em degredo para Angola. E o mesmo aconteceu no ano seguinte a Maria Mendes, de Salvaterra de Magos, que também matara o marido. Condenada à morte, sendo depois a cabeça exposta no lugar do crime, foi a pena comutada em degredo para Angola durante 10 anos.

Maria Gomes, de Borba, com 22 anos, matou o marido dando-lhe com uma enxada na cabeça. Estava grávida. Como sempre acontecia nestes casos, esperou-se pelo parto. Nasceu um menino que "foi dado a criar", decerto como exposto. A sentença cumpriu-se e a jovem mãe morreu na forca da Ribeira em 1698. Quatro anos depois, expirava no mesmo local Maria Fernandes da vila do Torrão (atual concelho de Alcácer do Sal) que assassinara o marido com uma espingarda, estando ele em casa a dormir.

A 7 de agosto de 1712, Guiomar Luís, de 57 anos e residente em Santiago do Cacém, foi cúmplice na morte do marido. Quem matou, com pancadas na cabeça, foi um homem de 35 anos, moleiro e depois contratador de tabaco, enforcado também. "Andavam já amistados, e pretendiam casar".

> "Descobriu-se o crime, por isso que mandando o cadáver á egreja, allegando que a morte proviera de um accidente, o parocho, avisadamente o não quiz sepultar sem passarem 24 horas. Neste comenos, descobrindo a cabeça ao morto, deram pelas feridas que nella tinha. E indo a justiça á casa da ré ahi achou muitos signaes da morte violenta dada á victima"[20].

Confessaram e a sentença foi proferida a 26 de novembro[21]. Foram ambos enforcados na Ribeira dois dias depois, sendo as cabeças cortadas dos cadáveres e levadas para Santiago do Cacém, onde foram expostas. Repare-se na celeridade de todo o processo: crime cometido em agosto, sentença e execução em novembro. O réu pedira para ser carrasco em troca da vida, mas não se consentiu "pela atrocidade do crime"[22].

Passam agora 11 anos sem condenações de mulheres por conjunci-cídio. Em 1723 Maria da Graça é enforcada no Campo da Lã (Lisboa) e depois a cabeça cortada e fixada num poste no local do crime, no Algarve. Fora também cúmplice na morte do marido. Três anos depois, Antónia Rodrigues, casada mas menor de idade (menos de 25 anos), residente em Portel, matou o marido "afogando-o com um ourelo" (isto é, sufocando-o com uma tira de pano), dando-lhe depois com uma massa na cabeça e cortando-lhe o pescoço com uma faca. Valeu-lhe a menoridade, apesar de ser mulher casada, razão pela qual a pena foi suspensa.

Igual sorte não teve Catarina Gonçalves, de Campo Maior, que foi enforcada no Campo da Lã em 1734 "por se dizer que matára seu marido

---

[20] António L. S. H. Secco, *Memorias* [...], p. 304. Secco data este caso de 1711.

[21] António Braz de Oliveira, "As execuções capitais em Portugal [...]", p. 114.

[22] Levi Maria Jordão, *Projecto de Código Penal* [...], p. 225.

[...] com grande crueldade, lançando depois o cadaver em um poço"[23]. E, afinal, haveria só suspeitas, como indica a expressão "por se dizer". O mesmo sucede em 1751 com a condenação à forca de Maria Rosa enjeitada, de 40 anos, residente em Lisboa. O motivo exarado foi o "dizer-se que concorrera para a morte violenta de seu marido"[24]. Contudo, não foi executada, não se registando porquê. A falta de provas concludentes deve ter sido decisiva, até porque a expressão usada, "livrou-se da forca", o indicia. No mesmo ano, uma outra mulher que assassinara o marido em Alcácer do Sal viu a pena suspensa por menoridade. O cúmplice, em casa de quem se hospedava com o marido e com o qual depois fugira, foi enforcado. Em 1746 a mãe e filha de Setúbal que mataram o marido e padrasto haviam sido enforcadas no Campo da Lã e as cabeças postas na forca. A rapariga, de 25 anos, atingira a maioridade e a cegueira em nada importava para a suspensão da pena.

Finalmente, no ano em que a última mulher portuguesa foi executada, 1772, surge o último caso de condenação por conjuncicídio, perpetrado em maio de 1771. Do sucedido, como das restantes três execuções de mulheres nesse ano, possuímos notícia redigida por Fr. Cláudio da Conceição (nascido em 1732)[25]: segundo a sentença, Isabel Xavier Clesse, casada com Tomás Luís Goilão e moradora em Lisboa, na Calçada da Estrela, era infiel ao marido, tanto na ausência dele como depois de regressar de viagem à Índia, "vivendo pública, e escandalosamente amancebada com hum Porta-Bandeira do Regimento, de que era Coronel o Conde de Prado, chamado Januario Rebello".

> "Para viver mais livremente com seu amante intentára tirar a vida a seu marido na noite de 3 de Maio do anno antecedente [1771], em que elle deitando-se na cama com toda a paz, e socego, sem se queixar, ou conhecer molestia alguma em seu corpo, a sentio ao pé de si, chamando

23 António L. S. H. Secco, *Memorias* [...], p. 327.

24 António L. S. H. Secco, *Memorias* [...], p. 562.

25 Fr. Cláudio da Conceição, *Gabinete* [...], vol. 17, pp. 30-33, donde se retiraram as citações que se seguem.

por elle com desacordo, para que visse o seu estado, e o que lançava da sua mesma bôca, mostrando-lha untada de excremento, e parte do mesmo em hum lenço, e travesseiro da mesma cama, persuadindo-o que tinha sido hum volvo, e que logo mandasse chamar o Cirurgião para o curar; o qual com efeito chegando, ouvindo todo o sucesso, e duvidando applicar-lhe remedio, ás instancias da mesma Ré, lhe receitára huma inocente mézinha de água de malvas, assucar branco, e óleo de amendoas doces sem fogo, que sendo feita, e preparada por ella, e lançando-lhe huma pequena porção, repentinamente lhe causára hum tal estrago com a venenosa qualidade, que lhe tinha misturado, que chegou aos ultimos instantes da vida; e que preparando-lhe outrosim humas unturas, ainda antes de se conhecer o expendido intento, o fizera com tal arte, que das mesmas lhe resultárão varias nodoas, e chagas, como também que sendo-lhes aplicados huns leites, nelles lhes lançára veneno, de que lhe forão achados dous papeis; e que finalmente lhe fugíra de sua casa, e levára comsigo varias peças de ouro, e prata do seu uso, e varios trastes, e roupas, retirando-se para hum Recolhimento.

Mostrou-se que a mézinha fora de agua forte [ácido nítrico] mandada buscar pelo seu criado João Antonio a huma Botica por duas vezes [...] dizendo que era para curar huns callos, e mandou por huma visinha buscar á Botica de S. Bento seneca para matar ratos, que foi o que se lhe achou em dous papeis".

Isabel foi sentenciada a 28 de março de 1772 e enforcada na Praça da Alegria três dias depois.

6.2. Filicidas

Passemos às cinco filicidas, esclarecendo que só duas foram executadas, ambas mães solteiras, para quem, sem dúvida, se reservava muito menos tolerância. Isabel João, solteira, residente perto de Alhandra, matou o filho recém-nascido sem o batizar, impedindo-o, assim, de entrar no Paraíso. Confessou o crime e por ele foi enforcada em 1694. Mas, apesar da gravidade da morte da criança sem batismo, não teve outros suplícios, nem ficou registada qualquer mutilação ou humilhação pós-morte.

No ano seguinte, Maria Francisca, "de 24 ou 25 annos", outra infanticida de recém-nascido, também solteira, do termo de Torres Novas, teve o mesmo fim. O pavor que sentiu no dia da execução fê-la desmaiar. "Foi levada em uma cadeira á forca, sem fallar, por causa de um accidente". Na escada do cadafalso recuperou a consciência[26].

As outras três filicidas escaparam à execução das sentenças. Foram elas Ana Vieira, sem estado conjugal esclarecido e residente em Torres Novas. Matou o filho recém nascido, que enterrou. Condenada à morte, obteve em 1697 comutação de pena em degredo para a Baía por 10 anos. Uma outra, Brita Gomes, de Alcochete, assassinou uma filha de quatro anos. A pena de morte foi suspensa em 1713 por ser sido considerada louca. Por fim, o caso mais impressionante, ocorreu em 1732: Maria Gonçalves, *a Crua*, mulher casada de Serpa, espancou tão brutalmente uma filha de cinco anos que a criança morreu. Apesar da gravidade do crime, foi a única homicida que obteve perdão régio. Chegou a ir para a forca até à Rua dos Ourives da Prata, onde a alcançaram com o perdão. O rei agraciou-a, "compadecendo-se do pobre marido e duas crianças seus filhos, e attendendo a ter a ré um irmão na Companhia [de Jesus]"[27], por certo o fator decisivo para a obtenção do indulto, além do perdão concedido pelo marido, parte ofendida como pai da criança, condição *sine qua non* para as concessões de indultos[28].

---

[26] António L. S. H. Secco, *Memorias* [...], pp. 274-275.

[27] António L. S. H. Secco, *Memorias* [...], p. 556.

[28] Sobre perdões régios, ver Paulo Drumond Braga, "Perdões concedidos a moradores em Évora no reinado de D. João IV", *Congresso de História no IV Centenário do Seminário de Évora. Actas,* vol. I, Évora, Instituto Superior de Teologia, Seminário Maior de Évora, 1994, pp. 529-538; id., "Perdões concedidos a moradores em Setúbal no reinado de D. João IV", *Homenaje al Profesor Carlos Posac Mon,* tomo II, Ceuta, Instituto de Estudios Ceutíes, 1998, pp. 267-273; id., *Do Crime ao Perdão Régio (Açores, Séculos XVI-XVIII),* Ponta Delgada, Instituto Cultural de Ponta Delgada, 2003; ed., *Coimbra e a Delinquência Estudantil (1580-1640),* Lisboa, Hugin, 2003; id., *Do Crime ao Perdão Régio. Açores, séculos XVI-XVIII,* Ponta Delgada, Instituto Cultural de Ponta Delgada, 2003.; id., *Torres Vedras no Reinado de Filipe II. Crime, Castigo e Perdão,* Lisboa, Colibri, 2009; id. e Isabel M. R. Mendes Drumond Braga, "A criminalidade nos Açores no reinado de D. Sebastião: delitos e perdões", *O Faial e a Periferia Açoriana nos Séculos XV a XIX,* Horta, Núcleo Cultural da Horta, 1995, pp. 523-543; Maria Imaculada Rodriguez Flores, *El perdón real en Castilla:*

6.3. Escravas que matam senhores

Os escravos, cujas vidas de desespero às mãos dos senhores podemos conjeturar, nem sempre se conformavam com a sua sorte. A lei sabia-o e previa, como se disse, penas muito duras para os que atentassem contra as suas vidas. Mas havia escravos e escravas que arriscavam. A primeira com que nos deparamos, Antónia Gomes, foi condenada em 1725, "por indicios evidentes de matar o seu senhor com veneno que lançára em caldo de gallinha"[29]. Terá sido mesmo ela? A pobre foi atenazada e depois enforcada no Campo da Lã. Não lhe deceparam as mãos em vida, como a lei previa.

O segundo caso ocorreu em 1741. Tratava-se de Josefa da Cruz, escrava negra natural de Cabo Verde, condenada pela morte de uma mulher parenta de sua senhora. Josefa matou-a por estrangulamento. Decerto porque a vítima não era a sua dona, a escrava foi poupada a suplícios em vida. Enforcada no Campo da Lã, deceparam-lhe depois a cabeça e as mãos, que foram pregadas na forca.

A terceira escrava condenada a pena de morte foi Cecília, mulher casada, residente em Lisboa, que tentou matar o filho do seu senhor com comida envenenada. O visado repartiu-a com um amigo. Foi este que morreu, tendo o filho do senhor sobrevivido por ter vomitado. Mais uma vez as vítimas não foram o senhor nem seus familiares e a homicida obteve em 1745 comutação da pena de morte em açoites e degredo perpétuo para Benguela.

A última escrava condenada à morte, em 1772, foi Maria Joaquina, sentenciada com a sua cúmplice Teresa de Jesus, também negra, mas já forra[30]. Maria Joaquina, Teresa de Jesus e Manuel Joaquim, preto forro, mataram em conjunto o senhor da primeira, João da Fonseca,

---

siglos XIII-XVIII, Salamanca, Universidade de Salamanca, 1971; Natalie Zemon Davis, *Pour sauver sa vie: les récits de pardon au XVIe siècle*, Paris, Seuil, s.d.; José Luis de las Heras Santos, "Indultos concedidos por la Cámara de Castilla en tiempos de los Austrias", *Studia histórica. Historia moderna*, n.º 1, Salamanca, 1983, pp. 115-141; Tomás Mantecón Movellán, "Las mujeres ante los tribunales castellanos [...]".

[29] António L. S. H. Secco, *Memorias* [...], p. 320

[30] Quem o esclarece é Fr. Cláudio da Conceição. Na lista de António Henriques Secco ambas as mulheres aparecem como escravas. Levi Jordão diz apenas que são negras.

morador em Lisboa. Deste caso possuímos notícia circunstanciada de Fr. Cláudio da Conceição.

"No dia 16 de setembro do anno de 1771 pelas oito horas da noite no sitio e rua do Poço do Borratem em casa de João da Fonseca, que havia pouco tempo tinha chegado dos Estados do Pará, se ouvirão gritos, a que acudindo varias pessoas achárão Maria Joaquina sua escrava, e a hum criado, chamado José Sobral, com as mãos ligadas por detraz, e prezos a huma columna da cozinha, e no meio da Sala de fora morto e degolado o mesmo João da Fonseca, e com as jugulares de tal modo cortadas, que por pouco lhe não separárão a cabeça do corpo, sendo feita a sobredita ferida com instrumento cortante, e que lhe tinhão roubado bastante dinheiro de ouro, e prata, e alguma roupa branca, que tinha em huma arca.

Passando-se logo a conhecer do delicto se ficou inferindo pelo que declarou a dicta Ré escrava, que o commettêra o Padre Manoel de Sousa Novaes Trovão, natural dos Estados do Pará, donde tinha vindo em companhia do morto, e com quem, pela exposta causa, conservava conhecimento, e amizade. Pois disse que elle em companhia de outra pessoa a prendêra do modo como foi achada"[31].

O padre foi preso, mostrou-se muito perturbado com o interrogatório e tinha a mão direita ferida, "junto aos nós dos dedos [com] sangue e arranhaduras ensanguentadas", mas apresentou álibis para essa noite. É só depois que o criado José Sobral, de 13 anos, acusou do crime a escrava Maria Joaquina e os negros forros Teresa de Jesus e Manuel Joaquim e que "todos tres o intimidárão para que os não descobrisse". Detidos, Manuel Joaquim "confessou judicialmente" que fora o agressor e que o fizera a instâncias de Teresa de Jesus, sua concubina. E relatou o seguinte: escondido na carvoeira, aguardou que as duas mulheres servissem a ceia a João da Fonseca. Estando este sentado à mesa, elas puxaram-lhe a cabeça para traz, ele avançou e deu o golpe na garganta com uma navalha de barba. O móbil de Maria Joaquina era ficar "livre do captiveiro

---

[31] Fr. Cláudio da Conceição, *Gabinete* [...], vol. 17, pp. 37-40.

em que vivia" e o de Teresa o roubo, de que logo se aproveitou, fazendo gastos para si e "Amasio", comprando "varios trastes, indo a funções, e Romarias, e fazendo outras despezas, para que não lhe podia dar o trato de vendedeira de fruta de que usava". Disse ainda que Teresa conhecia muito bem a casa da vítima, sabendo que nas arcas havia dinheiro e roupas de valor. As confissões das duas detidas corroboraram esta versão.

De tudo isto "se concluio" que a escrava maquinou e participou no homicídio do seu senhor, que Manuel Joaquim cometeu o crime pelo desejo do lucro e persuadido pela concubina e que esta foi a mandante e auxiliadora e "auctora de todas as disposições referidas"[32]. Alegou-se em tribunal que o testemunho de um rapaz de 13 anos não podia ser atendido, o que foi indeferido com o argumento segundo o qual em crimes atrozes se podiam ouvir menores de 14 anos.

Como a tortura estava prevista para a obtenção de confissões judiciais[33], o padre apresentava ferimentos e a sentença se baseou no testemunho de uma criança que se desdisse, este caso não deixa de provocar sérias dúvidas. Os três negros foram sentenciados em 9 de maio de 1772 e executados três dias depois. Maria Joaquina, como escrava que era, sofreu o suplício do atenazamento e do corte das mãos antes de enforcada e a seguir degolada. Aos outros foram decepadas as mãos e cabeças depois de mortos. "E as cabeças dos três com as mãos forão levantadas em postes no sitio do Poço do Borratem, onde cometêrão o [...] delicto"[34].

6.4. Mulheres que matam mulheres

Só três mulheres assassinaram outras mulheres e, ao contrário dos casos em que as vítimas foram homens, o crime escapa ao quadro familiar e doméstico.

---

[32] Fr. Cláudio da Conceição, *Gabinete* [...], vol. 17, pp. 40-43.

[33] *Ordenações Filipinas*, Liv. V, Tit. 133.

[34] Fr. Cláudio da Conceição, *Gabinete* [...], vol. 17, p. 37. Este autor diz que a todos foram cortadas as mãos em vida.

Em 1699 foi enforcada, na Ribeira, Domingas do Espírito Santo, de 40 anos, moradora em Lisboa, casada com um arrais e mãe de três filhos, por ter morto uma mulher "com a qual andava em rixas, cortando-lhe parte da garganta com uma faca, que no proprio dia tinha pedido a um barbeiro para lhe amolar bem"[35].

Joana Baptista, mulher parda natural de Goa, casada e residente em Lisboa, roubou e matou uma mulher que morava na Bemposta e em cuja casa se hospedava algumas noites. Presa em finais de outubro de 1735, em 28 de fevereiro do ano seguinte foi condenada a morrer pela forca a 1 de março (dois dias depois). "Foram-lhe então acceitos os embargos, em que allegava estar pejada do meio de outubro em diante, que é pouco menos o tempo que tem de prisão; feito acto de vestoria [...] por cirurgiões e parteiras, se entrou na duvida de que poderia ser que assim fosse. Portanto se substou na execução"[36]. Os últimos embargos datam de 23 de agosto. Foi enforcada no Campo da Lã.

Por fim, Maria Josefa, solteira de 25 anos, natural de Viana do Minho mas moradora em Lisboa, matou uma palmilhadeira a quem furtou alguma roupa. Foi por isso enforcada no Campo da Lã, em 1742.

6.5. Ladras

Em Portugal não se executavam mulheres por mero furto, o delito mais vulgar na criminalidade feminina[37], em grande parte explicável

---

[35] António L. S. H. Secco, *Memorias* [...], p. 287.

[36] António L. S. H. Secco, *Memorias* [...], p. 331.

[37] Cf. bibliografia indicada na nota 306. Diga-se, a propósito, que na Cadeia da Portagem, prisão pública de Coimbra, 47,2% das mulheres detidas entre 1768 e 1779 estavam acusadas de delitos de cariz económico, proporção muito superior à dos homens (26,6%). O 2º tipo de delinquência feminina, representando 22,6%, enquadrava-se nos crimes contra a moral e 11,3% das mulheres foram presas para ir cumprir pena, sem que o crime seja esclarecido. Só 7,6% das encarceradas atentou (verbalmente) contra pessoas, enquanto nos homens esse delito atingia os 13,3%, (sem incluir o crime de honra e virgindade, traição e aleivosia, com 7,2%). Não se encontrou nenhuma homicida e nem sequer acusada de ferimentos, mas houve uma mulher presa para assinar termo de segurança de vida a um homem. Trata-se aqui de um instrumento jurídico, com função preventiva, a que as Ordenações chamam seguranças reais ou cartas de segurança real (*Ordenações Filipinas*, Liv. V, Tit. 128) e que não podem

pelas míseras condições de vida em que decorriam as suas existências. Encontrámos, contudo, duas mulheres enforcadas por serem ladras, não se esclarecendo se se tratou de furto ou roubo. Uma é Ana Joaquina Rosa, em 1764, nada mais se dizendo sobre ela. Um folheto de cordel sobre este caso reitera ter sido condenada apenas por furto e haver sofrido a morte a 29 de março no sítio da Cruz dos Quatro Caminhos, em Lisboa[38]. No ano imediato, dá-se a execução de Joana Maria de Jesus que devia pertencer a uma quadrilha porque foi sentenciada e enforcada com cinco homens, todos por serem ladrões.

6.6. As sediciosas de 1757

Em setembro de 1756, o marquês de Pombal fundou a Companhia Geral da Agricultura das Vinhas do Alto Douro, empresa mercantil monopolista, essencial para o seu projeto económico. A população humilde do Porto, nomeadamente taberneiros de ambos os sexos, tanoeiros e pequenos armazenistas, agora impedida de comercializar o vinho, sentiu-se prejudicada e a rebelião rebentou em fevereiro e março de 1757, mais ou menos manipulada por ingleses e outros burgueses portuenses que se viam afastados dos negócios dos vinhos. Foi de imediato constituído um tribunal especial no Porto que atuou com uma dureza invulgar[39].

Compareceram perante a Alçada do Porto 478 réus, sendo 424 homens e 54 mulheres. Por sentença proferida a 12 de outubro e executada a 14, foram condenados à morte 21 homens e cinco mulheres considerados criminosos "de LEZA MAGESTADE de primeira cabeça". Seriam

---

ser confundidas com as cartas de seguro. A pessoa notificada pelo corregedor para assinar a carta de segurança podia ser presa até cumprir a ordem e, se depois viesse a molestar o indivíduo segurado, sofreria as penas em dobro aplicáveis ao crime (Maria Antónia Lopes, *Pobreza, assistência e controlo social em Coimbra* [...], pp. 539-545).

[38] António Correia Viana, *Espelho de delinquentes e vozes do desengano na christã conformidade da morte, que foi observada em Anna Joaquina Rosa* [...], Lisboa, Miguel Manescal da Costa, 1764. O texto, 6 páginas de rimas de cariz edificante, em nada nos informa sobre os crimes de Ana Joaquina e coloca na sua boca inverosímeis palavras grandiloquentes.

[39] Sobre esta sedição, ver Francisco Ribeiro da Silva, *Absolutismo esclarecido e intervenção popular. Os motins do Porto de 1757*, Lisboa, Imprensa Nacional-Casa da Moeda, 1988.

conduzidos "com baraço, e pregaõ, pelas ruas publicas desta cidade" até ao "Campo da Alaméda, fóra da Porta do Olival, aonde principiou esta horrenda sedição; e nas forcas, que para este supplicio se levantáraõ, morraõ morte natural para sempre, depois do que lhes seraõ as cabeças separadas e postas nas dictas forcas"[40]. Os bens foram confiscados e a memória de todos e de seus filhos declarada infame[41]. O tribunal deu como provado que as cinco mulheres foram "das primeiras Amotinadoras da Plebe, fazendo-se indignas de piedade, por isso mesmo, que confiadas na que diziaõ, estavaõ certas conseguir, em attençaõ à debilidade do seu sexo, e da sua suposta ignorancia, quiseraõ ser as primeiras, que levantassem as vozes sediciosas"[42].

Oito homens conseguiram fugir, mas nenhuma mulher. Micaela ou Gertrudes Quitéria[43] e Maria Pinta, as duas com maridos também executados, ainda andaram fugidas, mas foram apanhadas. Outra, Ana Joaquina, mulher casada, escondeu-se muito tempo na igreja do Recolhimento do Anjo, mas as autoridades não reconheceram o direito de asilo "por ser Ré de Alta Traição compreendida no Crime de LEZA MAGESTADE da primeira cabeça"[44]. Páscoa Angélica, solteira, meretriz, foi a 4ª vítima e não consta que tenha andado homiziada. Quanto à última, Custódia Maria *a Estrelada*, cujo marido também foi supliciado, estava grávida de sete meses. Por essa razão, susteve-se a pena até fevereiro de 1758. A sentença, impressa pouco depois das execuções, abre com um resumo das sentenças e penas aplicadas. Como nele se diz que a uma das mulheres condenadas à forca não se executou a pena "por estár prenhe", tem-se afirmado que Custódia foi poupada. Com essa base não podemos retirar tal conclusão, porque a decisão de esperar apenas durante quatro meses era taxativa.

---

[40] *Sentença da Alçada que El-Rey Nosso Senhor mandou conhecer da Rebelliaõ sucedida na Cidade do Porto em 1757* [...], Porto, Capitaõ Manoel Pedroso Coimbra, 1758, p. 72.

[41] A sentença dos homens foi acrescentada com a infâmia extensiva aos netos e os seus corpos feitos em quartos e postos em forcas espalhadas pela cidade.

[42] *Sentença da Alçada* [...], p. 42.

[43] É sempre referida como "Micaëla, aliás Gertrudes Quitéria".

[44] *Sentença da Alçada* [...], p. 44.

Todos os filhos e netos menores dos condenados que ficaram ao desamparo foram entregues à Misericórdia para os fazer criar como enjeitados. E por certo, também, o bebé de dois meses de Custódia Maria.

6.7. A marquesa de Távora

Na noite de 3 de setembro de 1758, o rei de Portugal, D. José, sofreu um atentado quando se recolhia em coche ao seu paço da Ajuda, vindo dos braços da marquesa de Távora "nova" (nora). O assunto tem feito correr rios de tinta e a bibliografia é vastíssima[45]. A 13 de dezembro foram presos e depois acusados vários membros da principal nobreza portuguesa: o duque de Aveiro, os marqueses de Távora (pai, mãe e dois filhos), os seus genros marquês de Alorna e conde de Atouguia, e outros, além do encarceramento em convento das mulheres dessas famílias. A 13 de janeiro de 1759, dia imediato ao da sentença, sofreram a morte com suplícios brutais o duque de Aveiro, o marquês de Távora, "o marquês novo" (Luís Bernardo Távora) e o seu irmão José Maria, o conde de Atouguia, dois cúmplices plebeus e dois criados. D. Leonor Tomásia, marquesa de Távora por direito próprio, foi a primeira a morrer, por decapitação sem tormentos, atendendo ao facto de ser mulher. Tinha 58 anos e deixava duas filhas, genro e netos, todos presos.

6.8. A última mulher executada em Portugal

Em abril de 1772 um escândalo estrondoso rebentou em Coimbra. Alguém denunciara Luísa de Jesus, uma jovem mulher de 22 anos, nascida e criada na cidade, de matar os muitos enjeitados que ia buscar à Roda dos Expostos, administrada pela Misericórdia. Veio a provar-se que

---

45 Permito-me remeter apenas para as biografias sérias mais recentes de D. José e da rainha sua esposa, nas páginas em que tratam a questão: Nuno Gonçalo Monteiro, *D. José. Na sombra de Pombal*, [Lisboa], Círculo de Leitores, 2006, pp. 104-133; Paulo Drumond Braga, *A rainha discreta. Mariana Vitória de Bourbon*, [Lisboa], Círculo de Leitores, 2014, pp. 139-142.

assassinara 34 crianças porque recebia por cada uma 600 réis de criação adiantada, um côvado de baeta e um berço.

O procedimento da rodeira foi o que hoje chamaríamos negligência criminosa, pois entregara todos esses meninos e meninas a uma mulher que ia buscá-los em nome de outras, sem que a responsável pela Roda averiguasse o destino das crianças. Por isso também ela e uma ama interna estiveram presas na cadeia pública de Coimbra, por ordem do juiz do crime, desde 6 de abril de 1772 a 7 de outubro do mesmo ano, dia em que alcançaram alvará de soltura[46]. Deve salientar-se que este caso não transparece nem pela mais leve insinuação no acervo do Arquivo da Misericórdia de Coimbra. Bom ensejo para refletir como ao historiador só é dado conhecer aquilo que os produtores da documentação permitem.

Recorremos, pois, e uma vez mais, às palavras de Frei Cláudio da Conceição. No alto de Montarroio (zona da cidade onde se situava a Roda), foram encontrados 15 corpos enterrados com sinais de terem sido garrotados e em casa de Luísa de Jesus, num pote de barro, "varios pedaços de cadaveres corrompidos, e fetidos, sem se poder divisar o seu numero senão por tres caveiras que nelle estavão. Debaixo de huma pouca de palha se achárão quatro cascos de cabeças com a carne comida, e hum corpo de creança organizada, mas já corrupta. Ultimamente enterrados na mesma casa dez cascos de cabeças de inocentes sem o menor vestigio de outro algum osso". Apurou-se que lhe tinham sido entregues 34, achados mortos 33 e confessou ela ter garrotado 28.

"E provando-se ter a Ré cometido a nunca neste Reino, suposta, nem ouvida crueldade de tantos infanticidios, nem se póde achar hum monstro de coração tão perverso, e corrompido, e de que não haverá facilmente exemplo no presente Seculo", sentenciaram-na a 1 de julho, a um suplício atroz: com baraço e pregão atanazada pelas ruas, mãos decepadas em vida, garrotada e queimada até o corpo se reduzir "a cinzas, para que nunca mais houvesse memoria de semelhante monstro"[47].

---

[46] Coimbra, Arquivo Histórico Municipal de Coimbra (A.H.M.C.), *Cadeia. Entrada de presos. 1768-1779*.

[47] Fr. Cláudio da Conceição, *Gabinete* [...], vol. 17, pp. 45-49. A notícia deste caso também pode ser lida n'O *Conimbricense*, que por várias vezes o relata: n.os 1327

Luísa de Jesus foi a última mulher executada em Portugal, mas não a última condenada à morte.

6.9. A última mulher condenada à morte em Portugal

D. Isabel de Roxas Lemos (1762-1856), da Casa da Trofa, era casada em segundas núpcias com Manuel Inácio Martins Pamplona. Quando as tropas napoleónicas invadiram pela última vez o nosso país em 1810, Pamplona era um dos oficiais do exército invasor. A mulher acompanhou-o, "com toda a satisfação", sendo conhecida entre a soldadesca por "Rainha Pamplona", como se escreve na sentença[48].

Esta 3ª invasão francesa foi particularmente horrorosa para toda a região central do país, provocando muitos milhares de mortos, militares e civis, tanto às mãos dos invasores, como pela fome e epidemias que se abateram nesse território massacrado. As consequências foram devastadoras, impressionando portugueses e britânicos. Em março de 1811, quando os franceses retiravam de Portugal e a mortandade atingia o pico[49], D. Isabel e o marido foram condenados por traição à Pátria. A sentença determinava o confisco dos bens, a desnaturalização e a morte. Seriam levados com baraço e pregão desde a cadeia ao Cais do Sodré, em Lisboa, onde seriam garrotados (mas ele com mãos cortadas em vida), depois as cabeças decepadas, os corpos queimados e as cinzas lançadas ao mar. Sentença cruel e arcaica, que pode explicar-se pelas consequências terríveis desta invasão, pelos níveis de brutalidade que se haviam banalizado e, estou em crer, por influência inglesa. Como estavam a monte, qualquer pessoa não sua inimiga podia matá-los.

(16.10.1866), 2602 (2.7.1872), 3782 (13.11.1883), 4074 (11.9.1886), 5274 (31.5.1898), 5275 (4.6.1898).

[48] António L. S. H. Secco, *Memorias* [...], p. 604.

[49] Cf. Maria Antónia Lopes, "Sofrimentos das populações na Terceira Invasão Francesa. De Gouveia a Pombal" in *O Exército Português e as Comemorações dos 200 Anos da Guerra Peninsular (volume III - 2010-2011)*, Lisboa, Tribuna da História, 2011, pp. 299-323.

O casal foi absolvido por acórdão da Relação de Lisboa de 12 de maio de 1821 e, regressado à pátria, prosseguiu a sua vida num notável *cursus honorum*. Logo nesse ano de 1821, Pamplona foi nomeado ministro do reino, depois deputado e de novo ministro, agora da Marinha e da Guerra, em 1823-1825, acumulando com o cargo de ministro assistente ao despacho em 1823-24. Pelo seu papel na Vilafrancada, D. João VI agraciara-o em 1823 com o título de conde de Subserra, nome de propriedades de D. Isabel de Roxas Lemos. Morreu preso às ordens de D. Miguel, em 1832. A condessa de Subserra viveu mais 24 anos. O título condal foi renovado na filha única de D. Isabel, enteada de Pamplona.

Concluindo

O estudo que agora se remata não se debruçou sobre a criminalidade típica feminina, que era o furto e o roubo, porque se abordaram apenas crimes com moldura penal gravíssima. Calcula-se que nos tribunais da Época Moderna as mulheres representavam entre 10 a 20% ou 15 a 20% dos réus, mas aqui a proporção foi muito mais baixa, apenas 6%, precisamente por se tratar de condenadas à morte e não de delinquentes menores. Entre 1693 e 1800, a Casa da Suplicação condenava à pena capital uma média de 4 pessoas por ano, mas apenas 0,3 mulheres.

O homicídio foi o crime de que mais se falou. Homicídio no quadro doméstico, o que é uma constante da criminalidade feminina. Porém, na sua grande maioria, as mulheres condenadas à morte em Portugal por assassínio não foram sentenciadas por crime de filicídio, mas sim porque mataram os maridos. É possível, contudo, que as condenações por infanticídio estejam sub-representadas porque podem ter escapado à pena última.

Estas mulheres morreram na forca, quase todas sem tortura, a "morte natural", segundo as Ordenações. A última padeceu em 1772.

Apêndices

Apêndice 1 – Mulheres executadas

Ano	Nome	Estado	Residência	Crime	Vítima	Suplício
1694	Joana Baptista	casada		homicídio	marido	enforcada na Ribeira; depois cabeça cortada e exposta
1694	Isabel João	solteira	Alhandra	homicídio	filho	enforcada na Ribeira
1695	Maria Francisca	solteira	Torres Novas	homicídio	filho	enforcada na Ribeira
1696	?	casada		homicídio	marido	enforcada
1698	Maria Gomes	casada	Borba	homicídio	marido	enforcada na Ribeira
1699	Domingas do Espírito Santo	casada	Lisboa	homicídio	uma mulher	enforcada na Ribeira
1702	Maria Fernandes	casada	Torrão (vila)	homicídio	marido	enforcada na Ribeira
1711	Guiomar Luís	casada	Santiago do Cacém	homicídio	marido	enforcada na Ribeira; depois cabeça cortada e exposta
1723	Maria da Graça	casada	Algarve	homicídio	marido	enforcada no Campo da Lã
1725	Antónia Gomes, escrava			homicídio	seu senhor	atanazada e enforcada no Campo da Lã
1734	Catarina Gonçalves	casada	Campo Maior	homicídio	marido	enforcada no Campo da Lã
1736	Joana Baptista	casada	Lisboa	homicídio e roubo	uma mulher	enforcada no Campo da Lã
1741	Josefa da Cruz, escrava			homicídio	uma mulher	enforcada no Campo da Lã; depois cabeça e mãos cortadas e expostas
1742	Maria Josefa	solteira	Lisboa	homicídio e roubo	uma mulher	enforcada no Campo da Lã
1746	Maria Francisca	casada	Setúbal	homicídio	marido	enforcada no Campo da Lã; depois cabeça cortada e exposta
1746	Isabel Maria de Jesus		Setúbal	homicídio	padrasto	enforcada no Campo da Lã; depois cabeça cortada e exposta
1757	Micaela ou Gertrudes Quitéria	casada	Porto	sedição do Porto		enforcada no Campo da Alameda; depois cabeça cortada e exposta
1757	Custódia Maria a Estrelada	casada	Porto	sedição do Porto		enforcada no Campo da Alameda; depois cabeça cortada e exposta
1757	Maria Pinta	casada	Porto	sedição do Porto		enforcada no Campo da Alameda; depois cabeça cortada e exposta
1757	Ana Joaquina	casada	Porto	sedição do Porto		enforcada no Campo da Alameda; depois cabeça cortada e exposta
1757	Páscoa Angélica		Porto	sedição do Porto		enforcada no Campo da Alameda; depois cabeça cortada e exposta
1759	D. Leonor Tomásia, marquesa de Távora	casada	Lisboa	tentativa de homicídio de lesa--majestade	o rei	decapitada em Belém

1764	Ana Joaquina Rosa			furto ou roubo		enforcada
1765	Joana Maria de Jesus			furto ou roubo		enforcada
1772	Isabel Xavier Clesse	Casada		tentativa de homicídio	marido	enforcada na Praça da Alegria
1772	Maria Joaquina, escrava			homicídio	seu senhor	atenazada, mãos cortadas em vida e enforcada
1772	Teresa de Jesus, forra			homicídio	um homem	enforcada e depois mãos cortadas
1772	Luísa de Jesus		Coimbra	homicídios	expostos	atenazada, mãos cortadas em vida, garrotada e queimada até às cinzas

Fontes: António Luiz de Sousa Henriques Secco, *Memorias do tempo passado e presente para lição dos vindouros*, vol. 1, Coimbra, Imprensa da Universidade, 1880, pp. 227-616. Levi Maria Jordão, *Projecto de Código Penal Portuguez*, Lisboa, Imprensa Nacional, 1861, pp. 223-235. António Braz de Oliveira, "As execuções capitais em Portugal num curioso manuscrito de 1843", *Revista da Biblioteca Nacional*, 2 (1), Lisboa, 1982, pp. 109-127. Fr. Cláudio da Conceição, *Gabinete histórico*, vol. 17, Lisboa, Impressão Regia, 1831, pp. 30-33, 36-49.

Apêndice 2 – Mulheres cujas penas de morte não se aplicaram

Ano	Nome	Estado	Residência	Crime	Vítima	Condenação	Motivo da não execução
1694	Cecília Rodrigues	casada	Grândola	homicídio	marido	morte	comutação em degredo para Angola
1695	Maria Mendes	casada	Salvaterra	homicídio	marido	morte; depois cabeça cortada e exposta	comutação em degredo para Angola por 10 anos
1697	Ana Vieira		Torres Novas	homicídio	filho	morte	comutação em degredo para a Baía por 10 anos
1713	Brita Gomes		Alcochete	homicídio	filha	morte	suspensão por loucura
1726	Antónia Rodrigues	casada	Portel	homicídio	marido	morte; depois cabeça cortada e exposta	suspensão por menoridade
1732	Maria Gonçalves	casada	Serpa	homicídio	filha	morte	perdão régio
1745	Cecília, escrava	casada	Lisboa	homicídio	um homem	morte	comutação em açoites e degredo perpétuo para Benguela
1751	Maria Rosa, enjeitada	casada	Lisboa	homicídio	marido	morte	não registado
1751	?	casada	Alcácer do Sal	homicídio	marido	morte	suspensão por menoridade
1811	D. Isabel de Roxas- e Lemos	casada		traição à Pátria	Pátria	morte por garrote; depois cabeça cortada, corpo queimado e cinzas lançadas ao mar	fuga; absolvida em 1821

Fontes: António Luiz de Sousa Henriques Secco, *Memorias do tempo passado e presente para lição dos vindouros*, vol. 1, Coimbra, Imprensa da Universidade, 1880, pp. 528-616.

RUFIANES, ALCAHUETES Y TERCERAS EN LOS TRATADOS DE PRÁCTICA JURÍDICA Y EN LOS TRIBUNALES (LA REAL CHANCILLERÍA DE VALLADOLID, SS. XVII-XVIII)

Margarita Torremocha Hernández
Universidad de Valladolid

Una primera cuestión de terminología

Tanto San Agustín como Santo Tomás, contemplaron la prostitución, como mal menor o, simplemente, como una utilidad pública[1]. No obstante en la consideración de este fenómeno hay que atender a una casuística muy variada, que atañe tanto a la forma en que ésta se desarrolla, como a los individuos implicados en ella, y su estado y condición.

Los tratos torpes, ilícitos y escandalosos que definen a la prostitución, están envueltos en distintas estimaciones; si se hacían voluntariamente o no, por ganancia o por vicio, si los implicados eran solteros o habían recibido el sacramento del matrimonio o los votos eclesiásticos, y un largo conjunto de posibilidades. En consecuencia, esta actividad se vio de distinta manera tanto por los teólogos, como por los juristas,

---

[1] "Quita las sentinas en el mar o las cloacas en el palacio y llenarás de olor el palacio; quita las prostitutas en el mundo y lo llenarás de sodomía". Sergio Ortega Noriega, *El Discurso Teológico de Santo Tomás de Aquino sobre el Matrimonio, La Familia y los Comportamientos Sexuales*, México. UNAM, 1981, pp. 7-11. M. Torremocha Hernández, *De la Mancebía a la Clausura. La casa de Recogidas de Magdalena de San Jerónimo y el convento de San Felipe de la Penitencia (Valladolid, siglos XVI-XIX)*, Valladolid, 2014, pp.15-24.

DOI: http://dx.doi.org/10.14195/978-989-26-1033-7_7

y por la sociedad misma. Tuvo, por ejemplo, atenuantes, en función de si se hacía por dinero, y considerando que no peca el que paga, o en el caso de la relación consentida entre solteros. Así en el *Manual de confesores* de Azpilcueta este autor no es que considere que las prostitutas no pecan, sino simplemente se "olvida" de especificarlo, mientras que dedica mucho más espacio a hablar de los pecados que cometen los hombres por su causa[2]. Y por ello, los que más pecaban eran los casados.

De manera, que la visión de la prostitución guarda una irremisible conexión con el matrimonio y el adulterio. En este campo entraban en juego los cornudos, los maridos consentidores, las correderas, los terceros y rufianes, que contribuían a la oferta y la demanda de un mercado sexual que era constante en las villas y ciudades de Castilla. Por tanto, si las condiciones de este negocio eran variadas, también lo eran sus elementos[3].

En la base de este comercio carnal está la mujer deshonesta, que el jurista Pradilla define así:

---

[2] "Lo primero, que por este mandamiento se veda toda cópula carnal fuera de legítimo matrimonio; y por eso toda tal cópula es pecado mortal, aunque sea soltero con soltera, que se llama simple fornicación; tanto que decir lo contrario es herejía. Ni lo excusa desto la ignorancia, ni pensar que no es pecado conocer a mujeres públicas, porque es ignorancia de derecho natural y divino tan manifiesto que no excusa" (*Compendio del manual de confesores*, 1586, 16: 57v-58). Isabel Muguruza Roca, "Género y sexo en los confesionales de la contrarreforma. Los pecados de las mujeres en el Manual de confesores y penitentes de Martín de Azpilcueta", *Estudios Humanisticos. Filología,* n.º 33, 2011, pp. 195-218.

[3] "En la primera mitad del siglo XVIII, el desarrollo del delito contra las personas no se relacionó exclusivamente con una progresión de la violencia sino también con la creciente preocupación de los tribunales por controlar el crimen sexual, particularmente la prostitución, bigamia, violación, adulterio y mantenimiento de cualquier tipo de relaciones consideradas ilícitas. Este problema se manifestaba con más intensidad en el mundo urbano que en el rural. Aunque los relatos sobre El Arenal sevillano y los burdeles madrileño o valenciano en fechas anteriores, así como las acciones de policía urbana, ya dan buena muestra de las complejas relaciones entre los gobiernos municipales y los burdeles, con la organización clandestina de la prostitución después del cierre legal de los burdeles en Castilla decretado en 1623, así como con los fenómenos de atracción de jóvenes de ambos sexos ejercida por las ciudades y con las fragilidades de un caprichoso mercado laboral urbano que abría o cerraba oportunidades. Todos estos fueron factores que influyeron en la mayor progresión del delito sexual, aunque también en otras manifestaciones delictivas, ante los tribunales de justicia urbanos". Tomás Mantecón Movellán, "Los impactos de la criminalidad en sociedades del Antiguo Régimen: España en sus contextos europeos", *Vínculos de Historia,* n.º 3, 2014, p. 67.

"Para llamarse una muger deshonesta basta consentir que hombres, y
particularmente clérigos y estudiantes continúen su casa, y la que de ordinario habla o escrive a hombres y consiente que le hallegen las manos,
y a los pechos, y la besen, que todo suele ser junto, y a veces más escandaloso, que el carnal accesso tenido en secreto. Y ocurriendo juntamente con
estos actos deshonestos, el trato y cópula carnal con los hombres, de modo
que se venga a saber, mayor será el escándalo y deshonestidad. ..."[4].

La alcahueta, tal y como se deduce de la documentación procesal es,
por lo general, una antigua prostituta que pasa de ganar con su cuerpo
a ganar con el de otras mujeres. Pero, según el enunciado concreto de
un auto de oficio son

"personas que se enplean en el oficio perjudicial y escandaloso de
solicitar mugeres para que pequen en su casa, con los hombres que a ella
combidan por su lucro e interés"[5].

Así pues formulado, la alcahuetería no es un oficio/delito femenino, sino
que lo ejercen tanto hombres como mujeres. El léxico varía pues ellos se
conocen como alcahuetes, rufianes, consentidores, y ellas como terceras,
corredoras, alcahuetas, entre otros muchos apelativos[6]. También varía
el *modus operandi,* como hemos analizado en otros trabajos, el fin de la
acción y el grado de implicación de los participantes[7]. En este sentido,
los textos de práctica jurídica se adentran en los posibles arquetipos, y dan
un mayor protagonismo al papel masculino de la alcahuetería frente a la
actividad celestinesca puramente femenina que predomina en lo literario:

---

[4] *Suma de las Leyes Penales por el Doctor Francisco de la Pradilla. Y adicionado por el
Licenciado Francisco de la Barreda. Y ahora de nuevo añadido por el Licenciado Dn. Juan
Calderón, Abogado de los Reales Consejos*, 1639. Caso XXX. *De las mugeres deshonestas, y
que tienen acceso carnal entre si una con otra*, pp. 48-49.

[5] Valladolid, Archivo de la Real Chancillería de Valladolid (ARCV), Causas Secretas
10.12. 1764.

[6] Juan Antonio Frago Gracia. *Sobre el léxico de la prostitución en España durante el
siglo XV*, Zaragoza, Institución Fernando el Católico, 1979.

[7] M. Torremocha Hernández, "De la Celestina al Alcahuete: del modelo literario a la
realidad procesal", en prensa.

"El delito de lenocinio se comete de diferentes modos. Lo primero quando hombre casado tiene por cierto y sabe que su muger le haze adulterio, y trata con otro y habita con ella, y quando tal hombre casado por su voluntad, y expreso consentimiento la entrega a otro hombre, por precio.

De otro modo se comete lenocinio y es quando un hombre o muger siendo terceros, a que llaman alcahuetes, procuran y solicitan que muger alguna sea conocida de hombre por carnal acesso…

De otro modo también se comete este delito, y es quando algún hombre tiene a muger en las casas que llaman públicas, y mancebías, para que le dé su torpe ganancia, los quales se llaman rufianes."[8].

Por tanto, en cuanto a la tipología de delitos hemos de entender que existe la alcahuetería como concepto básico, al tiempo que variaciones numerosas en su formulación, y a su vez una clara diferencia entre prostitución y alcahuetería, que tienen una distinta consideración legal, aunque en la base común de ambos estén los tratos ilícitos y el escándalo.

La prostituta – no la cortesana – actúa por penuria. La tercera, que se beneficia del trabajo de ésta, interpreta su labor como una ayuda a las mozas que necesitan tener ingresos con premura; a tantas mujeres que llegan del campo a la ciudad, que buscan trabajo doméstico, que no encuentran o que solo las permite malvivir. Por ello, defienden su tarea como algo beneficioso para estas jóvenes, de las que se convierte en Madre.

Manuela Ortiz, que tenía casa abierta junto al Hospital de la ciudad de Burgos,

"Preguntada, confiese si en dicha su casa a tenido admittido y llevado mujeres y hombres para tratos ylizittos y ttorpes, dixo que unicamente y por caridad lo havia echo de algunas mozas desacomodadas ínterin encontraban donde serbir, sin haver admitido hombres en su casa para semejantes tratos…".

---

[8] *Suma de las Leyes Penales* […]. Cap. X. *Del crimen y delito de lenocinio, y de los alcahuetes y encubridores.*

Atrevido parece incluir la palabra caridad, para definir su tarea. Pero coincide con otras correderas en que con ellas las mozas vivían bien, como decía Ana María Salcedo: "...y si bien es verdad que me e servido de algunas criadas mocas pero lo cierto es que a mi notizia no a venido que ayan vivido mal..."[9]. Otras afirmaban que aunque las dejaban ser visitadas por hombres, tardes y noches, lo hacían en la creencia de que – siendo las mozas solteras – se iban a casar después con ellas[10].

No obstante, la tolerancia hacia los alcahuetes era menor en todos los ámbitos que hacia las putas. Las prostitutas aparecen en los procesos que se siguen contra las mujeres y hombres para los que han trabajado como valiosas testigos, capaces de aportar la información más apreciable y completa sobre las actividades de estos. En ningún caso se procede judicialmente contra ellas, ni tan siquiera en los discursos articulados por jueces, alguaciles, abogados, y cualquier miembro de este tribunal se hacen observaciones o juicios de valor contra ellas.

Curiosamente, si se procede en ocasiones contra algún cliente de estas casas de lenocinio, con apercibimientos procesales, como ocurre con un hombre llamado José García, mancebo de José de Lanziniego, vecino y cirujano de Burgos, por ocioso y malentretenido, al que se le apercibe para que en lo sucesivo no cometiera excesos, pena de 5 años en presidios de África[11].

Los procedimientos criminales en la teoría y en la práctica jurídica.

Estos procedimientos criminales se inician por auto de oficio, una vez que los alcaldes del crimen o el gobernador de la sala tienen conocimiento de una situación delictiva, generalmente bajo la capa de escándalo, "sin que se les conozca otro destino que el acarrear vicios y daños al

---

9 Valladolid, ARCV. Causas Secretas 2.18. 1628.

10 Valladolid, ARCV., Pleitos criminales 1232-5, 1758.

11 Valladolid, ARCV., Pleitos criminales 1232-5, 1756.

pueblo"[12], "y para remedio de ttodo, su casttigo y evitar semejantes pecados públicos..."[13].

No son causas, por lo común, que tengan una denuncia particular en forma, a pesar de que en muchas de las analizadas se vea que tras ellas está una comunidad vecinal molesta por el deterioro moral que les suponen sus actividades que, además, generan violencia. Algunos vecinos confiesan hasta haber cambiado de residencia como consecuencia de tener una casa de lenocinio en su entorno[14]. Pero incluso en esas causas, se procede por auto de oficio.

Los perjudicados, no acuden pues, por lo general, desde el principio a la justicia, aunque pronto se convierten en testigos. Son varios los pleitos en que los vecinos/testigos relatan uno tras otro que antes habían dado noticia de lo que ocurría al párroco del lugar. Que éste había reconvenido a los implicados, sin consecuencia alguna. La falta de éxito de la intervención de la Iglesia, a través de su miembro más cercano de la comunidad, es lo que da paso a la actuación en los tribunales. Es más, en alguna ocasión los párrocos rehusaron a entrometerse en casos de matrimonios consentidores, alegando de forma escrupulosa que no tenía pruebas suficiente para la amonestación que los vecinos le requerían, "que siendo casados hera cosa delicada; no viendo los vessar y abrazar a dicho privilexiado y mujer casada"[15].

Sin embargo, la maquinaria judicial, una vez que ha sido informada, quiere saber y proceder. Otros miembros alertarán después – a lo largo de los procesos por alcahuetería – a la judicatura para que actuase contra estos delincuentes, como hizo el procurador fiscal interino al corregidor de Burgos:

---

[12] Valladolid, ARCV., Pleitos criminales 1387-7, 1802.

[13] Valladolid, ARCV., Pleitos criminales 1232-5, 1758.

[14] "lo que la ha parezido mui mal y a toda la Bezindad por reputarla a esta y sus entradas y salidas cosa de alcahuetería". Valladolid, ARCV., Causas Secretas, 12.3, 1767; "... es un continuo Serrallo e incomodidad para todo el vezindario y de cuias mugeres han resultado dañados muchos jobenes, por ser notorio estan absolutamente enfermas y perdidas...". "de todo lo qual esta escandalizada la vezindad e incomodada con el mal ejemplo y prostitucion de semejantes mugeres". Valladolid, ARCV. Pleitos criminales 1387-7, 1802.

[15] Valladolid, ARCV., Causas Secretas 7-9. 1750.

"Y porque siendo indispensable al noble ofizio de vm corregir i enmendar y aun precaver todo vizio maldad o delito en la República, o su distrito, desterrando de ella para que se conserve pura, las personas que las infizionan con imposición con digna de castigo; no tanto por infringir osadamente lo prevenido por las leyes Reales, por desfalcar los caudales y debilitar la naturaleza; quanto porque con las continuas subversiones de todas gentes y edades promueben a la Magestad divina a descargar su yra con tanta ofensa, zeloso de evitar con presteza tanto daño..."[16].

Intervención en clara consonancia con lo que podemos leer en *Política de Corregidores* de Castillo de Bobadilla en el capítulo titulado "El Corregidor limpie de vicios la ciudad", en el que aunque no haya una observación explícita para el fenómeno de la prostitución o de la alcahuetería, se señala que este – como autoridad judicial – tiene la obligación de limpiar la República de hombres viciosos[17].

En los encabezamientos de los procesos, iniciados casi en su totalidad a través de autos de oficio, se puede aventurar las razones que los promueven: "sobre admitir a su casa mugeres deshonestas"; o en otro auto de oficio por el que se iniciaba una causa contra unos terceros, el alcalde del crimen anotaba: "Dixo que en la calle y sittio de esta ciudad que se expresara en este testimonio secreto y separado, biben dos personas que se enplean en el oficio perjudicial y escandaloso de solicitar mugeres para que pequen en su casa, con los hombres que a ella combidan por su lucro e interés", incidiendo por tanto en la mercantilización del cuerpo de las mujeres, más que en lo escandaloso. En la misma línea se inicia otra investigación contra una mujer "llamada Teresa Guezmes, reputada por viuda, que admite en su casa a diferentes criadas de servicio, a quienes solicita para tratos ilícitos, con todo género de personas...", en la que se destaca tan solo la utilización que hace de las mozas. Otras solo calificadas "sobre el abominable delito de lenocinio", como también la que,

---

16 Valladolid, ARCV., Pleitos criminales 1232-5, 1758.

17 Castillo de Bovadilla, *Política de Corregidores y señores de vasallos*, Madrid, 1759 Libro II, cap. XIII, 38,39, pp. 454.

entrado el siglo XIX, se inicia por unos "autos formados del real oficio contra Simón Labajos, y Josefa Gallardo, su conjunta, de esta vecindad sobre cabronismo, prostitucion y alagueteria", pues se perseguía una actividad concreta, sin citar ni el escándalo ni el servicio que se dejan hacer por las mujeres.

A partir del inicio de la información, solicitada por auto de oficio por los alcaldes del crimen o su gobernador, podemos conocer cómo se debe proceder en los tribunales siguiendo las indicaciones del abogado Miguel Cayetano Sanz, que a través de su obra, publicada en 1774, nos acerca al *Modo y forma de instruir y substanciar las causas criminales* de alcahuetería y lenocinio. Establece cinco puntos en los que estudia cómo ha de ser su sustanciación. El primero es una clasificación[18]:

> "Aunque la Ley Partida pone cinco géneros de Alcahuetes y Reynaldo los reduce a quatro, pueden todos entenderse en tres casos: el primero, quando el marido es alcahuete de la muger, del que ya tenemos hablado: el segundo, quando el Padre o Madre lo son de las hijas, criadas, o parientas: y el tercero, quando alguno o alguna solicita y busca mujeres, y hombres para que vayan a su casa, y allí tengan actos carnales"[19].

De tal manera que se aconseja, o se deduce, que el juez atenderá a la ligazón del delincuente con las mujeres que utiliza para su enriquecimiento: esposa, mujeres de la familia, otras que no son familia. José Marcos Gutiérrez, dirá más adelante, que esta relación debería marcar

---

[18] Otra clasificación posterior: "La primera clase es la de la que sirven de corredores o medianeros para que las mugeres que están en sus propias habitaciones delincan con aquellos de quienes en premio de su vileza reciban algún interés: la segunda es de los que tienen en su morada mugeres infames que hacen un vil comercio de sus cuerpos, y perciben lo que ellas lucran por este medio: la tercera es de aquellos viles maridos que alcahuetean a sus mugeres; y la cuarta es la de los que por algún lucro consienten que en su casa cometan torpezas mugeres casadas u otras decentes, sin ser medianeros entre ellas y sus cómplices". José Marcos Gutiérrez, *Práctica criminal de España*, Madrid, Imprenta de Dn. Fermín Villalpando, 1819, p. 192.

[19] Miguel Cayetano Sanz, *Modo y forma de instruir y substanciar las causas criminales: obra utilísima para juezes, asesores, abogados, escribanos, y demás curiales de qualesquiera Tribunales del Reyno, así eclesiásticos como seculares*, Valladolid, Tomás de Santander, (1774). Caso XXVII.

diferencias en el delito y por tanto en la pena, algo que no se hacía, pues entre los rufianes "unos son mucho más detestables que otros, los padres y maridos que prostituyen a sus hijas y mugeres, mucho más culpados que los que prostituyen mugeres con quienes no tienen ninguna relación natural ni social"[20].

En segundo lugar atiende al delito y su probanza:

> "Y para la justificación del cuerpo de este delito, es necesario probar: lo primero, que el hombre, o muger, que hace esto, lo executa por interés, porque este es la causa formal del Lenocinio: lo segundo, que en fuerza de las solicitudes, o sin ellas, haya avido realmente actos carnales: lo tercero, que por dos veces a lo menos haya sucedido lo referido, como todo lo advirtieron Reynaldo, y Azevedo y en estas causas son testigos idóneos, asi los hombres, como las mujeres, que allí concurrieron, y que executaron los actos torpes, como dixo el Señor Matheu"[21].

Además – en tercer lugar – en estas acusaciones de escándalo, a la hora de enjuiciar, se debe valorar la publicidad de los actos, y en consecuencia se ha de dirigir a los testigos para que aporten información en este sentido. Los testimonios han de ser detallados, aportando sobre las "entradas y salidas" en los domicilios, la búsqueda o no de discreción y por tanto la capacidad de escandalizar. En este discurso se aprecia que son objeto de análisis las actuaciones dirigidas a ocultar algo prohibido, tipificado como delito, y no las que buscan intimidad para los actos carnales.

> "También se han de examinar los Vecinos y demás, que supiesen del caso, para que digan quienes entraban, y salían, y demás que huviesen visto u oído".

---

[20] José Marcos Gutiérrez, *Práctica criminal de España* [...], pp. 192-193.

[21] La obra mencionada es el Lorenzo Matheu Sanz, *Tractatus de re criminali sive Controversiarum usu frequentium in causis criminalibus, cum earum decisionibus, tam in aula suprema hispana criminum, quam in summo senatu novio orbis,* 1676. Francisco Aguilar Piñal, "Alonso María de Acevedo. Un sevillano ilustre del siglo XVIII", *Archivo Hispalense,* LXXIV, n° 225, 1991, pp. 39-49.

Los vecinos no tenían problemas en detallar la vida de los investigados pues en aquella sociedad donde el concepto de intimidad no estaba en uso, se fijaban en todo; y más en todo lo que provocaba escándalo. En el caso de la viuda que utilizaba su casa para las citas y buscaba hombres y mujeres para concertar los encuentros decían:

> "...sin embargo ha visto la continuación de enttradas y residenzias en dicha casa de mozas como de serbizio y tiene por cierto según lo que se obserbaba que a persuasiones de la Theresa dichas mozas estavan en la casa para con ttodo jenero de personas tener trattos ilícitos. Y en esto se remite a la Boz jeneral del senttido y juizio que ha hecho ttoda la bezindad pues esta por publico reputaban por alcabuetta a la insinuada Theresa...".

El testimonio de Manuela Bachiller, casada, vecina del barrio de San Martín, de 47 años de edad, afirmaba que la conocía, que tenía por viuda, que a su casa entraban y salían a todas horas hombres y mujeres "lo que la ha parezido mui mal y a toda la Bezindad por reputarla a esta y sus entradas y salidas cosa de alcahuetería". Es más, lo aseguraba "porque muchos hombres equibocados han solido preguntar así en la casa de la deponente como en la de los demas Bezinos donde vive por aquí una viuditta que se llama Theresa y tiene unas hijas". Otra vecina la dijo que admitia mozas de servicio, "y a estas las solizitava para trattos ilicitos"[22].

Finalmente, – en cuarto y quinto lugar – Cayetano Sanz señala que en la práctica jurídica de la Edad Moderna había que respetar a las personas de calidad que pudieran estar implicadas. En esta sociedad jerarquizada, los procesos que se siguen por alcahuetería, en los que se ven implicados hombres o mujeres de posición o privilegiados, guardan un distinto procedimiento en los tribunales.

> "En los Autos que sobre este delito se formasen se han de expresar los nombres, y apellidos del Alcahuete o Alcauheta, y los de las mujeres que ocurrieron, siendo estas comunes, publicas y escandalosas, y

---

22 Valladolid, ARCV, Causas Secretas, 12.3, 1767.

lo mismo se ha de executar, respecto de los hombres de igual clase, y esfera: pero si los concurrentes fuesen personas Eclesiasticas, Religiosas, o de buenas circunstancias, entonces no se han de expresar en los Autos los nombres, que se han de poner en testimonio separado"[23].

La ocultación en los procesos de personas de consideración social es un fenómeno común en las actuaciones de los jueces.

"Y tal vez por proceso secreto y sumario podrán mandar salir de la ciudad a alguna muger soltera, y aun casada de buena estofa, pero de incorregible, y escandalosa vida, haviendola primero amonestado secretamente: lo qual se pueda hacer aun sin citación...y aunque no se expressa la causa; antes pareciendo necesario para más disimulación se pueda expresar y fingir, que es por otra ocasión y causa, que aunque sea culpable no infame..."

Toda precaución podía ser poca en estos casos

"Suele, en estas ocasiones de procesos sumarios y secretos, en que se trata de honra de mujeres, o de personas principales, usarse de cautela, en escribir el mismo Corregidor o Teniente por su mano a los mismos testigos, que deponen en el caso, sin intervención del Escribano, y guardarse el tal proceso en su escritorio,... todavía en algunos casos leves y breves, y en que de la publicidad pueden resultar escándalo..."[24] .

También en el siglo XVIII, Alonso de Villadiego en su *Instrucción Política y práctica judicial...*, escribía en el mismo sentido para instrucción de los jueces:

"Y si se tratase algún negocio de amores de personas principales, ò doncellas honrradas, ò Religiosos, ò de muger casada, tratelo con secreto, y en apartado, y lo mismo cualquier otro negocio que requiera secreto".

---

[23] Miguel Cayetano Sanz, *Modo y forma de instruir* [...].
[24] Castillo de Bovadilla, *Política de Corregidores* [...], Libro II, cap. XIII, 48, pp. 457-458.

En efecto, al estudiar los procesos seguidos por alcahuetería es frecuente que todos los trámites procesales se sigan sin mencionar a ninguna de las partes, asignando a cada individuo un número o letra que se corresponde con un nombre, cuya equivalencia es posible que se encuentre bien en hoja suelta inserta con el proceso, o cosida con toda la documentación de la causa, en la parte final. Después, cada vez que el juez inicia pesquisas o interrogatorios se advierte a los implicados que han de contestar con la cautela de omitir los nombres y por tanto evitar la identificación directa. El criterio para establecer el secreto lo ponía el juez, y se observa con frecuencia, que sin ser personas de calidad, pero sí mujeres casadas lo implanta, no teniendo la misma prevención si son solteras. Esto supone un respeto y protección al matrimonio y a los maridos, resultando más desprotegidas las solteras, también en lo legal.

Entre estas personas de calidad, incluso privilegiadas, están los clérigos con queridas en los que tanto la ley como los tratadistas se detienen de forma extensa. Estos cuando se ven inmersos en un procedimiento por tratos ilícitos o alcahuetería consiguen que sean silenciados sus nombres, aunque otras simplemente se notifican los hechos a la jurisdicción eclesiástica para que proceda contra ellos. La tendencia a amancebamientos más o menos estables de los clérigos fue una realidad que a nadie se le ocultaba[25]. Quizás por ello el abogado/relator Miguel Cayetano Sanz, incluye en sus instrucciones lo que se debe hacer:

> "Si alguno de los concurrentes fuese Clerigo, o Frayle se sacará testimonio de la culpa, que contra él resulta y se remitirá a su Juez; y lo mismo se hará en otro qualquiera caso, en el que, Clérigo o Frayle tratasen ilícitamente con aquella muger contra quien se procediese". […].

---

[25] "…porque el sacerdote amancebado o fornicario, aun oculto, que sin propósito de nunca tornar a ello se confiesa y celebra, tres pecados mortales comete: el primero no echar de sí la manceba o fornicaria, que es muy grande y propincua ocasión de pecar; el segundo, recebir la absolución en pecado mortal; el tercero osar celebrar y recebir tan santo sacramento en tan sucio estado. […] que si muriesen en tal pecado público no se habían de enterrar en sagrado. Lo cual se debe notar para los que mueren teniéndoles la candela las mancebas desvergonzadas". Martín Azpilcueta, *Manual de confesores y penitentes,* Coimbra, 1553.

"…pero si los concurrentes fuesen personas Eclesiasticas, Religiosas, o de buenas circunstancias, entonces no se han de expresar en los Autos los nombres, que se han de poner en testimonio separado".

Otros autores como el P. fray Juan Enriquez en sus *Questiones practicas de casos morales…*, se adentran incluso en cuestiones más concretas como en la obligación que tiene la mujer que ha tenido tratos con un religioso y este le ha hecho regalos de valor de restituirlos al convento en el que este reside[26].

Penas y sentencias a alcahuetes según las Leyes del Reyno.

Las sentencias por alcahuetería en la legislación castellana responden a la atención que las leyes de Castilla habían prestado a este delito, pero a lo largo de la Edad Moderna la costumbre fue imponiendo variaciones, que a finales del siglo XVIII se observaron y analizaron por distintos juristas.

Ya el Fuero Real atendió al delito de la alcahuetería, considerándolo grave, y lo castigaba con severas penas, tanto para el rufián como para las mujeres públicas, fueran libres o siervas, aunque más duras con éstas[27]. En las *Partidas* tras organizar las modalidades de alcahuetes[28] se establecía condena al marido que consentía el adulterio o al que cometía lenocinio con su mujer con la misma pena señalada a los adúlteros. El problema radicaba en que a éstos el derecho real castellano no les imponía pena, sino que los entregaba al poder del marido, lo cual no podía aplicarse al marido alcahuete. En el siglo XVII, era usual que el marido

---

[26] Juan Enriquez, Farnese, *Questiones practicas de casos* […], Cuestión primera, sección VIII, *El sexto mandamiento de no fornicar*, pp.41 y ss. Cuestión 16 *A que está obligada la muger que ha tenido trato deshonesto con un religioso*, p. 45.

[27] "Toda muger que por alcahueta en mandado de algún home o de alguna muger casada o desposada, si pudiere ser sabido por prueba, o por señales manifiestas, el alcahueta y el que la embió sean presos e metidos en poder del marido o del esposo para facer de ellos lo que quisiere, sin muerto o sin lisión de su cuerpo, si el Pleyto no fuere ayuntado: e si fuere ayuntado muera la alcahueta por ello.…".

[28] *Partidas*, VII, 22, 1.

se vengara sin esperar a que fueran puestos en su poder los adúlteros en virtud de sentencia judicial, y el siglo XVIII fue abriendo paso a la intervención judicial con la pena de prisión para el adúltero[29].

No obstante, desde las Cortes de Ocaña de 1469 se mandó que las prostitutas "mugeres públicas, que se dan por dinero, no tengan rufianes". Para ellas la pena era de cien azotes «por cada vez que fuere hallado que lo tiene publica o secretamente» y pérdida de toda su ropa; mientras que a dichos rufianes eran condenados a cien azotes por la primera vez, destierro perpetuo de la Corte y el lugar donde fueren hallados, la segunda, y en la tercera ocasión "mueran por ello enforcados"[30]. Pero, poco después, por la Pragmática 1552 se agravó la pena inicial de azotes prevista por "que le traigan a la vergüenza, y sirva en las nuestras galeras diez años"; en caso de reincidencia, cien azotes y galeras perpetuas, con la consabida pérdida de la ropa en ambas ocasiones; y se interpreta, que con muerte la tercera vez[31].

Por otra Pragmática de 1566 se igualaba en estas penas aplicadas a los rufianes y a "los maridos que por precio consintieren que sus mugeres sean malas de su cuerpo, o de otra qualquier manera las induxeren o traxeren a ello", es decir, a los llamados consentidores, aunando por tanto alcahuete de la mujer con adulterio[32]. La identificación hacía que la pena fuera la misma, pero si tenemos en cuenta que para la adúltera la pena podía estar en la venganza privada del marido, aquí no se podían asumir las mismas consideraciones y la pena no quedaba pues definida.

Además, y con carácter general se prohibieron las mancebías públicas en 1623[33], con una medida que no acababa con la prostitución ni la alcahuetería, sino que la dejaba un campo libre de acción, al margen de la organización que existió en la etapa medieval en torno a este oficio. De hecho, hasta esa fecha, existían además de tales leyes del Reino,

---

[29] Tomás y Valiente, Francisco, *El derecho penal de la monarquía absoluta (siglos XVI, XVII y XVIII)*, Madrid, 1969, pp. 75 - 76, 386 y 395. *Partidas*, VII, 17, 7

[30] *Nueva Recopilación*, 8, 11, 4; *Novísima Recopilación*, 12, 27, 1.

[31] *Nueva Recopilación*, 8, 11, 5; *Novísima Recopilación*, 12 27, 2.

[32]*Recopilación*, 8, 20, 9; *Novísima Recopilación*, 12 27, 3.

[33] *Novísima Recopilación*, 12, 26, 7.

disposiciones particulares vinculadas a las mancebías[34]. Y, no obstante, tras su desaparición fueron numerosos los fueros y ordenanzas de las villas y ciudades que reglamentaron la presencia de las alcahuetas. Caso de Valladolid, ligado al gremio de hospederos.

> "Otro sí mandamos y ordenamos que ningún mesonero, ni mesonera, ni persona que en su casa acogiere, tenga con achaque de su servicio moza, ni criada, que gane pública, ni secretamente, porque dello vendría mucho daño a la República y a los huéspedes y caminantes, so pena que por la primera vez pague el huésped o huespeda que lo consintiere en su casa quinientos maravedís, por la segunda, mil maravedís, y por la tercera cien azotes, como alcahuete o alcahueta,…"[35].

A mediados del siglo XVII, Pradilla, en *Suma de las Leyes Penales*, obra en la que, también se establecía una clasificación en el delito del lenocinio, nos aporta las penas correspondientes que se aplicaban en los tribunales.

Al marido consentidor o alcahuete de su mujer, "la pena de tal delito era la muerte. Pero ya por la general costumbre en España y otras la pena es que tales hombres viles, e infames, sean açotados públicamente por sus mismas mugeres con una rastrada de ajos, y llevan mitras o coroças en la cabeça con muchos cuernos al cuello, y otros son untados con miel y emplumados".

Cuando se habla de alcahuetería la cometa hombre o mujer, "antes a estos semejantes conciliadores de voluntades, se les daba, y ponía pena de muerte, siendo las mugeres solicitadas doncellas, casadas o viudas honestas. Pero ya por dicha general costumbre los empluman y llevando

---

[34] Así, en un nivel espacial más concreto, en 1572, el arzobispo de Granada, decretó que las alcahuetas primerizas debían ser castigadas a hacer penitencia en la puerta de la Iglesia, coronadas con una mitra: y si reincidían debían recibir, en público, 200 latigazos y un exilio mínimo de 2 años. Beatriz Moncó Rebollo, "De dueña a esclava: breve esbozo de una tipología femenina", *Anales de la Fundación Joaquín Costa*, 1989, pp. 51-64.

[35] *Ordenanzas con que se rige y gobierna la república de la muy noble y leal ciudad de Valladolid, en las cuales se declaran todos los artículos tocantes al pro-común de ella.* Valladolid, Imprenta de Roldán, 1818. En Eugenio Larruga, *Memorias políticas y económicas sobre los frutos, comercio, fábricas y minas de España: con inclusión de los reales decretos, ordenes, cédulas…,* Valladolid, Madrid, Don Antonio de Espinosa, 1792-1793. Tomo XXIII?, p. 45.

coroças en las cabeças, son públicamente avergonçados, como refieren los doctores arriba referidos".

Los rufianes que tienen lupanares o casas públicas. "Y aunque como es dicho antes tenían pena de muerte, aora que demás de ser infames por Derecho nuevo del Reyno; los tales rufianes tienen pena, que por la primera vez sean açotados, por la segunda desterrados perpetuamente, por la tercera ahorcados. Y las tales mugeres que con ellos fueren, tienen pena de duçientos açotes, mas la ley acrecienta la pena y mandan que los rufianes, aunque no tengan sino diez y siete años, por la primera vez sean sacados a la vergüença, y condenados al servicio de galeras durante diez años"[36].

La pena capital se aplicaba, si por la casuística los delitos se agravaban, actuando con mayor severidad la justicia: "…El hombre que tiene accesso con alguna muger, o la corrompe con algún palo, o otro instrumento material, tiene la dicha pena de muerte…"[37].

A través de la exposición de este jurista contemporáneo, es posible observar dos fenómenos. En primer lugar la tendencia, a la disminución de las penas, evitando la pena capital. En segundo que las penas principales para estos delitos fueron en cualquier caso penas infamantes y corporales.

En la mitad del siglo XVIII, el jurista Berni Catalá mantenía la opinión que en el tratamiento de las penas se estaba viviendo un proceso de mitigación por parte de los tribunales. Esta tendencia general, afectaba y en concreto beneficiaba también a los alcahuetes, quienes vieron reducir –según Pradilla ya en el Seiscientos – la pena de muerte en que estaba sancionada su conducta por otras corporales.

También lo mantenía a comienzos del siglo siguiente J. Marcos Gutiérrez:

"Mas no obstante pareciendo (y con razón) demasiado rigoroso para los alcahuetes el suplicio capital, se ha conmutado por principio general de los tribunales, con la pena de azotes, con la de salir emplumados, para cuyo efecto se les baña o unta el medio cuerpo con miel,

---

[36] *Suma de las Leyes Penales* [...]. Capítulo X. *Del crimen y delito de lenocinio, y de los alcahuetes y encubridores.*

[37] *Ibid.* Caso XXX. *De las mugeres deshonestas, y que tienen acceso carnal entre si una con otra*, pp. 48-49.

u otro ingrediente pegajoso, y se echan encima las plumas: o con la de sacarlos con coroza en que se ven pintadas varias pinturas alusivas a sus delitos; y después se les destina a los hombres a presidio, y a las mugeres a la galera. Tocante a los maridos consentidores, quienes han de ser emplumados, se les suele poner pendiente del cuello una sarta de astas de carnero, y luego se les envía a galeras"[38].

Pero, para poder respaldar tal afirmación, son necesarios trabajos y estudios cuantitativos más sistemáticos sobre delitos y sentencias. Los realizados por Ortego Gil, en la Real Audiencia de Galicia insisten en esta atenuación punitiva ante la práctica de su Sala del Crimen de finales de esta centuria, cuando, por ejemplo, castigó a una alcahueta, ante la falta de una casa galera en Coruña, con ocho años de destierro veinte leguas fuera de esta y Sitios Reales, además de apercibirla.

J. Marcos Gutiérrez, a comienzos del XIX, proponía como penas apropiadas para estos delitos de deshonestidad, las penas de infamia y privación de ciertos derechos, honores y facultades propias de las mujeres. Estas penas, con origen según su teoría en el Antiguo Egipto, debían cumplir una serie de requisitos: para establecerlas debe el legislador consultar la opinión pública, no se han de prescribir a quienes ningún aprecio hacen al honor, conviene formar entre ellas varias clases o grados, para que ridiculicen más o menos, y no deben trascender a los que tengan alguna conexión o parentesco[39].

Entre ellas, la que se aplicó con más frecuencia y se recoge en los textos legales fueron las de azotes. Esta pena corporal estaba reservada para personas del estado llano, y no se aplicaba a hidalgos. Suponía una exposición a la vergüenza ante la comunidad, que tenía a su favor no dejar en el cuerpo vestigios permanentes como marcar con hierro o cortar las orejas[40].

---

[38] José Marcos Gutiérrez, *Práctica criminal de España* [...], pp. 193-194.

[39] *Ibid.* pp. 167-168.

[40] Pedro Ortego Gil, "Algunas consideraciones sobre la pena de azotes durante los siglos XVI-XVIII", *Hispania*, 22,3, n° 212, 2002, pp.849

La doctrina coincide en que, desde el medievo y aun en el siglo XVI, el marido alcahuete (que consentía el adulterio) era castigado a ser públicamente azotado por la propia mujer, y como señaló Tomás y Valiente ello había de ser considerado en sí mismo como una pena de vergüenza pública. También en Portugal se azotaba a los alcahuetes y se les expulsaba, siendo condenados a pena de muerte en caso de reincidencia[41]. Y si nos fijamos en otros reinos podemos tomar como ejemplo el caso mallorquín que refiere Antonio Planas Rosselló, de una condena de 1455 "a un marido a correr la villa con azotes, por consentir el adulterio de su mujer"[42].

La pena de azotes era de las más temidas en Castilla y se utilizaba frecuentemente por su carácter intimidatorio. En el siglo XVIII distintos juristas reflexionaron sobre esta pena y su aplicación social. Lorenzo Matheu y Sanz señalaba en su *Tractatus de re criminali* (Madrid, 1776), que era más temida que la pena capital y, en ocasiones, permitía evitar esta última por su carácter intimidatorio, al ser utilizada con delitos leves, evitando la comisión de otros mayores. Sin embargo, como no se aplicaba en las jurisdicciones privilegiadas la pena había caído en cierto desuso.

Manuel de Lardizábal mostraba en su libro la representación que la Real Audiencia de Mallorca hizo a Felipe V, en la que afirmaba la eficacia de la pena de azotes por infundir "más horror" que la de galeras o presidio[43], pero la consideraba dura en exceso, sobre todo si la infamia de haberla recibido era mayor que la que marcaba el delito. Solo debería aplicarse para delitos que sean en sí

"viles y denigrativos, pues de lo contrario la pena misma causará un daño mayor, acaso, que el que causó el delito, que es hacer perder la

---

[41] Jesús Lalinde Abadía, *Las culturas represivas de la humanidad*, Zaragoza, 1993, t. II, p. 826

[42] "Los delitos contra el matrimonio y la moral sexual en el Derecho histórico de Mallorca", *Bolletí de la Societat Arqueològica Lul.liana: Revista d'estudis històrics*, 56, 2000, pp. 45-64;" Las penas en el derecho histórico de Mallorca", *Bolletí de la Societat Arqueològica Lul·liana: Revista d'estudis històrics*, 55, 1999, págs. 85-118.

[43] Manuel de Lardizábal y Uribe, *Discurso sobre las penas, contrahido a las leyes criminales de España, para facilitar su reforma*, Joaquín Ibarra, Madrid, 1782.

vergüenza al que la sufre y ponerle por consiguiente en estado de que
se haga peor en vez de enmendarse. Pero impuesta con prudencia y
discreción podrá ser útil y contener con su temor".

Este mismo autor precisaba aún más en lo relacionado con los azotes
dados a mujeres:

> "quando se sacan las mugeres a vergüenza, de llevarlas desnudas de
> medio cuerpo arriba con los pechos descubiertos, lo que ciertamente
> ofende la modestia, y he visto causar este efecto aun en las gentes del
> bajo pueblo. En algunas partes van cubiertas por delante, dexándoles
> solamente descubiertas las espaldas, lo que es más conforme a la de-
> cencia, y por otra parte no disminuye en nada la pena de vergüenza".

Marcos Gutiérrez, por su parte, recomendaba utilizarlos con menos
frecuencia, y reconocía sin embargo su utilidad, proponiendo que se
implantase en las prisiones, aplicadas como tratamiento correccional y
no como medio de tortura.

En definitiva, en la segunda mitad del siglo XVIII los juristas empezaban a rechazar o al menos a poner precauciones sobre penas infamantes
de origen antiguo o medieval, a pesar de estar contenidas en leyes vi-
gentes. De hecho, la *Novísima Recopilación* seguía incluyendo durísimas
disposiciones contra gitanos y vagos a los que se castigaba con azotes,
mutilaciones, galeras e incluso la muerte.

En cualquier caso, la pena de azotes no fue solemnemente abolida hasta
las Cortes de Cádiz, en virtud de un Decreto de 17 de agosto de 1813
(en las escuelas y colegios) y de 8 de septiembre de 1813 (en los Tribunales
de la monarquía y parroquias de Indias).

El destierro fue también pena común para estos delincuentes, así
como para las prostitutas[44]. Mayoritariamente los juristas no la consi-

---

[44] Margarita Torremocha Hernández, "La prostitución a través de la justicia penal:
definición y control de la moral sexual en la Edad Moderna", *XIII Reunión Científica de la
Fundación Española de Historia Moderna*, Sevilla, 2014.

deran pena corporal, pero normalmente, acompañaba a los azotes y de vergüenza pública, que si lo eran[45]. El destierro podía ser según José Marcos Gutiérrez de todo el Estado, al que se llama "extrañamiento del reino", o de un pueblo determinado; el segundo debía imponerse solo por delitos hijos del odio o el amor, como solía ser para estos casos[46].

Esta pena originó debate. Castillo de Bovadilla, en su *Política de Corregidores* hace una valoración de la querella:

> "Son algunos de opinión, que la pena más a propósito para la enmienda del rico es la de destierro, y al pobre la del dinero; porque el pobre sentirá más la hacienda que le falta, y el rico el sosiego que desea. A otros les parece lo contrario; que el pobre sea desterrado, y en dinero el rico condenado, y en que no salga de la Ciudad por algún tiempo, porque la privación de libertad le es de mayor temor, y castigo: ...Y por ventura los señores Inquisidores con esta consideración no destierra a los penitenciados, antes los mandan guardar con gran cuidado, y que sean entretenidos, en que no inficionen a otros, y se vea cómo viven públicamente..."[47].

El verdadero problema de esta pena estaba en garantizar su ejecución y cumplimiento. El tribunal de Chancillería de Valladolid procura que los condenados sean llevados a la distancia impuesta de la ciudad a través de una serie de justicias de las localidades cercanas, hasta el lugar señalado por el juez, que a veces era el de su naturaleza. Pasaban de unas manos a otras, y cuando llegaban a su destino, las familias o la justicia del lugar quedaba encomendada de vigilar al condenado a destierro.

Magdalena de San Jerónimo, entre los provechos de crear una casa galera en las ciudades cita la posibilidad de poder controlar realmente a las alcahuetas y prostitutas, algo que no ocurría con las penas infamantes o de destierro:

---

[45] Tomás y Valiente, Francisco, *El derecho penal* [...], pp. 261 y 392.

[46] José Marcos Gutiérrez, *Práctica criminal de España* [...], p. 160.

[47] Castillo de Bovadilla, *Política de Corregidores* [...], Libro II, cap. XIII, 57, p.460.

"Iten, tendrá más eficacia y fuerza la ejecución de la Justicia, y alcanzarse ha mejor el fin que con los castigos públicos se pretende, que es la enmienda del delincuente y el escarmiento de los demás. Lo cual antes solía muchas veces ser al revés, y causa de mayores males azotar alguna de estas mozas y sacarlas a la vergüenza por las calles públicas y desterrarlas de la ciudad; y apenas se había hecho esto y saliéndose por una puerta cuando se entraba por otra; y así quedaba con mayor libertad y menos vergüenza.

Otras se van a otros lugares, a donde comienzas a hacer nuevos daños; y mujeres ha habido que desterradas de un lugar han corrido todos los buenos de España, con harto detrimento así de las almas como de los cuerpos, a los cuales han pegado enfermedades contagiosas y a veces incurables; todo lo cual cesa, recogiéndolas en esta Galera el tiempo que su delito mereciese. Y esto se ve aún más claro en las alcahuetas y hechiceras, a las cuales con sólo encorozarlas y pasearlas y desterrallas se contentaba la justicia. Pero como la llaga no se curaba de raíz si no estaba sobre sana, reverdecía luego, en yéndose a otras partes donde no eran conocidas; y allí ponían de nuevo sus tiendas y escuelas, con gran daño de toda la República: pero echándolas en la Galera y deteniéndolas uno o dos años, o lo que la Justicia juzgare merece su delito, ellas quedarán bien castigadas y atajados estos daños".

La docena de mujeres públicas que fueron apresadas en la misma casa del barrio de la Vitoria de Valladolid, por sentencia se las confina a los pueblos de su respectiva naturaleza o domicilio y se encarga a los pueblos de su justicia celen y velen sobre sus conductas.

"Y no siendo arreglada la oviese conforme a derecho. Que sus justicias velen para que se apliquen a trabajo y oficio honesto, para mantenerse, con encargo especial a sus padres, parientes mas cercanos o curadores para que así lo cumplan bajo de toda responsabilidad, sin permitirlas salgan sin su expresa licencia del término y jurisdicción, no habiendo un motivo urgente. Serían conducidas por tránsito de justicia en justicia a sus citados pueblos"[48].

---

[48] Valladolid, ARCV, Pleitos criminales, 1300-11,1807.

Pero a pesar de este complejo sistema de ejecución, en muchos procesos, transcurrido escaso tiempo se notifica al tribunal que sentenció que el condenado ya no se encontraba en el lugar. El quebrantamiento de esta condena fue especialmente notorio:

> "La pena de destierro precisso y voluntario se pone a arbitrio del juez, en muchos casos y delitos dichos, y el desterrado deve cumplir el tiempo señalado, sin lo quebrantar, porque si hiziere lo contrario, y fuere convencido, incurre en pena de estar doblado tiempo desterrado de lo que le falta. Si fuese el destierro por diez años, y lo quebrantare, se haze perpetuo, y si fuere perpetuo y lo quebrantare incurre en pena de muerte"[49].

También se produce en este delito la posibilidad de establecer como pena el embargo económico, cuando las alcahuetas tienen bienes, al iniciarse la causa contra ellas. Por lo común, las mujeres que ejercen este oficio no tienen medios materiales o no los tienen en cuantía suficiente. Son pocos los inventarios que acompañan a sus detenciones, al igual que ocurre con los pleitos que se siguen por prostitución[50]. Son sin embargo condenados a costas procesales o a restitución de cantidades a personas concretas.

---

[49] *Suma de las Leyes Penales* [...].Caso LVI. *De Los que quebrantan el destierro que por sentencia fue dado en pena*, pp. 70.

[50] Sirvan como ejemplo los objetos que se tomaron de casa de la viuda, reincidente, Teresa Guezmes fueron: "Un colchón viejo de terjiz, Un jergón con su paja de estopa viejo, Dos almoadas viejas, Una armadura de cama de madera de pino, Una camilla vieja de lo mismo, Dos silletas de paja buenas, Un cofrezillo pequeño viejo forrado de una vadana negra y dentro de el una mantilla de verano usada, Un abanico negro, Un guardapies de lienzo pintado nuevo, Una casaca de muger de griseta de lana nueva, Un capotillo de tafetán negro mui viejo, Un peto bordado viexo, Un azafatillo de mimbres, Un rosario de Gerusalen, Un espejito, Un par de zapatos de muger negros nuevos, Una efigie de un santo christo a la cabezera de la cama de hueso pequeño, una plancha, un par de tijeras, Un pedazo de calzeta con sus abujas (hace punto, en sus ratos libres), Una zesta de mimbre blanca,Una votella de vidrio, Tres escudillas, Tres jícaras, Dos platos, Una jarra, Un cuenco todo de Talabera ordinaria, Un baso, Una copa de vidrio grandes, Un fuelle viejo, Una copa de varro, Otros diferentes trebajos de cozina, como pucheros y cazuelas viejas, estos por su poca consideración no se anotan". En otro proceso, 775 reales fue todo lo que se le incautó a Manuela Ortiz, alias la Legaña o la galana, viuda vecina de Burgos en 1758, pero se la había condenado a las costas del proceso y además se intenta que ella misma costee el desplazamiento de Burgos a la cárcel de Valladolid, en la que se la condena por seis años. Valladolid, ARCV., Causas Secretas, 12.3, 1767; Pleitos criminales 1232-5, 1758.

Por último, en esta tipología delictiva, al igual que en la derivada del ejercicio de la prostitución, tiene un especial protagonismo el apercibimiento[51]. No el apercibimiento procesal sino el penal o punitivo contenido en la sentencia, para evitar la repetición de iguales o similares actos criminales en el futuro[52]. Apercibimientos que son considerados más como remedios que cómo verdaderas penas, o como remedio de éstas, como señala Antonio de la Peña[53].

Apercibimientos de los que eran partidarios tanto Castillo de Bobadilla como Cerdán de Tallada, por ser una pena arbitraria, muy leve, por debajo de la cual solo está la prevención. Pero si lo vemos como una simple corrección o un medio para purgar sospechas o culpas leves, nos indica el sentido que tienen estos delitos en esta sociedad. De hecho los apercibimientos se encuentran en sentencias por pequeños hurtos, resistencia a las justicias o los de incontinencia, bien sea prostitución o alcahuetería. La finalidad bien pudo ser no añadir más nota y escándalo a los implicados que la que ya se había producido por los hechos y actitudes de los culpados, que en algunas ocasiones, si eran personas de calidad o eclesiásticos, se veían protegidos al no aparecer sus nombres en los papeles generados a lo largo del proceso (testificales, autos, providencias, etc.).

El apercibimiento que viene impuesto en las sentencias está acompañado de una *cláusula de quebrantamiento*. En esta, en ocasiones se advierte del castigo que se le dará de no cumplir, señalando una pena exacta, mientras que en otras no se pasa de la mera advertencia[54].

Pero si en general la ejecución de las sentencias de los tribunales penales tiene difícil seguimiento en el Antiguo Régimen, tal y como

---

[51] Apercibimiento. Excitación o requerimiento que se hace a alguno para que ejecute alguna cosa, o para que evite diligentemente faltas u omisiones que, a ser maliciosas constituirían delito», en *Diccionario de la Administración española*, Tomo 1. Madrid, 1892, p. 474.

[52] Pedro Ortego Gil, "Apercibimientos penales en la práctica criminal de la Real Audiencia de Galicia (siglos XVII y XVIII)", *Cuadernos de Historia del Derecho*, nº 3, 1996, pp. 11-41.

[53] "Tratado muy provechoso, útil y necesario de los jueces y orden de los juicios y penas criminales", publicado por M. López-Rey Arrojo, *Un práctico castellano del siglo XV. Antonio de la Peña*, Madrid, 1935. p. 65.

[54] No obstante, tiene un carácter similar a otras sentencias desde el momento en que cabe recurrir a instancias superiores la pena de apercibimiento, con la diferencia con respecto a otras penas de que no tiene límites temporales.

se ha señalado para el caso de los destierros, mucho más difícil era controlar por parte de la justicia las sentencias de apercibimiento. En el caso de un tabernero de malas costumbres, llamado Gerónimo Castro, que tenía abierta sobre la tasca una casa de lenocinio, recibió un apercibimiento del alcalde de barrio de Valladolid para que cesase en una actividad escandalosa y en mantener abierta su cantina más allá de las 10, hora en que según el bando municipal debía estar cerrada. Sin embargo, hasta después de las 2 de la madrugada seguía dando vinos, licores, y cama para aquellos hombres que querían estar con alguna de las tres mozas que le servían. No obstante, la sentencia definitiva no incluía apercibimiento, ni otra sanción más que volver en el corto plazo de ocho días a su casa, en la que tiempo atrás había dejado en total abandono y descuido de alimentos a su legítima mujer, a pesar de que después había vivido amancebado con otras, con las que también tenía hijos[55]. Sus delitos por alcahuetería y lenocinio no parecen tenerse en cuenta por el juez, que antepone las necesidades de su esposa a otras cuestiones.

En la sentencia dictada contra un grupo de mujeres de mala vida, que residían todas en una misma casa abandonada (sin arrendar ni pagar renta alguna) fue un apercibimiento, de que si en lo sucesivo diesen margen a algunos desórdenes, como aquellos por los que han sido procesadas, serían tratadas con mayor rigor[56]. Pero, el apercibimiento no tenía por qué ser pena única, y por lo general no lo fue[57]. De hecho, en el pleito anterior se les condenaba a las mujeres a las costas y a salir de Valladolid, es decir, a destierro.

La cárcel galera de mujeres era otra posibilidad, pero no en la primera sentencia. Se apercibía de pena de cárcel en caso de reincidencia, aunque como primera opción se evitaban los encarcelamientos prefiriendo desplazar a las mujeres fueran putas o alcahuetas de sus centros

---

55 Valladolid, ARCV., Pleitos criminales, 1452-3, 1818.

56 Valladolid, ARCV, Pleitos criminales, 1300,11 1807

57 Pedro Ortego Gil considera que el apercibimiento fue ganando en importancia cuantitativa en las sentencias, en la misma proporción que se producía un descenso en las penas de destierro entre el siglo XVII y el XVIII. "Apercibimientos penales [...], *Op. Cit.*, p. 23.

de acción, sin tener en cuenta las situaciones que para ellas generaban. Evitaban el mal alejando el peligro.

Penas y sentencias en la literatura no jurídica.

La aplicación de estas sentencias se vislumbra en la literatura del Siglo de Oro, que no oculta el tratamiento que a las denominadas *celestinas* suele dar la justicia. Emerenciana, una alcahueta literaria, situada en Alcalá de los Estudios, en la obra titulada *El escarmiento del viejo verde*, de Salas Barbadiño, es uno de los personajes de este oficio al que se presenta a través de sus habilidades pero antes por las consecuencias que tuvo que sufrir por ejercer este oficio:

> "Mujer acreditada con los trabajos de prisiones largas y destierros no cortos, y aun tal vez si había paseado, sacando sus espaldas en público [azotes] y dando que mirar a los doctores y bachilleres de la universidad, en que, gracias a Dios, que sabe acudir en las necesidades, mostró tan buen ánimo y corazón que muchas de su arte la envidiaban y daban mil alabanzas al cielo, que la hizo mujer para tanto".

Igualmente, si leemos el *Diario* de Ventura Pérez, que recoge los asuntos más llamativos de la vida de Valladolid para el autor durante buena parte del siglo XVIII, y por tanto no es una fuente procesal, pero atiende con puntualidad a reflejar todas las ejecuciones públicas, observamos como con una cierta periodicidad – al menos una por década – se aplica la sentencia a alguna alcahueta que ejercía en Valladolid en esos años, con la publicidad que se daba a todas estas ejecuciones para que fueran ejemplificadoras.

> "En 15 de diciembre de 1712 pusieron a la vergüenza en un tablado a unas mujeres y luego las desterraron".
> "Año de 1733 día 16 de Junio, emplumaron en medio de la plaza a una mujer por alcahueta, la cara al consistorio; la emplumó el verdugo y la tuvo allí un cuarto de hora con su coraza, y la llevaron por las calles

públicas de la misma manera; vivía frente del León de la Catedral en una casa donde pocas veces ha faltado fruta de este género".

"Año de 1735, día 28 de Febrero, emplumaron a Isabel Uso, que vivía a la Pasion, por alcahueta, y la condenaron a seis años de galera: la trajeron sin orden por las calles; después que la emplumaron la pusieron una coraza y la llevaron por la calle de Teresa Gil, calle de Longaniza, Galera y otras calles, y por la tarde la trajeron a la galera, rapada y a la vergüenza".

"Año de 1749, día 10 de Junio, emplumaron a una mujer, vecina de ella, llamada la Palurda, por alcahueta. La pasearon las calles con plumas y todo; la llevaron a la galera por ocho años a la voluntad de la sala".

"Año de 1754, día 31 de Agosto, emplumaron a una mujer por alcahueta; era de oficio colchonera; hicieron con ella lo mismo que con las demás; era de bastante tomo".

"En 5 de septiembre de 1767 emplumaron a una mujer por alcahueta y haber perdido a diferentes mozas, en la plaza pública, como es costumbre; no la pusieron coraza; desde allí la llevaron a la galera. Salió toda rapada; vivía en la calle de San Martín, a la entrada como vamos a la plazuela vieja a la mano derecha; fueron muy criminosos sus actos".

"En 23 de septiembre de 1770 pusieron en medio de la plaza, a la vergüenza, a tres mujeres, por meretrices; las tuvieron allí más de dos horas y luego las echaron por las puertas de la ciudad desterradas; las tuvieron vestidas solo a cuerpo, rapadas cabeza y cejas".

"En 15 de noviembre de 1780 emplumaron y llevaron a la galera a una alcahueta llamada la Roja pastora".

"En 21 de julio de 1781 emplumaron a un hombre llamado Toribio por alcahuete, frente del consistorio, y le emplumaron en la misma forma que a otras mujeres, solo con la diferencia que a las mujeres las echan plumas de palomino y a este le emplumaron con plumas de ganso, blancas, y de esta forma le volvieron a la cárcel por todas las calles acostumbradas que llevan a los azotados con plumas y bien acompañado, sin azotes"[58].

---

[58] *Diario de Ventura Pérez,* fácsimil, Ed. Grupo Pinciano, Valladolid, 1885, p. 120, 130, 272-272, 298, 412, 441, 458, 511, 514.

Y atendiendo a las propias sentencias, como la que a mediados del siglo XVIII, se le daba a "la Galana" tras su juicio por alcahueta, se repiten las mismas penas

> "La debo condenar y condeno a berguenza publica acompañada con miel, plumas, y coraza, y en seis años de reclusión en la galera y real carcel de miseriordia de la ciudad de Valladolid"[59].

En definitiva, las penas que por sentencia judicial se suelen imponer a las alcahuetas son – como hemos visto – las llamadas penas infamantes. No deja de ser curioso, que se les imponga perder la fama a quien por venir de la profesión que viene se supone que ya la había perdido. Pero, por ejemplo, en el proceso anterior, el discurso del procurador de la condenada era muy contrario a esta idea y por tanto a una pena infamante, pues describía a la penada con adornos muy diferentes:

> "porque la dicha... es buena cristiana, ttemerosa de Dios y de su conciencia, enemiga de lo ajeno, ... a la voluntad de su dueño, honesta modesta y recogida de ttal modo que ttanto en el esttado de Biuda en que se halla como en el de casada y de soltera xamas ha dado la mas leve notta ni escandalo pues ha vivido horradamente ni ha sido causa de que muger alguna de ningun estado haia vivido mal".

En cualquier caso, es posible deducir que en el Setecientos los tribunales seguían manteniendo la vergüenza pública. Pero no solo estas penas, pues por otra parte, se opta indiscriminadamente por la cárcel y por el destierro, lo que no se puede interpretar, como hiciera Berni Catalá, como una mitigación de las penas.

Para las mujeres los elementos infamantes fueron numerosos y, además de los azotes, se ponían en escena otros elementos, los que destaca el

---

[59] Además de que se la embargase y con ello se paguase a Manuel Sánchez lo que le debía de unas ropas. Esto es sentencia en Burgos y se remite a Chancillería. Valladolid, ARCV., Pleitos criminales 1232-5, 1758.

emplumamiento, el paseo, rapar cabeza, y la coroza. Esta pieza, que se les colocaba para el paseo público infamante, se elaboraba para cada una de las condenadas, y tenían que pagar al verdugo que se la proporcionaba:

> "Açotaron en Salamanca a una vieja por alcahueta y hechicera. Y quando la descendieron del asno, dixole al verdugo, que le pagasse los derechos que le debía y entre las cossas contole lo que avia costado la coroça. Dandole cuenta lo que costó el papel y las colores, y la hechura. Pagole, diciendo, dádmela acá hijo, pues cuesta tanto, que no se cuando la avré menester"[60].

Para algunos autores, no juristas, como Francisco de Monzón, ninguna de estas penas parecía adecuada para este tipo de delincuentes:

> "...que como viesen una vieja sin hazienda ninguna vivir y mantenerse bien, era necesidad que se avia de descubrir el arte que tenía, y en siendo hallada una de estas maestras de alcahueterías, devría ser castigada, no solo con pena de infamia de encoroçarla como ahora hacen, porque no lo sienten como afrenta, antes lo huelgan por ser desde allí adelante más conoscidas, para que sepan los vanos hombres aprovecharse de su oficio. Menos les es abastante pena açotarlas y desterrarlas, porque el dolor es liviano, y con el destierro no se estorva el uso de sus malas artes, que adonde quiera que fueren ay mujeres con quien puedan tener sus malos tratos y usar de sus malas mañas. La pena que devría de dar a un juyzio destas tales era herrarlas en la cara, en parte a donde no se pudiesen encubrir las señales por las quales fuese[n] conocidas de todos generalmente y tenidas por sospechosas personas, para que no las consintiesen entrar adonde oviese castas y honestas mujeres a quien pudiesen perjudicar, y avíase de executar esta pena con tanto rigor que por ninguna causa se le avia de perdonar a la que la meresciese, por serle devida justamente. Que si hierran a los que se casan dos vezes ¿Por qué

---

[60] *Floresta española: de apotegmas, o sentencias ...de algunos españoles*, En Bruselas, casa de Huberto Antonio Velpio, 1655. capítulo VI. De Iusticiados. XII.

no herraran a la que haze descasarse muchos hombres y casarse otros a hurtos y esta causa de hazerse muchos adulterios? Y si se sopiese que el juez avía perdonado a alguna por ruegos de algunas personas … deviera ser castigado reziamente, como a persona que pervirtió la justicia por corruption de personas, y que por su negligencia son corrompidas las buenas costumbres y hechos muchos adulterios y deshonestidades en la cibdad que les está encomendadad para que rigan y la goviernen"[61].

Los maridos consentidores generalmente sufrían también una pena infamante, pero según Covarrubias, que coincide con el autor anterior, no la considera la más apropiada y por la misma razón:

> "Para los que han perdido la vergüença, esta pena y la sobredicha no es pena, sino publicidad de su ruin trato, para que sean más conocidos y freqüentados; pero si tras esto los embiassen a galeras, no se iría todo en risa"[62].

Así pues, tras el análisis del delito de alcahuetería o lenocinio en los manuales de práctica jurídica y en los pleitos criminales y causas secretas seguidas por su causa en el Tribunal de la Chancillería, originados fundamentalmente por autos de oficio, podemos deducir que: en los procesos se observa una intervención clara sobre el que está detrás de los actos deshonestos y concierta voluntades, y no sobre los implicados en tales actos. Se le acusa de inmoralidad, pero no se incide en el aspecto económico y en el negocio que gestiona, no actuando para que resarciera a las mujeres implicadas de ninguna manera. Las sentencias que tienen que afrontar los rufianes y alcahuetas son fundamentalmente apercibimientos, penas infamantes, corporales, destierro, y cárcel, y las mujeres que han trabajado para ellos no serán juzgadas en el mismo proceso.

---

[61] Francisco de Monzón, *Libro primero del espejo de la princesa cristiana*, Ley V, p. 240 rº (Archivo Nacional Torre do Pombo).

[62] José Julio GARCÍA ARRANZ, "El castigo del «cornudo paciente»: un detalle iconográfico en la visita de Sevilla de Joris Hoefnagel (1593), *Norba-Arte*, vol. XXVIII-XXIX (2008-2009), pp. 69-79

LOS DELITOS CONTRA LA PROPIEDAD COMETIDOS
POR LAS MOZAS DE SERVICIO EN CASTILLA A
FINALES DEL ANTIGUO RÉGIMEN

Carlos Lozano Ruiz
Universidad de Valladolid[1]

1-Introducción. El servicio doméstico. Entre la buena criada y la criada ladrona

El servicio doméstico siguió siendo para las mujeres, a finales del Antiguo Régimen, "la vía más práctica y rápida para entrar en la economía urbana aunque en la segunda mitad del XVIII la industria les diese algunas oportunidades más"[2]. Tal es así, que esta fue "la vía laboral mayoritariamente adoptada por la población femenina, el primer medio, sino el único, que se ofrecía a muchas mujeres para lograr reunir la ansiada dote"[3], por lo que el servicio que prestaban no era un fin en sí mismo sino que este tuvo una orientación y una finalidad muy clara en la mayoría de los casos. Esta ocupación viene, por lo tanto, a cuestionar

---

[1] Beneficiario del Programa de Formación del Profesorado Universitario (FPU) del Ministerio de Educación, Cultura y Deporte (España). Referencia 2010/0154. Miembro del Proyecto HAR2012- 31909, financiado por el Ministerio de Economía y Competitividad. Proyectos de Investigación Fundamental. VI Programa Nacional de Investigación Científica (España), Desarrollo e Innovación Tecnológica, 2008-2011.

[2] Ofelia Rey Castelao, "Mujeres, trabajo y migraciones urbanas en España durante la segunda mitad del siglo XVIII", *Revista de Historiografía,* 16, Madrid, 2012, p. 51.

[3] Serrana Rial García, *Las mujeres en la economía urbana del Antiguo Régimen: Santiago durante el siglo XVIII*, A Coruña, Ediciós do Castro, 1995, p. 202.

DOI: http://dx.doi.org/10.14195/978-989-26-1033-7_8

la conocida afirmación, que desde algunos sectores de la historiografía se ha venido repitiendo, relativa a que "las mujeres contribuyeron por primera vez y de forma decisiva a la economía familiar durante la primera revolución industrial"[4]. En esta línea, el trabajo desempeñado por las mujeres desde el servicio doméstico se ha considerado como un "ejemplo de la "terciarización" de la estructura ocupacional femenina en la época preindustrial"[5].

Tal y como señaló Aragón Mateos "historiar el mundo de la servidumbre es desde luego analizar una relación, un intercambio"[6]. En ocasiones, el grado de afectividad que se generaba entre los amos y las amas respecto a sus domésticos se acababa traduciendo en generosas mandas testamentarias, y es que las criadas, más allá de su trabajo, "también aconsejan, también ayudan y son los pies y manos de sus señores"[7].

---

[4] Montserrat Carbonell i Esteller, "Las mujeres pobres en el Setecientos", *Historia Social*, n° 8, Valencia, 1990, p. 126. Como refleja dicha autora, las mujeres, en unos momentos anteriores a la primera Revolución Industrial ya habrían aportado su trabajo, no solo en lo relativo al consumo y a la reproducción, sino también en la producción y distribución de productos primarios, mercancías y servicios, siendo su actividad decisiva para la economía familiar. Algo que se evidencia desde el mismo momento en que "la inmensa mayoría de las mujeres tenía que trabajar para sobrevivir", Montserrat Carbonell i Esteller, "Trabajo femenino y economías familiares", *Historia de las mujeres en España y América Latina,* coordinadora Isabel Morant, Madrid, Cátedra, 2005, p. 244. No obstante, como ha señalado López Cordón, no se deben olvidar los problemas existentes a la hora de llevar a cabo una cuantificación de dicha realidad, pues "conocer qué significa, en términos económicos, el trabajo de la mujer en una sociedad del Antiguo Régimen es, no solo difícil, sino probablemente imposible", María Victoria López-Cordón Cortezo, "La situación de la mujer a fines del Antiguo Régimen", *Mujer y sociedad en España: 1700-1975,* coordinadora Rosa María Capel Martínez, Madrid, Ministerio de Cultura, Dirección General de Juventud y Promoción Socio-cultural, 1986, p. 64. Igualmente, respecto al tema que aquí nos interesa más, el del servicio doméstico, conviene señalar que también encontramos una dificultad análoga pues "con los parámetros de que se dispone no es posible cuantificar realmente qué porcentaje de mujeres se dedicaba al servicio doméstico", Josefina Méndez Vázquez, "Escuelas para criadas: un plan de formación profesional en el Madrid de la España Ilustrada", *Impulsando la Historia desde la historia de las mujeres*, editoras Pilar Díez Sánchez, Gloria Franco Rubio, María Jesús Fuente Pérez, Huelva, Universidad de Huelva, 2012, p. 332.

[5] Serrana Rial García, "El servicio doméstico: vía laboral para las mujeres en Santiago de Compostela a finales del Antiguo Régimen", *El trabajo de la mujer. Pasado y presente*, Málaga, Diputación Provincial, 1996, p. 313.

[6] Santiago Aragón Mateos, "Amos y criados en la Extremadura dieciochesca", *Actas del Congreso Internacional sobre "Carlos III y la Ilustración" (Economía y sociedad)*, Madrid, Ministerio de Cultura, 1989, p. 404.

[7] Miguel Herrero, *Oficios populares en la sociedad de Lope de Vega*, Madrid, Castalia, 1977, p. 44.

Sin embargo, esa actitud respecto a las mandas sabemos que no se encontraba muy generalizada[8].

Mucho más extendida se encontraba en el imaginario colectivo la idea de la moza de servicio como un elemento peligroso al que sus amos debían vigilar e instruir continuamente, idea que se transmitió, entre otras vías, por la literatura, desde comienzos de la Modernidad. Por ejemplo, fray Luis de León, en *La perfecta casada,* va a reflejar estas ideas incidiendo, especialmente, en la importancia de la vigilancia del ama a las criadas en momentos como el descanso en el hogar, para evitar, sobre todo, que estas robasen[9], así como en la instrucción diaria[10]. Pero no solamente en la literatura religiosa y moralizante vamos a encontrar esa imagen de la doméstica sino también en la novela picaresca[11]. Lo que más nos interesa comprobar en estos testimonios literarios de comienzos

---

[8] *Vid.* María Concepción Valenzuela Robles, "Las relaciones afectivas entre amos y servidumbre femenina a través de las mandas testamentarias. Málaga (1496-1520)", *Vidas y recursos de mujeres durante el Antiguo Régimen*, Málaga, Servicio de Publicaciones de la Universidad de Málaga, 1997, p. 45.

[9] "De manera que ha de madrugar la casada para que madrugue su familia. Porque ha de entender que su casa es su cuerpo, y que ella es el alma dél, y que, como los miembros no se mueven si no son movidos del alma, así sus criadas, si no las menea ella y las levanta y mueve a sus obras, no se sabrán menear. Y cuando las criadas madrugasen por sí durmiendo su ama y no la teniendo por testigo y por guarda suya, es peor que madruguen, porque entonces la casa, por aquel espacio de tiempo, es como pueblo sin rey y sin ley, y como comunidad sin cabeza; y no se levantan a servir, sino a robar y destruir, y es el propio tiempo para cuando ellos guardan sus hechos", fray Luis de León, *La perfecta casada,* edición de Mercedes Etreros, Madrid, Taurus, 1987, pp. 110-111.

[10] "Y demás desto, del cuidado del ama aprenden las criadas a ser cuidadosas, y no osan tener en poco aquello en que ven que se emplea la diligencia y el mandamiento de su señora; y como conocen que su vista y provisión della se extiende por todo, paréceles, y con razón, que en todo cuanto hacen la tienen como por testigo y presente, y así se animan no solo a tratar con fidelidad sus obras y oficios, sino también a aventajarse señaladamente en ellos". *Ibídem,* p. 114.

[11] Entre las numerosas citas que se podrían insertar a este respecto, hemos optado por la siguiente, donde se nos da una visión particular tanto del criado como de la criada: "Acordábaseme lo que en las cosas domésticas costaba un criado bellaco, sisador, mentiroso, como los de hogaño. Y si va por el atajo, ha de ser tonto, puerco, descuidado, flojo, perezoso, costal de malicias, embudo de chismes, lenguaz en responder, mudo en lo que importa hablar, necio y desvergonzado en gruñir. Una moza o ama que quiere servir de todo, sucia, ladrona, con un hermano, pariente o primo, para quien destaja tantas noches cada semana; amiga de servir a un hombre solo, de traer la mantilla en el hombro, que le den ración y ella se tiene cuidado de la quitación, cuando halla la ocasión; y ha de beber un poquito de vino, porque es enferma del estómago", Mateo Alemán, *Guzmán de Alfarache,* edición de Benito Brancaforte, Madrid, Akal, 1996, pp. 182-183.

de la Modernidad es cómo ya desde el siglo XVI, encontramos, entre otros aspectos, esa asociación de la moza de servicio como ladrona. Una asociación que se va a perpetuar y va a formar parte de la mentalidad castellana durante el Antiguo Régimen. Tal es así que "este era un estereotipo profundamente enraizado en las representaciones de los amos sobre los sirvientes en todas las sociedades europeas que hacían hincapié en la imagen del "criado-ladrón"[12]. En todo caso, conviene señalar que este no era sino un aspecto negativo más que se sumaba a la pésima imagen que ya desde la Edad Media[13], y durante toda la Edad Moderna, se tuvo de las criadas[14].

2-Los hurtos en la Edad Moderna. Algunas observaciones

No hay duda de que los hurtos y robos domésticos fueron, en general, más castigados en el ámbito privado que en el ámbito judicial. Eso no fue obstáculo, no obstante, para que toda una serie de pleitos pasasen por las distintas justicias existentes durante el Antiguo Régimen. Esto ha permitido la elaboración de algunos estudios que han centrado su interés en los momentos finales de la Edad Media y los comienzos de la Edad Moderna, en los que se ha cuantificado, mediante porcentajes,

---

[12] Juan García Cárcamo, "Criados contra amos: la condición social de los sirvientes y los conflictos económicos con sus patronos en Vizcaya (siglos XVIII y XIX)", *Cuadernos de Sección. Historia-Geografía,* 23, 1995, p. 126.

[13] Fueron ya vistas como alborotadoras, causantes de destrozos, por entrar, por ejemplo, a tierras ajenas, y sus conductas personales fueron un motivo de preocupación para los concejos. *Vid.* María Isabel del Val, "Mujer y trabajo en Castilla al final de la Edad Media", *Aragón en la Edad Media,* n° 14-15, 2, Zaragoza, 1999, pp. 1593-1595.

[14] "Se decía de ellas que eran holgazanas, propensas al robo, ponían condiciones laborales a sus amas y amos, no tenían recato al tratar con los varones y resultaba muy difícil poder controlarlas porque cambiaban constantemente de casa", Emilia Martínez Ruiz y José Garrido Arredondo, "El servicio doméstico femenino en la Edad Moderna", *Estudios en homenaje al profesor José Szmolka Clares,* coordinadores Antonio Luis Cortés Peña, Miguel Luis López-Guadalupe Muñoz, Francisco Sánchez-Montes González, Granada, Universidad de Granada, 2005, p. 422. Algunos de esos comportamientos que se las achacaban las llevaron hasta los propios tribunales, como se analiza en Francisco Javier Lorenzo Pinar, "Los criados salmantinos durante el siglo XVII (1601-1650): conflictividad social y actitudes ante la muerte (II)", *Studia Histórica, Historia Moderna,* 31, Salamanca, 2009, pp. 276-291.

la participación femenina en determinados delitos[15], y que, junto con otros, han venido a cuestionar la denominada teoría de la transición de la violencia al robo[16]. Pero este fenómeno no se ha analizado durante los inicios de la Modernidad, sino también durante los momentos finales de la misma. A este respecto, y a pesar de las limitaciones que plantea, se debe señalar, sin duda, el estudio de Palop Ramos, quien considera que los hurtos y robos fueron la transgresión más numerosa, no solo de su grupo, sino de todo el elenco delictivo tratado, así como en el que más personas confluyen[17]. Tampoco han faltado estudios sobre la

---

[15] *Vid.* Juan Miguel Mendoza Garrido, "Sobre la delincuencia femenina en Castilla a fines de la Edad Media", *Mujer, marginación y violencia entre la Edad Media y los tiempos modernos,* coordinador Ricardo Córdoba de la Llave, Córdoba, Servicio de Publicaciones, Universidad de Córdoba, 2006, pp. 75-126. En dicho estudio se analiza la documentación relativa a los alcaldes de Casa y Corte y a los pleitos que llegaron a la Real Chancillería de Ciudad Real-Granada (1495-1507) así como los delitos registrados en la Santa Hermandad Vieja de Ciudad Real para el período 1491-1525. Para que podamos hacernos una idea sobre la participación de la mujer en los denominados delitos contra la propiedad en aquel momento y en aquellos tribunales, hemos considerado oportuno reflejar las cifras de participación femenina en cada uno de ellos. Mientras que los porcentajes de dicha participación en los delitos contra la propiedad en el caso de las actuaciones de los alcaldes de Casa y Corte y en los pleitos de la Real Chancillería de Ciudad Real-Granada, son similares, un 15,78 % en el primer caso y un 15, 38 % en el segundo, una situación distinta sucede en el último de los tribunales, el de la Santa Hermandad Vieja de Ciudad Real, en el que dicho porcentaje se eleva hasta el 25 %.

[16] El estudio anteriormente señalado, así como también otros existentes, vienen a reflejar que las cifras que se van obteniendo ponen en duda "el patrón de delincuencia medieval comúnmente aceptado y que suele definirse por el peso claramente destacado de los delitos contra las personas y especialmente focalizado en los fenómenos de violencia interpersonal", detectándose, en definitiva, que el peso de esos delitos contra la propiedad ya fueron realmente importantes en el tránsito de la Edad Media a la Moderna. *Vid.* Juan Miguel Mendoza Garrido, Clara Almagro Vidal, María Ángeles Martín Romera, Luis Rafael Villegas Díez, "Delincuencia y justicia en la Chancillería de Ciudad Real y Granada (1495-1510). Primera parte. Estudio", *Clío & Crimen: Revista del Centro de Historia del Crimen de Durango,* n° 4, Durango, 2007, pp. 353-488.

[17] José Miguel Palop Ramos, "Delitos y penas en la España del siglo XVIII", *Estudis: Revista de Historia Moderna,* n° 22, Valencia, 1996, p. 83. Para el tribunal de la Real Chancillería de Valladolid, según las cifras aportadas por este investigador, el grupo delictivo contra la propiedad supuso un 39,6 %, mientras que respecto al total de los acusados por dichos delitos este porcentaje representó el 49 %. Es importante reseñar el abrumador peso de los delitos de hurto y robo dentro de este grupo (78), frente a los de destrucción de bienes (1) y estafa (3). Será en los primeros en los que centraremos nuestro estudio, pues, al fin y al cabo, fueron estos los que protagonizaron de un modo totalmente destacado las mozas de servicio. Algo distinta fue la realidad de los delitos contra la propiedad en la otra Chancillería, la de Granada, en la que ya no es el grupo delictivo con mayor peso (delitos contra la persona) si bien sigue siendo el que posee un mayor número de acusados (33,9 %). Aunque nos vayamos a centrar en los hurtos y robos, no debemos olvidar que las mujeres también protagonizaron durante esos momentos toda una serie de pleitos por motivos diversos,

delincuencia, en este caso femenina, en otros ámbitos lejanos al castellano centrados en ese siglo[18].

3-Las criadas y los hurtos a través de los pleitos de la Real Chancillería de Valladolid

De lo que no cabe duda es de que "junto a la violencia criminal, la delincuencia contra la propiedad constituyó la actividad ilegal que más alcance tuvo en las sociedades de la Europa preindustrial"[19]. Y ante este fenómeno nuestras protagonistas, las mozas de servicio, no quedaron al margen. Unas mujeres que, aunque no constituían un grupo marginal *sensu estricto*, sí que formaron "un conjunto de mal encaje en el tejido social"[20]. Distintos factores, entre ellos, especialmente, su situación de desamparo, su desarraigo familiar y la falta de tutela por parte del padre o marido, tan importante en aquella sociedad, o la necesidad, muchas veces, de completar sus ingresos de cara a la dote, llevaron a que ese servicio se prolongase en el tiempo[21], pero también a que, en no pocas

---

siendo fiel reflejo de ello, por ejemplo, el estudio de Margarita Ortega López, "Protestas de las mujeres castellanas contra el orden patriarcal privado durante el siglo XVIII", *Cuadernos de Historia Moderna,* nº 19, Madrid, 1997, pp. 65-90, en el que podemos apreciar cómo, ante aquellas circunstancias, en que el varón se extralimitaba o no cumplía su función protectora, las mujeres no dejaron de acudir a los tribunales para resolver sus conflictos.

[18] *Vid.* José Sánchez-Arcilla Bernal, "La delincuencia femenina en México a finales del siglo XVIII", *Cuadernos de historia del Derecho,* nº 20, Madrid, 2013, pp. 89-154. El análisis, que se centra en el ámbito mexicano y la delincuencia femenina durante el siglo XVIII, refiere que el hurto y robo solo representarían un 3,27 %. Citamos aquí este ejemplo como muestra de los distintos comportamientos según el ámbito de estudio. El propio autor refleja que en el territorio estudiado se detecta un "modelo del vicio" al ser lo más llamativo el que un 48,80 % de los delitos registrados en las fuentes que utiliza se corresponden con delitos de embriaguez.

[19] Ángel Alloza, *La vara quebrada de la justicia. Un estudio histórico sobre la delincuencia madrileña entre los siglos XVI y XVIII,* Madrid, Los Libros de la Catarata, 2000, p. 143. Como señala el autor, Castilla no fue ajena a ese fenómeno en el que los delitos en "daño común" habían sido ya protagonistas en momentos previos a la Edad Moderna.

[20] Ricardo Córdoba de la Llave, "Marginalización social y criminalización de las conductas", *El mundo social de Isabel la Católica: la sociedad castellana a finales del siglo XV,* coordinador Miguel Ángel Ladero Quesada, Madrid, Dykinson, 2004, p. 297.

[21] Dubert especificó entre los factores que más incidían en esas estancias prolongadas de las criadas en casas de sus amos "la combinación de condición femenina y carencia de

ocasiones, cometiesen numerosos hurtos[22]. Ante la ejecución de estos delitos, en algunos casos se va a proceder contra las mozas. Se originaban así una serie de pleitos que, tras pasar por las justicias inferiores, acababan llegando al tribunal de la Real Chancillería de Valladolid y, en concreto, a su Sala de lo Criminal. Nos detendremos ahora, por su interés, en conocer a estas mozas que son acusadas de hurto a finales del Antiguo Régimen ante dicha justicia[23].

Unas mozas de servicio que en ocasiones ejercen como tal a pesar de su corta edad[24]. Quince años, poco más o menos, declaró tener la criada Prudencia Astorga, natural de Valladolid, quien fue acusada por parte de su amo, Josef Calvo, de salir a deshoras sin permiso de este, todo ello unido a fuertes sospechas de que le robaba varias de sus pertenencias. Entre los objetos sustraídos el propio amo expresó que "por malicias le estraia algunos efectos como sábanas, ropa blanca y pan cocido"[25]. Los diferentes testigos fueron aportando información detallada sobre los distintos hurtos que la acusada había ido llevando a cabo. Así, es otra criada de la misma

---

medios, las magras ganancias que les reportaba el oficio, las escasas expectativas de futuro que este ofrecía y la baja posición que como criadas ocupaban en la escala social", Isidro Dubert, "Criados, estructura económica y social y mercado de trabajo en la Galicia rural a finales del Antiguo Régimen", *Historia Agraria,* n° 35, Murcia, 2005, p. 11.

[22] Sobre el significado y evolución del concepto hurto y robo, así como su utilización, *vid.* José Sánchez-Arcilla Bernal, "Robo y hurto en la Ciudad de México a fines del siglo XVIII", *Cuadernos de Historia del Derecho,* n° 8, Madrid, 2001, pp. 49-74.

[23] Nos centraremos en aquellos casos en los que las criadas fueron acusadas de ejecutar el delito contra la propiedad, si bien no debemos olvidar, que se dieron otras situaciones en las que las criadas sufrieron el hurto/ robo o las consecuencias del mismo. Como mero ejemplo de lo segundo, podría servirnos el robo perpetrado en la noche del 13 de noviembre de 1777 en la casa de Jerónimo Díez y en el que salieron lastimados el susodicho, su mujer, una viuda, y la criada de la casa. En el testimonio que certificó Sebastián Franco de Quirós, escribano público y del número de la villa de Ledesma, se indicaba que Jerónimo Díez "se hallaba a la puertta de su casa grabamente herido y atadas sus manos con un cordón y asimismo su criada con una liga y que le habían enttrado diferentes hombres en su casa", Valladolid, Archivo de la Real Chancillería de Valladolid (A.R.Ch.V.), Sala de lo Criminal, 340, 3, f.18r.

[24] Esta fue una característica común de las componentes del servicio doméstico, tanto en el ámbito castellano como fuera de él. Por citar un ejemplo podemos señalar cómo las mozas de servicio de la ciudad de Salamanca, durante la primera mitad del siglo XVII, se caracterizaron, a este respecto, porque la mayor concentración de mujeres que pasaron a ejercer de criadas lo hicieron en la franja existente entre los 15 y los 25 años, siendo la edad modal de 17. Solamente un 7 % habría superado los 25 años. Francisco Javier Lorenzo Pinar, "Los criados salmantinos durante el siglo XVII (1601-1650): las condiciones laborales (I)", *Obradoiro de Historia Moderna,* n° 18, Santiago de Compostela, 2009, p. 242.

[25] Valladolid, A.R.Ch.V., Causas secretas, 33, 1, f.1v.

casa, Ana Mogrobejo, natural del lugar de Fuentes de Carvajal (León), y de 20 años, quien dijo que había oído a su amo que Prudencia Astorga había tomado de él una camisa y de su hija unas enaguas, y que conocía que la acusada había dado seis panes a un muchacho forastero, dándole a la declarante dos reales para que no dijese nada, quien, por otra parte se los dio a la ama sin especificar de donde provenían. Entre los testimonios ilustrativos aparece el de otra criada, María de la Cruz Orcajo, natural del lugar de Valñas, tierra de Sepúlveda, de 14 años, quien vio un mes antes de su declaración que Prudencia Astorga había cogido seis panes de su amo y se dirigía con ellos hacia la cuadra con el fin de dárselos a un zapatero para que hiciese a su hermano un par de zapatos. La testigo incluso fue más allá, acusándola también del robo de dinero, pues declaró que tres meses antes "estando en el portal de su casa el citado su amo Josef Caluo contando dinero de plata en una criba se quedó medio adormecido y entonces vio la testigo que la enumciada Prudencia metió por dos veces la mano en dicha criba"[26] confesándola que había cogido dos reales de plata. Frente a todas esas acusaciones, Prudencia declaró que todas, junto con otras de otros testigos, eran falsas, y que si lo decían sus compañeras y hermana era solo con el fin de dejarla mal a ella, pues no se consideraba cómplice de ningún hurto. Por lo tanto nos encontramos cómo, frente a una serie de acusaciones de su círculo más cercano, familiar, pero sobre todo de otras compañeras que ejercían en la misma casa de domésticas, la acusada va a negar todo lo referido. Pero incluso llega más allá, explicando de dónde procedía cada elemento supuestamente sustraído[27]. La sentencia del gobernador y alcaldes del crimen de la Real Chancillería de Valladolid llegó en 1804, cuando a Prudencia se la condenó a ocho días de prisión, dándole además un plazo de quince días para que

---

26 *Ibidem,* f.3v.

27 Así señaló que los 298 reales y medio que obraban en poder del que fue alcalde de barrio "no eran de la declarante y sí de su nobio Juan Merino que los iba poniendo en la arca de la declarante para quando se casasen de lo que le producía su trabajo y leña que diariamente traía del pinar; que las dos sábanas que existían en poder del receptor fueron encontradas en el arca de la declarante eran de ella misma las que compró hauia mucho tiempo sin que se acordase a quien y las tenía para quando se casase con el citado Merino", *Ibidem,* f.4r.

"buscase amo donde seruir con la fidelidad deuida u otro modo de vivir onesto pues de lo contrario se la haría desocupar esta"[28]; a todo ello se sumaba la condena a todas las costas, así como el apercibimiento de que si volviese a reincidir se la condenaría a ocho años de reclusión en la Casa Galera.

Un recurso frecuentemente utilizado por parte de estas mozas acusadas de hurto fue el de argumentar que aquellos objetos y bienes que se pensaban sustraídos no eran tales. Tomemos ahora como ejemplo a la moza María Cruz Álvarez, natural de Valladolid, de 18 años y huérfana, quien fue acusada, llevando tan solo ocho meses de servicio, del robo de varias alhajas de la casa de don Manuel Acosta, relator de la Real Chancillería de Valladolid. Esta, a través de Matías Serrano Linacero, procurador de la Chancillería, y su curador *ad litem*, confesó que se halló en su poder un pañuelo de cuatro esquinas bordado y una sortija de diamantes del citado relator. Sin embargo, a continuación declaró "que la sortija la halló al pie del catre de su amo al tiempo de hacerle la cama el día antes de salir de la casa de sus amos y que haviendola custodiado en el bolsillo con ánimo de entregársela a su ama luego que volviere de paseo se la olvidó..."[29], sucediendo algo similar con el pañuelo pues le "embolvio con su ropa sin advertirlo al tiempo de recogerla para marchar..."[30] dándose cuenta de que se había llevado ambos objetos al llegar a su casa. Y es que desde la defensa de la criada se va a argumentar todo lo posible con el fin de que no fuese condenada y justificar su actitud. Siguiendo en este mismo pleito criminal, encontramos el siguiente relato que explica el porqué no había devuelto dichos bienes, pudiéndose sintetizar en que la distinta posición del amo y la criada explicaba lo sucedido:

"Porque quien duda que los altercados que entre amos y criados ocurren en estos lances, al mismo tiempo que les enconan los ánimos abaten el espíritu de los últimos que por dependientes e inferiores

---

[28] *Ibidem,* f.4v.

[29] Valladolid, A.R.Ch.V, Sala de lo Criminal, 386, 10, pieza 1, f.2r.

[30] *Idem.*

tienen que ceder aun a las sin rrazones y que por lo mismo no quedan en libertad de hacerles ni las representaciones más justas oprimidos de superioridad que les impone silencio, no es mucho pues que por una parte el respeto y por otra el justo temor de renovar las contiendas la hiciesen perezosa en la restitución...”[31].

El 11 de agosto de 1808, el gobernador y alcaldes del Crimen de la Real Chancillería de Valladolid condenaron a dos años de reclusión de Galera a la susodicha, siendo el uno preciso y dejando el otro a la voluntad de la Sala; además, debería restituir a su amo la sortija y el pañuelo bordado y se le condenaba también en todas las costas de la causa. Inserto en la sentencia, como era habitual, figura el apercibimiento por el cual se la instaba a que, en lo sucesivo, arreglase su conducta pues, en caso contrario, si volviese a reincidir, sería castigada con mayor rigor.

Dentro de la reconducción de estas mozas de servicio que se habían “desviado” del modelo de mujer propuesto desde la Iglesia y el Derecho, como estamos comprobando, la reclusión en la Casa Galera, que “funcionaba con un discurso moralizador y correccional además del estrictamente represivo”[32], fue un recurso frecuente[33]. Algunas criadas fueron condenadas a pasar un determinado tiempo en ella, mientras que otras fueron apercibidas de que, en caso de no corregir sus comportamientos, acabarían allí. En este pleito resultan interesantes los argumentos expuestos por Matías Serrano en nombre de María Cruz Álvarez al conocer la sentencia y que van a perseguir evitar la Galera. En primer lugar, consideró perjudicial su reclusión en la Galera pues

---

[31] *Idem.*

[32] José Miguel Palop Ramos, “Delitos y penas en la España...”, p. 96.

[33] No es algo que deba sorprendernos, pues en aquellos momentos “la mujer era condenada a privación de libertad, esperando su reinserción moral, mientras que el hombre era sentenciado a penas de utilidad social para las monarquías modernas”, Margarita Torremocha Hernández y Carlos Lozano Ruiz, “Galera y taller. El utilitarismo ilustrado según la “Instrucción” de A. González Yebra”, *La prisión y las instituciones punitivas en la investigación histórica,* coordinadores Pedro Oliver Olmo y Jesús Carlos Urdá Lozano, Cuenca, Ediciones de la Universidad de Castilla La Mancha, Colección Estudios, n° 141, p.195.

"tampoco el delito en sí arguye una perversidad de corazón que haya menester una corrección dilatada, ni una severa penitencia; acaso la dilatada prisión de un año o más en la Galera pervertiría con el contagio de una mala sociedad sin corazón sensible todabía a los remordimientos de conciencia y aguisado por los sentimientos del honor"[34].

Pero también veía en esa reclusión "tan infamatoria y humillante como la de Galera que siendo en esta corte habría de sufrirla a vista de sus parientes y allegados"[35]. Hasta tal punto va a evitarlo que va a pedir la conmutacion de la pena por seis anos de destierro, con todo lo que ello podía originar en aquella sociedad moderna.

En otras ocasiones, en estas causas se llega a apreciar la existencia de algunos agravantes al hurto propiamente cometido por la moza de servicio. Para el período que aquí estudiamos el más significativo es, sin duda, el mantener relaciones con soldados. Entre los distintos ejemplos que podemos citar al respecto, nos centraremos en el caso de Josefa Gómez, criada que se define a sí mismo como "criada jornalera" pero que como otras muchas se caracterizaron en lo laboral por su versatilidad. En el auto de oficio que lleva por fecha 15 de agosto de 1802, dicha criada, natural de Valladolid, resultó acusada del robo de 800 reales de un talego que su amo, Antonio Herrero, guardaba en un arca. Y, más allá del hurto propiamente dicho, del que resultó delatada por un hijo pequeño del amo, va a ser constantemente acusada de que "no es de la mejor conducta por haberla bisto andar con soldados que pernotaba algunas vezes fuera de la casa de sus padres sin su lizencia y consentimiento"[36]. Unas acusaciones que eran totalmente ajenas al tema por el que se la juzgaba, de carácter moralizante y, en definitiva, metajudicial, pero que ponen de manifiesto que la mujer siempre va a ser juzgada ante determinados comportamientos condenados por la Iglesia y por esta sociedad sacralizada (a pesar de las fechas), aunque no respondan a tipo delictivo

---

[34] Valladolid, A.R.Ch.V., Sala de lo Criminal, 386, 10, pieza 1, f. 9r.

[35] *Ibidem,* f. 9v.

[36] Valladolid, A.R.Ch.V, Sala de lo Criminal, 681, 7, f. 1r.

alguno. En este caso la criada se desdijo en su declaración indagatoria de dichas acusaciones, afirmando que no se acompañaba de soldados ni tenía amistad con ellos, así como que nunca se había quedado fuera de la casa de sus padres sin su licencia. Este tipo de comportamientos agravaba, sin duda, el delito de hurto del que se la acusaba, como también lo agravó el que su propia madrastra, María García, mujer del padre de la susodicha, Ramón Gómez, en terceras nupcias, se llegara a quejar que desde la cárcel Josefa la provocara "con canttares propios de su mala conductta"[37], hasta el punto de que tanto uno como otro llegaron a solicitar su entrada en la Galera. Por lo tanto, frente al delito inicial, el hurto de los 800 reales, encontramos cómo toda una serie de acusaciones, sobre todo referentes a su trato con los soldados, van a confluir alrededor de la susodicha. El 13 de septiembre de 1802 se apercibió por el gobernador y alcaldes del crimen de la Chancillería a Josefa Gómez "que en adelante ebite las sospechas que contra ella resultan y viva con la honestidad y recato que corresponde pues de lo contrario se la destinará por quatro años a la Real Cárcel de esta corte y se la condena en todas las costas…"[38].

Una vez que las mozas de servicio perpetraban el delito contra la propiedad optaban, o bien por negar lo hurtado y permanecer en la casa del amo, como hemos analizado en algunos de los ejemplos anteriores, o bien por recurrir a la fuga. Esta segunda vía fue a la que recurrió Fermina Antolínez, de 17 años de edad, natural de Carrión de los Condes (Palencia) y criada del don Félix José de Urrengoechea, tras hurtar varios bienes a su amo. La susodicha fue hallada en su huida desde la ciudad de Valladolid, donde servía, hacia su localidad natal, en la villa de Wamba. Así, Manuel Urrea, vecino de Valladolid al que se le había encomendado que indagase el paradero de Fermina Álvarez, se presentó, tras varias sospechas, en Wamba, donde, en casa de la conocida como "la carretera", encontró a la susodicha que, tras proceder a su registro, fue dirigida de nuevo hasta la casa de su amo. Ella misma confirmó en su declaración que la causa de su prisión era "por haberse fugado de la casa de su amo llebándose

---

[37] *Ibidem*, f.16v.

[38] *Ibidem*, f.19v.

varias ropas y otras cosas"[39]. Unas ropas que, por lo tanto, confirmó haber hurtado y habérselas llevado consigo en su fuga, a diferencia de otra serie de bienes de cuyo hurto también fue acusada y ella negó[40]. El 1 de agosto de 1811, el gobernador y alcaldes del Crimen de la Real Chancillería, vistos los autos, y teniendo en cuenta la prisión ya sufrida por Fermina, la condenaban a un mes en la Casa Galera de esta Corte y al pago de las costas de la causa; asimismo se la apercibía a que no reincidiese en los excesos cometidos, pues sería castigada con mayor rigor.

Negación de lo hurtado, fuga, pero también, en ocasiones, las mozas de servicio, ante sospechas de posibles delitos cometidos contra la propiedad de sus amos, podían llegar a ser expulsadas de la casa. Esto es lo que sucedió en 1788 con María Riesca, criada soltera de 22 años, natural de Astorga. Esta había ido a Valladolid y, tras pasar dos años sirviendo en un mesón en la Rinconada de Santiago, y otro tiempo haberlo pasado enferma en el Hospital de Esgueva, había ido a servir a la casa de Francisco Urueña, escribano del número de dicha ciudad. El servicio en dicha casa, sin embargo, fue efímero, pues duró "como cinco días" ya que María Manuela Calvo, mujer del amo, atisbó que "la había extraído barias alajas y entre ellas vn tenedor de plata, vna tabla de manteles nueba, y vna chupa de seda"[41]. Y es que, como la propia María Manuela Calvo declaró "a los dos o tres días de recibida la hubiere adbertido la testigo deseosa de salir de casa con bastante altanería poniéndose al valcón y trabado combersación con vn soldado de la vandera que está a el frente de la casa de la testigo"[42] y con el que la susodicha según parece mantenía una estrecha relación. Encontramos pues, de nuevo, ese agravante que sin duda supuso el trato de las mozas de servicio con los soldados.

---

[39] Valladolid, A.R.Ch.V., Sala de lo Criminal, 827, 9, f. 4r.

[40] A mayores de dicha ropa se la acusó también de haber robado una manta, dos fundas, un par de medias blancas con cuadrado bordado, dos pañuelos de batista, otras ropas, alhajas, cubiertos de plata, etc. sobre los que argumentó no haberlos hurtado y así, por ejemplo, en el caso de las medias de seda indicó que se encontraban en el desván de la casa de su amo envueltas en una estera, en el caso de los cubiertos de plata que les encontró entre el carbón en la propia casa en que servía, etc.

[41] Valladolid, A.R.Ch.V., Sala de lo Criminal, 1747, 2, f.1r.

[42] *Ibidem*, f.2r.

La expulsión de la casa de María Riesca se tradujo en una búsqueda de la misma, con el fin de que restituyese los bienes robados y pagase por lo sustraído. Según declaró la propia acusada, muy pocos días después de su expulsión de la casa de Francisco Urueña la habían recogido en un cuarto de la calle Rinconada, sin que llegara a recordar el nombre de sus dueños pues solo estuvo una noche porque al día siguiente iba a regresar a su tierra con un maragato. Tan solo cuatro días después de su declaración en la cárcel, en relaciones a 26 de enero de 1788, se apercibía a María Riesca a que en adelante se abstuviese de cometer los excesos que resultaban de los autos, bajo pena de ser reducida a la cárcel Galera de esta corte, "y dentro de terzero día salga desta ziudad y se confine en el pueblo de su naturaleza pena de que se procederá contra ella por todo rigor de derecho"[43], condenándosela en las costas. Se confirmaba el destino de la criada en cuestión, el regreso a su localidad de origen, hecho que, por otro lado, se encontraba ya, según sus declaraciones, entre sus planes más próximos. Tan solo cuatro meses después de que esta moza soltera hubiese abandonado Astorga, después de haber servido dos meses en un mesón, haber pasado tiempo enferma en el Hospital, y haber servido menos de una semana en una casa en la que se le acusó de hurto, debía regresar, ya bien fuese por voluntad propia o por deseo de la justicia[44].

Entre los rasgos comunes a las mozas de servicio que pasaron por este tribunal que acabamos de analizar se encuentra el que todas fueron solteras. Eso no quita, sin embargo, para que se puedan detectar puntualmente pleitos cuya protagonista fuera una criada que ya había llegado a contraer matrimonio. Es el caso de Teresa Blanco, natural de Zamora, de 30 años de edad, y que había contraído, según indica, matrimonio con Manuel Adrián, natural de Cádiz, soldado del regimiento de Mallorca. La llegada de Teresa Blanco a Valladolid respondía a su deseo de acompañar a su marido, ya prisionero, hasta ese enclave. Sin embargo, la

---

[43] *Ibidem,* f.11r.

[44] Si bien el pleito no permite afirmarlo con total seguridad, lo que sí es cierto es que no pocas mujeres, movidas por una información incompleta y sesgada, optaban por llevar a cabo una emigración que, en ocasiones, acababa con las expectativas frustradas. *Vid.* Ofelia Rey Castelao, "Mujeres, trabajo y migraciones urbanas...", p. 46.

salida de este de dicha ciudad poco tiempo después, y la muerte de uno de sus hijos, la llevaron a la búsqueda de recursos para su subsistencia y la del resto de sus descendientes por medio del servicio doméstico en la casa del cirujano don Jacinto Maizonada, pero también la llevó a delinquir en la misma. Estando allí sirviendo, y días antes de que cumpliese un mes de servicio en dicha casa, Teresa, conocida con el apelativo de "la prisionera", perpetró así un hurto con el fin de poder "retirarse a Zamora con el producto que de ello sacase pues le inclinava el volver a ber a tres hijos que tiene en aquella ciudad y en la casa de ospicio"[45]. La lista de objetos que la susodicha habría hurtado, según lo declarado por su amo, se componía de "una manta, tres sávanas, un almirez, seis basos de cristal, una fuente de piedra, unos basos de acuartillo, barios platillos finos, dos salvillas de peltre grandes y baria porción de carbón grueso y piña"[46] dando la propia doméstica los datos sobre a quién había vendido cada cosa[47]. Vinculada con ese hurto se encontraba la huida de la moza de servicio, pues se había "marchado sin haverla despedido ni dicho cosa alguna pues dejó a el declarante y su familia en la mesa esttando comiendo"[48]. Poco tiempo después fue encontrada en una casa del barrio de San Juan de la misma ciudad y, además de negar cualquier posible hurto, afirmó que la salida de la casa de su amo se debía a la imposibilidad de poder dormir en ella por el elevado número de enfermos que había allí. Al fiscal del rey no le tembló la mano a la hora de determinar que Teresa había cometido un delito de los de mayor gravedad y trascendencia, perjudicial para la tranquilidad de las familias, como era el del robo doméstico. Finalmente,

---

[45] Valladolid, A.R.Ch.V., Sala de lo Criminal, 831, 2, pieza 3ª, f.10r.

[46] Valladolid, A.R.Ch.V., Sala de lo Criminal, 831, 2, pieza 2ª, f.1r.

[47] Así, la manta la vendió junto con una sábana a una tendera de aceite y vinagre que vivía en la calle de Orates por 24 reales, otra sábana la vendió a un platero llamado Juan por una peseta, el almirez se lo vendió a un latonero que vivía en la Platería por 11 reales, respecto al carbón dio un poco a la llamadora del Rosario y otra parte lo utilizó ella para su consumo... En todo caso, también resulta interesante el que, como ya hemos señalado anteriormente, la criada argumente que algunos de los objetos de los que se le acusaba haber hurtado no habían sido sustraídos y permanecían bajo poder de su amo, como sería el caso de los platillos finos y las dos salvillas, que no las habría cogido ella pues, según su versión, las salvillas se encontraban debajo de la cama del hijo de su amo.

[48] Valladolid, A.R.Ch.V., Sala de lo Criminal, 831, 2, pieza 3ª, f.2r.

el 26 de enero de 1813, se condenaba, por el gobernador y alcaldes del crimen de la Real Chancillería, a Teresa Blanco a seis meses de reclusión de Galera, apercibiéndola de que, en el caso de reincidir en semejantes excesos, se la trataría con mayor rigor, así como también al pago de las costas mancomunadamente con otra serie de personas que se habían visto inmersas en la causa. Este pleito nos da también información de otro de los recursos a los que estas mozas de servicio se aferraron en más de una ocasión para justificar el hurto: la tentación inferida por el demonio. Y es que, aunque Teresa Blanco afirmó saber "que ninguno tiene ación por estar prohivido por derecho el tomar lo ajeno contra la boluntaz de su dueño"[49], cometió el delito "por averla tentado el demonio"[50] .

Solteras, casadas, y también viudas, van a engrosar las filas del servicio doméstico a finales de la Edad Moderna. Sin duda el peso de las criadas solteras fue fundamental, sobre todo si tenemos en cuenta, como ya vimos, que el fin más importante de muchas de las mujeres que se colocaban como domésticas era la de obtener una dote de cara al matrimonio[51]. Sin embargo, y aun reconociendo ese fuerte peso, lo cierto es que "no era una actividad exclusiva de las solteras, ya que la viudez llevaba a muchas mujeres a emplearse como criadas"[52]. Viudas como Sabina Caballero, de 37 años de edad, natural de Cigales (Valladolid) y que, si bien había recurrido a la emigración desde el ámbito rural al urbano cuando todavía vivía su marido, fabricante de paños, finalmente optó, siguiendo lo reconvenido por el rector del Colegio de los Niños de la Doctrina, por ir a la localidad de Rueda (Valladolid), donde se puso a servir en la casa de don Francisco Arévalo. Todo parece indicar, según

---

[49] Valladolid, A.R.Ch.V., Sala de lo Criminal, 831, 2, pieza 2ª, f.2v.

[50] *Ibidem,* f.1v.

[51] Serrana Rial indicó la imposibilidad de cuantificar su peso respecto al total de las mozas de servicio para un momento previo al siglo XIX. Sin embargo, las cifras que aporta son muy esclarecedoras, basándose en el Padrón de 1844 y el Censo de 1857, pues de la primera fuente se extrae que el 96,2 % de las domésticas eran solteras y de la segunda que dicho porcentaje alcanzaría el 94,6 %. Serrana M. Rial García, *Las mujeres en la economía urbana...,* p. 113.

[52] Ofelia Rey Castelao, "Mujeres en la economía campesina", *Historia de las mujeres en España y América Latina. El mundo moderno,* directora Isabel Morant, coordinadores M. Ortega, A. Lavrin y P. Pérez Cantó, Madrid, Cátedra, 2005, p. 278.

se desprende del pleito, que, a diferencia de otras muchas mujeres que sirvieron como criadas, en su mayoría solteras y que carecían de recursos económicos, no fue esta la realidad, al menos inicial, de Sabina Caballero. Así, si bien durante su estancia como presa, por el hurto que su amo le va a atribuir, sabemos que fue contemplada como pobre de solemnidad[53], era hija legítima de Manuel Caballero y Rosa Marcos, miembros de las familias más conocidas y honradas de su pueblo, a lo que podemos sumar el que, según la declaración de la testigo Manuela Palomo, de 22 de mayo de 1807, "antes de marcharse la Sabina a Rueda la consta a la declarante tenía mui buenos reales y aun quería con ellos poner su trato de comestibles"[54]. Los testimonios dados a favor de la intachable conducta que Sabina había manifestado durante toda su vida[55] no fueron óbice para que el auto definitivo del alcalde mayor de Rueda, de 23 de junio de 1808, contemplase la restitución de los pañuelos de yerbas pintados de colores y de blanco, los calzoncillos, media camisa, cinco calcetas, cuatro pastillas de chocolate y el azúcar a su amo, así como una pena de veinte ducados aplicados a penas de Cámara, y el pago de todas las costas de esta causa y gastos de su manutención. Del mismo modo se la apercibía de que sería

---

[53] El que las mozas de servicio fuesen contempladas como pobres de solemnidad durante su estancia en la cárcel es algo que hemos podido constatar en varios de los pleitos criminales analizados. En este caso, posiblemente la situación de la acusada se viese agravada por su situación de viudez, pues por ella había perdido la protección de "un sistema jurídico matrimonial que hace pasar a las mujeres de la tutela/curatela de sus padres a la de sus esposos" (José Luis Arroyo Vozmediano, "Iglesia, mujeres y violencia. Calahorra 1643-1713", *Kalakorikos*, nº 13, Calahorra, 2008, p. 145). El paso de las mujeres por la cárcel en espera del momento en que se dictase la sentencia las hacía perder la obtención de toda una serie de ingresos fundamentales para su subsistencia. Esto explica que, por ejemplo, en un pleito ya algo tardío, de 1834, en el que Bonifacia Álvarez, viuda, y su hija, Paulina Nuevo, habían resultado acusadas del hurto de cuatro medias onzas de oro en la casa en la que servía la segunda, encontremos que Felipe Benito Alonso, en nombre de ambas, que habían pedido se las defendiese como pobres de solemnidad, solicitase su puesta en libertad "aunque sea dándolas ciudad y arrabales por cárcel, para que puedan con su trabajo adquirir lo necesario para su manutención", Valladolid, A.R.Ch.V., Sala de lo Criminal, 298, 8, f. 8r. *Vid*. Pedro Ortego Gil, "La ciudad por cárcel", *La prisión y las instituciones punitivas en la investigación histórica*, coordinadores Pedro Oliver Olmo y Jesús Carlos Urdá Lozano, Cuenca, Ediciones de la Universidad de Castilla La Mancha, Colección Estudios, nº 141, pp. 49-63.

[54] Valladolid, A.R.Ch.V., Sala de lo Criminal, 779, 5, f.24r.

[55] Así, Laureano Moyano, defensor de Sabina Caballero, vino a señalar cómo desde la cuna dicha mujer había acreditado su honrada conducta, hasta el punto de que "quando niña, quando adulta, quando casada, quando viuda, quando sirbienta y finalmente en todos los estados progresibos de su vida no se advierte culpa que imputarla" *Ibidem*, f.40v.

tratada con mayor severidad en caso de que en aquellas casas que sirviese no lo hiciese con mayor fidelidad y pureza. Sin embargo cuando la sentencia llegó a la Real Chancillería de Valladolid fue revocada, condenándosela, finalmente, a cuatro meses de prisión en la cárcel de la villa, a sumar a los que ya llevaba, al pago de todas las costas de la causa, y a la restitución de los bienes; también resultó apercibida. Un ejemplo donde vemos cómo no siempre debía coincidir el dictamen definitivo del gobernador y alcaldes del Crimen de la Real Chancillería con el de las justicias inferiores.

Los casos hasta aquí analizados han permitido contemplar los delitos contra la propiedad, y en particular los hurtos, ejecutados por algunas mozas de servicio, en solitario, a sus amos. Aunque todo parece indicar que la participación de más de una moza de servicio en los hurtos era bastante menos frecuente, podemos citar al menos un caso. Es el del hurto cometido por las criadas Francisca Tamames, natural del lugar de Valdelosa (Salamanca) y Eulogia Rodríguez, natural del lugar de Pelabravo (Salamanca), en 1822, en la casa de su amo, don José Bohada. El hurto, de una onza de oro y diez reales de un baúl del amo, llevó a que el juez de Salamanca, por auto definitivo de 19 de octubre de 1822, condenase a las dos criadas a la reclusión por un año en una casa de corrección, siendo los padres los que, en caso de no existir dicha casa, deberían velar y vigilar por sus conductas, procurando "se dediquen a un trabajo onesto y no causen escándalo y no las deje servir en casa alguna condenándolas en las costas del proceso"[56]. Desde Chancillería, el 3 de junio de 1823 se revocaba el anterior auto, contemplándose que la pena de cárcel que ya habían sufrido ambas criadas resultaba bastante "para purgar lo que contra ellas aparece del proceso"[57], así como el pago mancomunado de las costas y, además del ya habitual apercibimiento, se contempla que el corregidor de Salamanca remitiese a ambas a sus respectivos padres "a quienes se encarga observen la conduzta de sus hijas y procuren ebitar que incurran en adelante en estravíos como el que motivó la formación de la presente"[58].

---

[56] Valladolid, A.R.Ch.V., Sala de lo Criminal, 901, 2, f.3r.

[57] *Idem.*

[58] *Idem.*

Dentro de la casuística de este tipo de delitos en los que las mozas de servicio tuvieron un cierto protagonismo, conviene reflejar un pleito que introduce dos elementos nuevos a lo visto hasta ahora: por una parte, el hecho de que el delito no se comete contra los bienes del amo y, por otra, el que la moza de servicio aparece cooperando con otros miembros de la unidad familiar. El hurto de los bienes en cuestión[59] se produjo la noche del 12 al 13 de agosto de 1810 en la habitación de don Hilario Gómez y, como sospechosos, figuraron los inquilinos de la parte baja de dicha casa: don Francisco Pérez de Covarrubias, cabo principal de la Comandancia del resguardo de rentas reales de la ciudad de Segovia; María Chico, su mujer; Bonifacio Chico, hermano de esta; y Eufemia García, criada del citado matrimonio. La criada, natural de Quintanamambirgo, partido de Aranda de Duero (Burgos), y de 17 años de edad, si bien mediante su declaración dio a entender que ella simplemente sospechó del delito por los ruidos, así como por la aparición en la casa de objetos que no eran propios de sus amos, va a ser acusada claramente por parte del hermano de su ama. Así, Bonifacio Chico puntualizó cómo, para el acceso a la habitación de don Hilario, había sido fundamental el papel jugado por la criada quien, una vez que pudieron entrar a la habitación,

---

[59] Las distintas declaraciones no coinciden exactamente respecto a los bienes hurtados. Si tomamos como referencia la declaración de Bonifacio Chico, encontramos como se hurtaron dos o tres docenas de chorizo, ropas, una sábana, una manta, un reloj que estaba colgado en la cabecera de la cama, veinte onzas de chocolate, azúcar, una olla de aceite, garbanzos, pimiento, diferentes jícaras, platos, vasos de cristal de varias clases, papel de abujas, así como otra serie de objetos, como un alfiletero que se apropió Eufemia. Una declaración, que como era habitual, difiere de lo dicho por otros acusados, pero sobre todo también con la relación de efectos que el propio don Hilario aportó. El detallismo de la relación de Hilario, así como el hecho de que algunos efectos que aparecen en la relación no aparecen en la declaración del testigo en lo referente a los comestibles: "de azúcar echo de menos como ocho libras, yten seis docenas de chorizos, yten un pernil de tocino de a veinte y dos a veinte y seis libras su peso, yten un celemín de sal, yten dos celemines de garbanzos [...] yten tres onzas de azafrán..." Valladolid, A.R.Ch.V., Sala de lo Criminal, 401, 5, pieza 2ª, f.46v. Se trata en todo caso de efectos de rápido consumo y que "es parte de la práctica de la rapiña dentro de la casa que los servidores ejecutan contra sus amos pero, tal como vemos, también entre ellos para evitar que al hallarlas en su posición sirviesen de testimonio de su delito", una práctica que se puede vincular, respecto a su objetivo, a la venta inmediata de la ropa hurtada por las criadas, como vimos en el caso de Teresa Blanco. *Vid.* Ana Inés Rodríguez Gilés, "La socialización marginal de los criados. Análisis de una relación a través de algunos ejemplos presentes en el Guzmán de Alfarache", *Cuadernos de Historia Moderna,* n° 18, Madrid, 2013, p. 130.

"la Eufemia vajava a la puerrta principal de la calle para espiar por dentro si se percivía acercarse jente"[60]. Posiblemente esa contrariedad de testimonios, así como otra serie de elementos, llevó a que el promotor fiscal solicitase para la criada, que es la que aquí nos interesa, la pena de cárcel por algunos meses, hasta que el tribunal considerase suficientemente purgados sus excesos. A pesar de ello, finalmente los alcaldes del crimen de la Real Chancillería vinieron a confirmar, el 7 de septiembre de 1811, el auto definitivo del regidor del Ayuntamiento de Segovia, de fecha 16 de julio de dicho año. Mediante este se declaraba cómplice auxiliante a Eufemia y, si bien los cuatro deberían mancomunadamente proceder a la restitución de los bienes, así como al abono y satisfacción de daño y perjuicios, y costas de la causa, solamente Bonifacio Chico resultaba condenado a mayores a cuatro años de trabajos públicos para la patria y, en su defecto, para la ciudad de Segovia.

Una relación totalmente distinta es la que mantuvo la criada, Isabel Paredes, con su amo y su entorno familiar más cercano. Esta, natural de Olea (jurisdicción de Herrera de Pisuerga, Palencia) y sirviente en la casa de Simón Herrero en la villa de Baillo (Burgos) fue acusada del hurto de cuatro mil ducados, que supuestamente acaeció el 5 de agosto de 1788, de un cajón en el que su amo, por descuido, había dejado la llave puesta. Ante la inmediata sospecha de su amo de que se había cometido un hurto, y con la colaboración de otros domésticos y del sacerdote don Josef Burgos, la moza declaró que había cogido algún dinero pero que lo restituiría y, al intentar indagar su paradero, esta señaló un agujero del pajar como el lugar donde lo había ocultado. Una vez que el amo comprobó que allí no se encontraba dinero alguno "creyendo mi partte que todo era arttificio con tal que la criada intentaba oculttar su delitto no pudo menos de irrittarse contra ella y proceder a darla unos golpes de mui cortta consideración"[61]. Unos maltratos que fueron en aumento y que se produjeron durante varios de los días posteriores al delito supuestamente cometido por la criada. El pleito criminal en cuestión permite apreciar, mediante distintas declaracio-

---

[60] Valladolid, A.R.Ch.V., Sala de lo Criminal, 401, 5, pieza 2ª, f.43v.

[61] Valladolid, A.R.Ch.V., Sala de lo Criminal, 221, 1, pieza 2ª, f.4r.

nes, como las de los cirujanos, el débil estado de salud de Isabel Paredes tras recibir las sucesivas palizas[62]. Estas, impartidas por el círculo más cercano del amo, en el que se encontraban Ignacio Herrero, su hijo, Juan Pérez, su yerno, y sus primos Marcelino Herrero y Manuel Guerra, buscaban no solo el castigo sino hacerla confesar como culpable y hallar el lugar donde había escondido la elevada cantidad de ducados desaparecida. Esto explica, por ejemplo, el que Marcelino Herrero y Manuel Guerra "la reconvinieron aprontase el dinero que faltaba a su amo que si no la havian de dar una buena manta de azotes y después la habían de colgar, abrirla de arriba abajo y hechar en un pozo"[63] siendo la respuesta de la criada ante ello "que hiciesen lo que quisiesen que ella no avía sido, ni lo tenía, ni sabía de tal dinero"[64]. Desde el punto de vista que aquí nos interesa nos encontramos, pues, ante el caso de una moza de servicio en el que, ante la sospecha de que hubiera cometido un hurto, no solamente su amo, sino su círculo más cercano, buscó tomarse la justicia por su cuenta, propinándola toda una serie de maltratos.

3-Epílogo

A través de este estudio, basado en la práctica judicial, que "siempre supera a la teoría legal y doctrinal"[65], hemos pretendido analizar algu-

---

[62] Puede servir como ejemplo la declaración de don Francisco García, médico titular del lugar de Villota del Duque, efectuada el 23 de julio de 1798, y donde destaca la fuerte inflamación, así como otros síntomas, de la criada: "Haviéndolo executado la hallo con una fiebre sinttomatica de la graue commoción que recibieron los espíritus a causa de la gran contorsión que padecieron los sólidos por los muchos golpes que llevaron con instrumentos contundentes que manifiestan los grandes quimosis que tiene en lo más de la periferia por lo que considera larga su curación, y aprobó las dos sangrías echas por el zirujano partidario y mandó se la hiciese otra mediante averle relacionado la emferma y dicho zirujano se la hauia detenido la purgación con que se hallava a el tiempo de dichas estorsiones y además la aplicó los medicamentos ynteros que según su arte y facultad están yndicados", Valladolid, A.R.Ch.V., Sala de lo Criminal, 221, 1, pieza 3ª, ff.5r-v.

[63] *Ibidem,* f.3r.

[64] *Idem.*

[65] Pedro Ortego Gil, "Sentencias criminales en Castilla: entre jueces y abogados", *Clío & Crimen,* nº 10, Durango, 2013, p. 372.

nos casos en los que las mozas de servicio se vieron implicadas en la ejecución de hurtos domésticos. Frente a aquellas hacia las que los amos mostraron cierta afectividad, demostrando esta a través, por ejemplo, de las mandas testamentarias, hemos podido documentar, con nombres y apellidos, algunas de esas "criadas-ladronas" de las que también dan testimonio otras fuentes como la literatura. Unas mozas, las aquí estudiadas, que recurren al hurto y que, aunque en algunos casos ellas lo van atribuir a las tentaciones del demonio, como el propio de una sociedad sacralizada como era todavía aquella, responde al deseo de poder completar e incrementar unos recursos, los obtenidos por ellas, tendentes a lo escaso. Una imagen, la de la criada-ladrona, que se completa, en algunos de los discursos que hemos examinado, con otras críticas hacia estas y que, a la larga, no vinieron sino a agravar los delitos cometidos. Acusaciones como una mala actitud en el servicio, la relación afectiva con los soldados o el acometer acciones sin permiso de sus progenitores, son solo algunos de los ejemplos.

Las diferentes justicias van a velar, una vez cometido el delito, por intentar reconducirlas dentro del marco generado por el discurso, sobre todo de la Iglesia y el Derecho. Aunque las sentencias castellanas tendieron a "ser escuetas y no constar en ellas los fundamentos jurídicos aplicados por el juez en su dictamen final"[66], junto al resarcimiento y el castigo no suele faltar una llamada a la reconvención de la criada en sus comportamientos. Un resarcimiento que se detecta en no pocas de las sentencias estudiadas en las que se ordena la restitución, por parte de la moza, de los bienes hurtados al amo. Ello con el agravante de que, en ocasiones, esta ya había procedido a la venta de algunos de ellos o a su consumo inmediato. Tal singularidad de las sentencias, y el nivel de la muestra aquí analizado, impide poner en relación la severidad de las penas con distintas variables. Lo cierto es que un elemento común a la inmensa mayoría de ellas es el pago, por parte de dichas mozas, de las costas del proceso; algo que, no lo olvidemos, acababa de resentir muchas veces

---

[66] José Luis de las Heras Santos, *La justicia penal de los Austrias en la Corona de Castilla*, Salamanca, Universidad de Salamanca, 1991, p. 185.

la ya de por sí frágil economía de estas mujeres. Y es que, como ha quedado puesto de manifiesto, el simple hecho de la reclusión en la cárcel de la villa o ciudad en la que habían cometido el delito, mientras esperaban la sentencia, se traducía en una pérdida de ingresos fundamentales.

Pero no tienen menos interés los tan habituales apercibimientos que acompañan a estas sentencias[67]. Mediante estos, lo acabamos de ver, desde la justicia inferior, o desde la Chancillería, se buscaba de una manera meridianamente clara hacer una llamada a un cambio en los comportamientos de las mozas. Así, la reconducción de estas mujeres por medio de su reclusión en la Casa Galera, como en el caso de Prudencia Astorga, a la que se apercibió con ocho años en ella, o el de Josefa Gómez, con cuatro, o el de Teresa Blanco, que directamente fue condenada a seis meses, fue un recurso recurrente. No faltó tampoco en esos apercibimientos la clausula que indicaba que, en caso de no arreglar su conducta, la justicia sería más rígida contra ellas y actuaría con mayor rigor; o aquella por la se la reconvenía a que, en la nueva casa en que entrase a servir, mantuviese una mayor fidelidad con su amo, fidelidad que, mediante la ejecución de hurtos, estas mozas habrían quebrantado.

---

[67] Pedro Ortego Gil, "Apercibimientos penales en la práctica criminal de la Real Audiencia de Galicia (siglos XVII y XVIII)", *Cuadernos de Historia del Derecho,* 3, Madrid, 1996, pp. 11-42.

María José Pérez Álvarez
Universidad de León

La montaña leonesa: el espacio, los medios y los pobladores

La superficie montañosa en la provincia de León ocupa un 26,7% del territorio y, excepto la comarca de la Cabrera, el resto está ubicada en la franja septentrional de la provincia, mayoritariamente en la vertiente meridional de la Cordillera Cantábrica, concretamente, salvo los municipios de Sajambre y Valdeón[1]. Desde un punto de vista económico, el fuerte contraste entre el porcentaje de superficie productiva, que superaba ligeramente los dos tercios del espacio, con abundancia de pastizales naturales y una inestimable riqueza forestal, y el de tierra de labor, que no llegaba al 30%, desembocó en un predominio de la actividad ganadera. Por su parte, la escasa actividad agrícola se enfrentaba a unas circunstancias muy adversas, derivadas de las desfavorables condiciones orográficas y climatológicas. A esos obstáculos estructurales de deben añadir los procedentes del desigual reparto de la tierra. Así pues, en esas condiciones, solamente, en torno, a un tercio de las explotaciones lograban alcanzar

---

[1] Este trabajo forma parte de un proyecto de investigación titulado *Marginación y respuesta social en el Noroeste de la Península Ibérica durante el Antiguo Régimen,* financiado por el Ministerio de Ciencia e Innovación (Ref. HAR2010-17780).

DOI: http://dx.doi.org/10.14195/978-989-26-1033-7_9

la barrera de la autosuficiencia. Todas aquellas circunstancias influyeron de forma muy directa en la reproducción social.

Los inconvenientes geográficos, para el para el desarrollo de la agricultura[2], la falta de innovaciones, que contribuyeran a incrementar los rendimientos agrarios, sin olvidar la estricta legislación concejil que regía los sistemas de sembrados y que contribuía a limitar las potenciales iniciativas privadas, unas estudiadas estrategias familiares, encaminadas a garantizar la reproducción social, o la falta de un mercado local de trabajo que diera ocupación a los desposeídos y permitiera complementar los ingresos de las unidades de producción deficitarias, desembocaron en la necesidad de diseñar diferentes estrategias de subsistencia[3]. En este sentido, tuvo un papel esencial la movilidad geográfica, fundamentalmente masculina[4].

---

[2] Los siguientes textos de José Townsend, referidos al Valle de Luna nos reflejan la crudeza del paisaje: "En todas las aberturas de esos montes, por doquiera donde hay un valle bastante ancho para poder alimentar algunas vacas, se encuentra un pueblo de diez, quince o veinte casas. Su número está siempre en proporción con la extensión del pasto, y como la raza humana por todas partes se esfuerza para aumentar, se ve a los habitantes escalar las pendientes más inclinadas para cultivar todas las porciones de terreno por donde el arado puede pasar"; "El número de los habitantes de ese país debe ser limitado, como lo son sus medios de subsistencia. Si estableciesen una comunidad de bienes, habrían de echar a la suerte los que deberían emigrar o morir de hambre todos juntos, a menos que prefiriesen estipular un común acuerdo, que solamente dos personas de cada familia se casasen, y en el caso en que una cabaña resultase vacante, debieran de hallar un medio para decidir cuáles de los postulantes se unirían para tomar posesión de ella". Roberto Escudero y Javier Garcia-Prieto, *Viajes y Viajeros por Tierras de León,* Madrid, Ed. Riegel, 1984. Un siglo después no había cambiado mucho el panorama y así nos lo describe Policarpo Mingote y Tarazona. *Guía del viajero en León y su provincia,* León, Establecimiento tipográfico de Miñón, 1879. "Lo ingrato del suelo en que habitan les obliga a emigrar durante la estación del invierno en busca de una ocupación con que puedan procurarse el sustento, juntamenten con alguna economía para atender a sus familias; y así es que cuando llega el mes de octubre, la mayor parte de los que se encuentran en edad de poder hacerlo, abandonan el país para dedicarse, los unos al pastoreo trashumante, los otros en busca de trabajo en las minas u obras públicas, y no pocos para ejercer el magisterio en el crecido número de Escuelas que existen en la provincia; y cuando desaparece la densa capa de nieve que, como sudario, cubre la tierra, y empiezan con la Primavera las faenas agrícolas, vuelven a su hogar estos sufridos hijos del trabajo para arrancar del terruño los pocos frutos que solo en fuerza de indecibles fatigas puede rendirles".

[3] Sobre las migraciones del norte peninsular, cronología, causas y consecuencias, Vid. Ramón Lanza García, "De norte a sur: las migraciones de la fachada cantábrica en la España moderna", in *Movilidad interna y migracines intraeuropeas en la Península Ibérica,* coord. de Antonio Eiras Roel y Domingo González Lopo Santiago, Universidad, 2002, pp.15-55.

[4] La salida de mujeres a trabajar fuera de la montaña también fue frecuente, si bien sus cifras fueron mucho más bajas que las de los hombres. Por ejemplo, en el Concejo de Laciana, en 1761, sólo el 4,2% de los que se hallaban ausentes en ese momento eran mujeres. De las que conocemos su estado civil, predominaba la soltería, por lo que posiblemente

El trabajo como pastores trashumantes o arrieros y la emigración, ya fuera estacional, temporal o definitiva[5], estuvieron presentes en la vida diaria de los montañeses, dejando todas ellas su impronta, de alguna manera, en las estructuras demográficas y en los comportamientos sociales[6].

En el terreno demográfico, la desproporcionalidad entre sexos[7], sobre todo en los tramos donde se concentraba la edad al matrimonio, provocó unas elevadas tasas de celibato femenino. Pero, además, tampoco ha de olvidarse que la forzosa necesidad para mantener el equilibrio entre la población y los recursos impuso un modelo matrimonial tardío y unas estrategias familiares en las que la soltería cumplía un papel destacado. Por lo tanto, ninguno de los parámetros que regían la reproducción social era favorable para las mujeres: abundancia de solteras y enlaces a una edad madura serían dos circunstancias que actuarían como potenciales detonantes para un mayor dinamismo de las relaciones sexuales fuera

---

fueran jóvenes desarraigadas que habían abandonado la montaña en busca de un medio de vida. Pero no descartarnos la posibilidad de que entre ellas pudiera hallarse alguna viuda, pues hemos encontrado mujeres que tras la pérdida de su esposo emigraba junto a sus hijos, si los tenían, en busca de una vida mejor. Por ejemplo, en el padrón elaborado en 1715 en el concejo de Sajambre se señalaba que "la viuda de Pedro Redondo Rojo fuese por el mundo" con sus cuatro hijos, todos menores. León, Archivo Histórico Provincial de León, (A. H.P.L.), *Protocolos Notariales.*

[5] En la localidad omañesa de Los Bayos señalaban: "hallándose precisados de ausentarse del país la mayor parte del año, unos al ejercicio de pastores en la provincia de Extremadura, para la guarda de ganado merino trashumante, y otros en la villa de Madrid y otras ciudades de Castilla, en distintos menesteres". León, A.H.P.L., C. 6659.

[6] Una vida dura para las mujeres, a pesar de gozar del respeto y consideración del sector masculino, como nos dejó escrito, a finales del siglo XIX, López Morán: "La mujer campesina de la provincia de León, muy especialmente en la región montañosa, es muy considerada por el hombre en sus tres situaciones de hija, esposa y madre, si bien por las condiciones del medio en que vive está condenada -y cumple la pena con constancia maravillosa- a obtener el pan con que se alimenta y sostiene a sus hijos con el copioso y amargo sudor de su frente". Elías López Morán, *Derecho consuetudinario leonés y economía popular,* Madrid, Imprenta del Asilo fie Huérfanos del Sagrado Corazón de Jesús, 1900, p. 73.

[7] La emigración fue un fenómeno eminentemente masculino, de hecho, el censo de Floridablanca arrojaba un déficit de varones del 6% para el conjunto de la montaña, si bien las variaciones eran notables en los diferentes rangos de edad y concejos. Por ejemplo, en el tramo de población activa era donde más de acusaba el desequilibrio entre sexos, había un 14,4% más de mujeres que de varones. Ese porcentaje en algunos concejo, como Laciana o Ribas del Sil de Arriba, alcanzaba el 18,3% o el 22%; mientras que en otros, como el de Valdeburón o Valdeón, se quedaba en el 3,8% y 7,5%, respectivamente. Aunque se trata de desajustes importantes, no alcanzaban los niveles de algunas comarcas gallegas, donde llegaron a suponer el 30%. Ofelia Rey Castelao y Serrana Rial García, *Historia de las mujeres en Galicia. Siglos XVI-XIX,* Vigo, Nigratea, 2009, pp. 31 y 32.

de la unión sacramental. Así mismo, en ese contexto, sería mucho más factible el distanciamiento entre los discursos oficialistas y la vida cotidiana[8]. O lo que es lo mismo, los nacimientos fuera del matrimonio no debemos ponerlos únicamente en relación con una laxitud en el cumplimiento de la normativa relacionada con la sexualidad, que era elaborada desde el poder, con la falta de moralidad o de una herencia cultural que regía una mentalidad colectividad un tanto relajada en ese terreno. Más bien eran una de las consecuencias de las pautas demográficas desarrolladas en aras a lograr la sostenibilidad socioeconómica.

En principio, señalar que en la montaña leonesa los niños expuestos apenas representaban un escaso un 20% de los bautizados fuera de una unión legítima, si bien, hemos de tener en cuenta que es más que probable que pocas veces coincidiera lugar de nacimiento y abandono, pues en parroquias pequeñas no resultaría complicado seguir el rastro, sobre todo materno; y, por otro lado, que no sólo las parejas que carecían de la bendición sacramental pertinente y querían evitar su exposición ante la comunidad optaban por abandonar a los hijos nacidos de esa relación "pecaminosas", entre ellos también podía haber niños legítimos, que sus padres, ante la imposibilidad de alimentarlos, u otras circunstancias, optaron por esa vía. Tomando como ejemplo la Parroquia de San Miguel de Laciana, entre 1705 y 1795, el volumen de los bautizados cuyo nacimiento se produjo fuera de una unión legitimada, rondó el 5%, si bien los valores fueron más bajos en la primera mitad de la centuria que en la segunda. De todos estos niños, prácticamente dos tercios eran hijos de madres solteras; en torno al 20%, como ya hemos señalado, desconocemos la filiación de sus padres; y el resto eran fruto de relaciones mantenidas por mujeres viudas. En principio, y a tenor de las declaraciones que hemos podido reunir, parece que predominaban los hijos naturales sobre los ilegítimos, puesto que poco más de la mitad de las solteras que declararon quienes eran los padres de las criaturas, resultaron ser, como ellas, célibes, salvo uno que estaba casado.

____

[8] Respecto al alcance real de la teoría oficialista en el mundo rural, respecto a modelo femenino que se perseguía, véase Ofelia Rey Castelao, "Las campesinas gallegas y el honor en la Edad Moderna", in *Las mujeres y el honor en la Europa Moderna*, coord. de Luisa Canddau Chacón, Huelva, Universidad, 2014, pp. 417-440.

Ahora bien, al recurrir el resto a fórmulas del tipo de "no quiso decirlo por grave inconveniente" o es "persona privilegiada", puede hacernos pensar que se trataba de hombres con algún tipo de compromiso o bien de relaciones morganáticas. Situaciones similares se reproducen entre algunos de los abandonados, en cuyas partidas aparecen expresiones análogas, tales como no se anota "por grave inconveniente en las relaciones entre los padres", si bien éstos son casos muy excepcionales. Finalmente, tampoco las viudas solían dar a conocer la persona con la que habían mantenido intimidad, y, en las pocas ocasiones que así lo hicieron, la mitad los habían engendrado con solteros y el resto con casados o viudos. El comportamiento demográfico, en este sentido, de esta pequeña parroquia lacianiega es prácticamente el reflejo de lo que ocurría en el espacio geográfico en el que se insertaba: la montaña leonesa. En ese territorio, mucho más amplio, el porcentaje de nacimientos fuera del matrimonio, entre 1675 y 1829, fue del 5,6%, media resultante del 3,6%, de la primera mitad del siglo XVIII, y el 8,3%[9], de la segunda. Así mismo, también el protagonismo de las solteras fue indiscutible, pues alumbraron a las tres cuartas partes de esos bautizados, seguidas por las viudas y sólo un 2,5% eran casadas[10]. Cronológicamente, el aumento de nacimientos fuera del matrimonio, que se aprecia en ambas muestras en la segunda mitad del siglo XVIII, coincidió con un incremento de los movimientos migratorios, fundamentalmente masculinos.

Ahora bien, el que las relaciones sexuales extramatrimoniales fueran una práctica más o menos extendida en la sociedad montañesa no quiere

---

[9] Algunos autores han puesto en relación, ese aumento de nacimientos fuera del matrimonio en el siglo XVIII, con una posible laxitud de la moralidad y con la posibilidad de que las mujeres, sin esperanzas de acceder al matrimonio, buscaran en esos hijos fueran un "seguro de vejez". José Manuel Pérez García, *Un modelo de sociedad rural de Antiguo Régimen en la Galicia Costera: la península de Salnés*, Santiago, Universidad, 1979, pp. 111-113.

[10] En ambos casos, parroquia de San Miguel y montaña leonesa, los valores están muy próximos a los del valle de Baztán, donde los desencadenantes de ese comportamiento fueron los mismos que en este territorio de la provincia de León: emigración, desequilibrio entre sexos o retraso de la edad al matrimonio. Alejandro Arizcum Cela, *Economía y sociedad en un Valle pirenaico del Antiguo Régimen. Baztán, 1600-1841*, Pamplona, Gobierno de Navarra, 1988, pp. 171-172. A su vez, se trata, también, de porcentajes que están en sintonía con los de algunos territorios gallegos, donde el celibato femenino jugó un papel muy importante en este sentido. Pegerto Saavedra Fernández, *Economía, política y sociedad en Galicia: la provincia de Mondoñedo, 1480-1830*, Santiago, Xunta de Galicia, 1985, pp.130-132.

decir que socialmente fuera tolerada. Así mismo, tampoco el hecho de que la soltería femenina estuviera relativamente extendida, alcanzando las tasas más elevadas de la provincia, contuvo el que surgirán ciertos recelos hacia ellas. No olvidemos que en los discursos morales y eclesiásticos del momento las mujeres solas eran consideradas como un elemento peligroso que desafiaba el orden patriarcal[11]. Esas prevenciones resultan un tanto contradictorias, puesto que el propio celibato era potenciado desde el seno familiar, como estrategia para evitar una excesiva fragmentación del patrimonio. En los códigos concejiles podemos encontrar algún capítulo en el que las comunidades dejaron reflejada cierta desconfianza hacia las mujeres solteras[12]. Sin embargo, a la hora aplicar la normativa quedaba en evidencia la existencia de un elemento discriminatorio fundamental: la posición socioeconómica de las mujeres. Aquella segregación quedó perfectamente reflejada en las ordenanzas de Babia de Abajo, elaboradas a finales del siglo XVII, mostrando gran permisividad con las que fueran ricas y "de calidad" que quisieran vivir de forma independiente; por el contrario, ordenaban, a aquellas otras que no estuvieran en la misma situación económica que "se sujeten a señor por los daños y escándalos que se siguen de vivir sola y sobre sí". Por lo tanto, estas ordenanzas nos ratifican, una vez más, como en esas sociedades la soledad y la pobreza femenina las consideraban como

---

[11] Sobre estas cuestiones puede consultarse Isabel Morant y Mónica Bolufer, *Amor, matrimonio y familia*, Madrid, Síntesis, 1998; a su vez, sobre los discurso de médicos, literatos, teólogos y juristas, que circulaban durante la Alta Edad Moderna y en los que se desvaloraba a las mujeres, puede consultarse Jean Delumeau, *El miedo en Occidente*, Madrid, Taurus, 2002, pp. 498-524.

[12] Las ordenanzas concejiles cumplían un importante papel a la hora de regular todas aquellas cuestiones que podían perturbar la estabilidad social, y en algún caso aparecen regulados comportamientos femeninos. Por ejemplo, en las ordenanzas de Burón, elaboradas en 1751, se recogía que las solteras debían de ser castigadas a pagar una pena más elevada que las casadas cuando eran las instigadoras de un enfrentamiento: "ordenamos y mandamos que las mujeres mozas de esta villa se traten con cortesía y cristiandad sin injuriarse unas a otras y si lo hiciesen y riñesen y dijesen palabras ofensivas mujeres con mujeres, o mozas con mozas o se pusiesen las manos pague la que diese el motivo doscientos maravedíes y si fuese soltera con casada y la soltera fuese la motora pague la pena doble. Y no pudiendo averiguarse cuál fue la motora paguen igualmente". Laureano M. Rubio Pérez, *El sistema político concejil en la provincia de León*, León, Universidad de León, 1993, p. 202. Respecto a ese control en Bilbao, véase Ana María Rivera Medina, "Cuerpos de mujer en el mundo laboral bilbaíno bajomedieval y moderno (s. XIV –XVI)". *Nuevo Mundo Mundos Nuevos* [En ligne], Colloques, mis en ligne le 28 janvier 2008, consulté le 26 août 2014. URL: http://nuevomundo.revues.org/21533; DOI: 10.4000/nuevomundo.21533

un potencial desencadenante de las desviaciones morales, es decir, estimaban que la necesidad podía llevarlas, de una forma u otra, a usar su cuerpo cómo medio para subsistir. Por su parte, en la localidad de Villaseca de Laciana, para expulsar a dos asturianas solteras que habían pasado a residir a esa localidad se apoyaron, entre otros motivos, en "estar prohibido por ley que toda gente forastera, máxime mozas solteras que no tengan arraigo, ni hagan vecindad no se les permita vivir solas". Si bien, en este caso, parece que la necesidad había conducido a las muchachas a vivir de una forma un tanto licenciosa, pues, de hecho, cuando las autoridades locales tomaron la decisión definitiva, tanto Isabel como Catalina, se hallaban embarazadas.

Pero la comunidad no sólo elaboraba una estricta reglamentación que tenía como objetivo la virtuosidad femenina, ampliaba las fronteras a otros terrenos de la vida comunitaria, identificando en algunos casos "pecado público y ofensa a Dios". Un capítulo, más o menos recurrente, en el derecho consuetudinario era el que hacía referencia a la prohibición de acoger a personas de "mal vivir"[13], las disputas[14] o el respeto a los mayores[15].

---

[13] "Ordenamos y mandamos que ningún vecino estante ni habitante reciba ni consienta en su casa personas de mal vivir pena de tres mil maravedís aplicados para la Real Cámara, fábrica de la Iglesia y gastos de justicia, además que la justicia castigue y destierre el delincuente como hallase por derecho. Y en la misma forma se castiguen todos los pecados públicos para que se eviten las ofensas de Dios y no se inficionen los naturales que proceden con lisura". (Ordenanzas Burón). En el Val de San Lorenzo, localidad perteneciente a la comarca de la Maragatería, cualquier familia, encabezada por hombre o mujer, antes de poder aceptar que un forastero viviera en su casa, debía pedir permiso a la comunidad: "Ordenamos que cualquier vecino o vecina viuda que admitiese en su casa a vivir de fuera parte a cualquier persona sin dar cuentas primero en concejo para que vea si conviene admitir la tal persona ha de pagar cuatro cantaras de vino para este concejo y si la tal persona fuere admitida a de dar fianzas a su satisfacción de cumplir con estas ordenanzas o demás sujeciones que convienen y sus capítulos además de quinientos reales de derechos de vecindad. Laureano M. Rubio Pérez, *El sistema político concejil…*pp. 198 y 341. Sobre la relación pecado y delito véase Javier Enríquez Fernández, *Sociedad y delincuencia e Vizcaya a finales del Antiguo Régimen (1750-1833)*, Bilbao, Ediciones Beta III Milenio, S.L., 2011, pp. 84-85.

[14] "Ordenamos y mandamos, atendiendo que por palabras y rencillas ha sucedido muchas pesadumbres, encuentros y digresiones y muertes de hombres, y así para que se eviten ordenamos y mandamos que de aquí adelante para siempre jamás ningún vecino ni hijo de vecino ni mujer ni otra persona sea osada de tener palabras ofensivas con otras personas, llamándoles ladrón, cornudo, bellaco, sucio, hereje u semejante a éstas, pena de doscientos maravedís para gastos del Concejo; y entiéndase que las palabras han de ser dentro de los muros De esta Villa y no fuera". (Ordenanzas de Acebedo). Laureano M. Rubio Pérez, *El sistema político concejil…*

[15] "Ordenamos y mandamos, atendiendo a los inconvenientes que se han ofrecido de que se asienten las nueras delante de las suegras en la iglesia, u a su hijo o hija delante

En el terreno social, la soledad de las mujeres montañesas las llevaba a ejercer de cabezas de familia de forma más habitual que en otros territorios[16]. Otra cuestión es que esa circunstancia quedara reflejada en el universo notarial. Durante el Antiguo Régimen, sólo las mujeres viudas y solteras emancipadas tenían plena capacidad jurídica[17]. Las casadas estaban representadas por sus esposos, que eran los que encarnaban la autoridad doméstica. Así pues, eran los encargados de formalizar todas las escrituras públicas relacionadas con la dinámica de la economía familiar – ventas, arrendamientos, poderes o préstamos – ya afectaran a la comunidad de bienes o a los privativos de la mujer. Por ese motivo, la representación porcentual femenina en ese tipo de contratos era muy baja. Para acercarnos a tales valores, en el territorio objeto de estudio, hemos tomado, en principio, una muestra de las escrituras notariales más solicitadas que implicaban algún tipo de movimiento de capital. Entre ventas de tierra, arriendos y préstamos hemos reunido 3.886 – desde mediados del siglo XVII hasta 1820 –, de las cuales 3.246[18] se hicieron entre dos personas, lo que supone la presencia ante el notario de 6.492 individuos. El resultado es que las mujeres ejercieron como sujeto de derecho en 12,1% de las escrituras, si bien lo más frecuente es que aparecieran en la parte menos aventajada del documento (cuadro n° 1). Es decir, era mayor el número de vendedoras que de compradoras, de prestatarias que de prestamistas y de arrendadoras que de

---

de sí, y para evitar toda ocasión ordenamos y mandamos que de aquí adelante ninguna persona asiente delante de sí a su hijo o hija u nuera, pena de una libra de cera para el Santísimo Sacramento, y cuatrocientos maravedís para el Concejo, y de estos se le haga cargo al procurador y mayordomo en sus cuentas". (Ordenanzas de Acebedo). Laureano M. Rubio Pérez, *El sistema político concejil…*

[16] "Desde la niñez hasta la edad más avanzada la mujer debía seguir una pauta de comportamiento muy estricta que la impulsaba a buscar en el representante del otro sexo la única forma posible de realización personal". Belinda Rodríguez Arrocha,"Víctimas y delincuentes: mujer y delito en Canarias desde el siglo XVI hasta la Edad Contemporánea", *Anales de la Facultad de Derecho*, n.° 25, 2008, pp. 197-214, p. 203.

[17] Todos los bienes de las mujeres casadas quedaban bajo el gobierno del esposo. A este respecto, véase: Vicente Mejía, *Saludable instrucción del estado del matrimonio*, Córdoba, Iuan Baptista Escudero, 1566.

[18] En las restantes, 604, aparecen, fórmulas mancomunadas, incluso, en alguna ocasión, aparece como parte prácticamente todo el vecindario, sobre todo en las escrituras de obligación y censos.

arrendatarias[19]. La mayor parte de esas mujeres carecían de tutela masculina, pero tampoco faltaban las casadas, a las cuales no es raro encontrar, con poderes de sus maridos autorizándolas a ejercer la representación de la unidad familiar en el acto jurídico, comprando fincas, es decir invirtiendo el dinero que el esposo estaba ganando en otras tierras. Por el contrario, cuando esas casadas aparecen deshaciéndose de bienes raíces las motivaciones eran bien distintas, el cónyuge no había tenido suerte en la aventura emprendida o, incluso, detrás de esos viajes había un abandono familiar[20].

Cuadro nº 1 Sexo de las personas que protagonizan escrituras notariales en las que había movimiento de capital (1650-1820)													
	Censos				Ventas				Arriendos				TOTAL	
	Prestamistas		Prestatarios		Vendedor		Comprador		Arrendador		Arrendatario			
	Nº	%	Nº	%	Nº	%	Nº	%	Nº	%	Nº	%	Nº	%
Varón	420	37,3	912	81,1	1851	75,7	1945	79,6	172	54,3	249	78,5	5549	71,4
Mujer	38	3,4	107	9,5	532	21,8	216	8,8	14	4,4	36	11,4	943	12,1
Otros	667	59,3	106	9,4	61	2,5	283	11,6	131	41,3	32	10,1	1280	16,5
	1125	100	1125	100	2444	100	2444	100	317	100	317	100	7772	100

[19] Sobre esta cuestión, complementada con el nivel de alfabetización femenino, puede consultarse Ana Sixto Barcia, "Las campesinas y las letras. Alfabetización y analfabetismo en la Costa da Morte a finales del Antiguo Régimen", in *Campo y campesinos en la España Moderna; culturas políticas en el mundo hispano*, coord. de María José Pérez Álvarez y Alfredo Martín García, *v*ol. 2, Salamanca, FEHM, 2012, pp. 1287-1298.

[20] En este sentido, Francisca Álvarez, de Rabanal de Abajo, en 1781, se veía en la necesidad de vender una tierra "para pagar el pan que debe de su alimento y de sus tres hijos y como no tenía licencia de su marido ni poderla tener", se la pedía al regidor decano, que se la concedió. Su marido llevaba tres años fuera de la localidad, creía que en Madrid, y no había recibido ninguna correspondencia suya. Compró la finca otra mujer, del mismo pueblo, Isabel Carrera, cuyo esposo también estaba ausente. Una situación similar vivía, en 1731, Rosa Piñero, con su esposo "ausente desde hace cuatro años, sin saber nada, ni noticias de él y sin esperanza de que vuelva y con la necesidad de alimentarse ella y sus cinco hijos, se halla forzada a vender bienes raíces suyos y de sus dotales". Por su parte, Francisca Martínez, que vivía en Páramo del Sil, en 1769, llevaba "desde varios años sin saber su paradero" de su marido, se vio obligada a vender un trozo de prado que formaba parte de su dote "por cuanto se halla muy pobre y no tener de qué poder alimentarse y con varios achaques". Más apurada era la situación de la lacianiega Josefa del Otero, que a los 39 años se hallaba en "cama, paralítica, inmóvil y llagada", viviendo con su hijo en una casa que amenazaba ruina. Su segundo esposo, seis años más joven que ella, se encontraba en Madrid, suponemos que trabajando, y nadie de su familia se hacía cargo de ella, alegando que "es de obligación de su marido". La justicia concejil, que intervino de oficio a favor de su vecina, ordenó que fuera trasladada a casa de sus padres "al cuidado de Domingo García, su poseedor, y cuñado", hasta ver si regresaba su marido. León, A.H.P.L., *Protocolos Notariales*.

Por el contrario, había otro tipo de escrituras donde la presencia de las mujeres ante el notario era similar a la de los varones: se trataba de los testamentos y de los inventarios (cuadro nº 2). Las primeras serían fundamentales, además de por el contenido religioso que conllevaban, para expresar sus intenciones sobre la forma en que deseaba que fueran repartidos sus bienes; y las otras, de cara a los herederos, para que no hubiera dudas sobre cuáles eran las propiedades que pudieran corresponderles. Pero de toda la tipología de documentación notarial más frecuente, sería en las dotes, lógicamente, donde el protagonismo de las mujeres adquiriera una mayoría aplastante. Pero aun siendo así, fue relativamente frecuente que lo compartieran con el futuro esposo (cuadro nº 3). De hecho, en una muestra de 172 escrituras, de la parroquia de San Miguel de Laciana, en prácticamente un tercio de ellas el prometido también fue receptor de algún presente, que, como en el caso de las mujeres, se trataba de un adelanto de la herencia.

Cuadro nº 2. Representación femenina y masculina en las escrituras de testamentos e inventarios					
	Testamentos Montaña (1650-1820)		Testamentos Parroquia de San Miguel de Laciana (1700-1830)		Inventarios (1650-1820)
	Nº	%	Nº	%	Nº	%
Varón	205	46,9	147	50,9	352	48,5
Mujer	232	53,1	142	49,1	374	51,5
TOTAL	437	100	289	100	726	100

Cuadro nº 3. Representación femenina y masculina en las escrituras de dote				
	Mujeres		Varones	
Numero de escrituras	Dotadas	No se dotan	Dotados	No se dotan
172 Parroquia de San Miguel de Laciana (1700-1830)	157	15	113	59
%	91,3	8,7	65,7	34,3

Otro tipo de escrituras relacionadas con las mujeres fueron las referentes a las transgresiones contra la moral, delito que muchas veces se dirimió ante la justicia local, de ahí que sea frecuente encontrar pleitos de ese tipo en los protocolos notariales. Pasando a otro nivel, los que llegaron a los tribunales superiores, en un primer acercamiento a los pleitos desencadenados por esa causa en la Chancillería de Valladolid, hemos localizado, lo largo de la Edad Moderna[21], 145 en que se vieron involucrados leoneses y leonesas. Hubo más inculpados del sexo masculino que del femenino, si bien hemos de tener en cuenta que en casi dos tercios de los procesos las víctimas de esos delitos fueron mujeres: el 47,6% fueron motivados por estupro[22] y el 15,5% de por malos tratos[23] (cuadro nº 4). Entre las mujeres, la transgresión más frecuente fue el amancebamiento, donde aparece como acusada directa e indirecta, seguida por la de adulterio[24].

Si nos atenemos exclusivamente a los pleitos que afectaron a los territorios de montaña, sólo once en total, los resultados son los siguientes:

Tres por adulterio. De los cuales dos son contra mujeres casadas que tuvieron relaciones con hombres solteros y uno a la inversa, fruto del cual nació una niña.

El amancebamiento aparece en cinco ocasiones, y afectó, prácticamente por igual, a personas ambos sexos.

Otros tres enjuiciamientos fueron por tratos ilícitos. Uno de ellos contra un cura, al que acusaban de ser el padre de los hijos que había tenido su ama, que iba a "parir el tercero", y los otros contra mujeres solteras que estaban embarazadas.

---

[21] Respecto a los principales motivos de este tipo de conflictos, consultar Margarita Ortega López, "Protagonistas anónimas en el siglo XVIII. Mujeres burladas, seducidas o abandonadas", en *Autoras y protagonistas. I Encuentro entre el Instituto Universitario de Estudios de la Mujer y la New York University*, Madrid, Universidad Autónoma de Madrid, 2000, pp. 219-234. Por su parte Candau Chacón, obtuvo como resultado del exhaustivo trabajo en el Archivo General del Arzobispado de Sevilla, entre 1707 y 1762, que el 26,9% de los pleitos estaban vinculados a causas matrimoniales y entre ellos el incumplimiento de la palabra de matrimonio era uno de los más abundantes. María Luisa Candau Chacón, "Entre lo permitido y lo ilícito: la vida afectiva en los Tiempos Modernos", *Tiempos Modernos. Revista electrónica de Historia Moderna*, n.º18, 2009, pp. 1-21.

[22] Sobre las consecuencias del mismo y su alcance en Galicia, ofrece un amplio estudio Raquel Iglesias Estepa, *Crimen, criminales y reos. La delincuencia y su represión en la antigua provincia de Santiago entre 1700 y 1834*, Santiago, Nigratra, 2007, pp. 168-179.

[23] Sobre este tema puede consultarse María José de la Pascua; "Violencia y familia en la España del Antiguo Régimen", n.º 28, 2002, pp. 77-100, pp. 86-87.

[24] Las penas que recaían en los que infringían la moralidad se recogen en el trabajo de José Luis de las Heras Santos, *La justicia penal de los Austrias en la Corona de Castilla*, Salamanca, Universidad, 1994, pp. 224-229.

Cuadro nº 4 Pleitos contra la moral en la provincia de León durante la Edad Moderna							
					Acusados		
	Mujeres	%	Varones	%	Ambos	%	Total	%
Adulterio	19	44,2	9	10,7			28	19,3
Amancebamiento	20	46,5	19	22,6	15	83,3	54	37,2
Estupro			40	47,6			40	27,6
Malos tratos			13	15,5			13	9,0
Tratos ilícitos	4	9,3	3	3,6	3	16,7	10	6,9
TOTAL	43	100	84	100	18	100	145	100
%	29,7		57,9		12,4		100	

Fuente: Chancillería de Valladolid

Ahora bien, cualquier análisis estadístico en este sentido resulta un tanto arriesgado, puesto que no todos los conflictos llegaban a esos tribunales. Bien porque se resolvían en el seno de la familia, sobre todo si no tenían consecuencias públicas, o porque la falta de medios económicos coartaba la posibilidad de emprender esos litigios. Todo ello sin perder de vista que el simple hecho de que una mujer acudiera a los tribunales por cuestiones de honorabilidad ya suponía quedar expuesta ante la comunidad, es decir, a mostrar una imagen de sí misma que pasaría a ser cuestionable.

Además de los procesos que se desarrollaron ante los tribunales civiles, había otros que era competencia de los eclesiásticos. Si bien no son muchos los datos que hemos podido reunir a este respecto.

Comportamientos sexuales perseguidos por la justicia civil: "los pleitos por incontinencia", amancebamientos, malos tratos y otros.

Como hemos visto, el nacimiento de niños fuera del matrimonio era un hecho bien conocido en la montaña leonesa[25], como también lo era

---

[25] Pues el matrimonio, entre otras funciones que se la atribuían, tenía la de canalizar las pasiones. Tal y como ha escrito el padre Arbiol: "el matrimonio fue dado a los hombres para que huyesen de la fornicación, teniendo el marido su muger y la muger su marido"; por supuesto, siendo prioritario en la sexualidad la búsqueda de descendencia. Gaspar de Astete, *Tratado del govierno de la familia, y estado del matrimonio: donde se trata, de como se han de auer los casados con sus mugeres, y los parientes con sus hijos, y los señores con sus criados,* Valladolid, Alonso de Vega, 1603; Antonio Arbiol, *La familia regulada con doctrina de la Sagrada Escritura y Santos Padres de la Iglesia Católica: para todos los*

la problemática que muchas veces surgía a lo largo de la gestación o después de parto. Así pues, por las más diversas circunstancias, la doctrina moral desarrollada en torno a los comportamientos sexuales femeninos[26] quedó en muchas ocasiones empañada.

En los procesos judicializados, en los que por motivos de aquella índole intervino la justicia local, las dos causas más frecuentes fueron la compensación por la pérdida de la honra, o, lo que sería lo mismo, el honor y la consideración social, y la manutención del hijo nacido en circunstancias que no eran consideradas licitas. Ahora bien, tanto en unos y como en otros, los pleitos no siguieron siempre el mismo patrón, hay algunos que, apenas iniciarse, las partes llegaron a un acuerdo, firmando un acto de conciliación, y otros que tuvieron un desarrollo más largo, que se recogen bajo el genérico "pleitos de incontinencia". A su vez, en estos últimos encontramos dos grupos: los incoados por mujeres o varones que se sintieron agraviados y los que se hicieron de oficio[27]. Si bien, como en el caso de los que llegaron a instancias superiores, y por los mismos motivos, tampoco éstos reflejan el verdadero alcance cuantitativo de la problemática, incluso tampoco los de "incontinencia" iniciados por la justicia, que perseguía corregir comportamientos que se apartaran del modelo establecido. De hecho, nos hemos encontrado algunos iniciados contra mujeres que no era la primera vez que habían sido madres fuera de una unión legítima y, sin embargo, no fueron imputadas por esos tropiezos anteriores, mientras que otras pasaron a ser encausadas la primera vez que incurrieron en el considerado "delito".

---

que regularmente componen una casa seglar; a fin de que cada uno en su estado y en su grado sirva a Dios Nuestro Señor con toda perfección y salve su alma, Barcelona, Joseph Texidó, 1746, p. 46. Sobre este tema pueden consultarse, entre otros autores: Jack Goody, *The development of the family and marriage in Europe,* Cambridge, Cambridge University Press, 1983; Jean Gaudemet, *El matrimonio en Occidente,* Madrid, Taurus, 1993; Merry Wiesner-Hanks, *Cristianismo y sexualidad en la Edad Moderna. La regulación del deseo, la reforma de la práctica.* Madrid, Siglo XXI, 2001; María Luisa Candau Chacón, "Entre lo permitido y lo ilícito...", p.18.

[26] Respecto a estas cuestiones véase Antonio Gil Ambrona, "La mujer vista a través de la Iglesia en la sociedad catalana de los siglos XVI y XVII. (Proyección social de lo "femenino" y justicia eclesiástica)" *Manuscrits,* n.º 1, 1985, pp. 79-94, pp. 79-83.

[27] María Elena Sánchez Ortega, *La mujer y la sexualidad en el Antiguo Régimen. La perspectiva inquisitorial,* Madrid, Akal, 1992.

Comenzando por los convenios entre partes, disponemos de casi medio centenar de escrituras de este tipo, en las que se vieron involucrados hombres y mujeres de todos los estados civiles, si bien había dos tipos de parejas cuya representación destaca sobre el resto: la formada por solteros (68,8%) y la de soltera y casado (22,2%). De todos actos de conciliación que hemos encontrado, salvo en uno, en el que hay un compromiso de futuro[28] enlace matrimonial, el resto ninguno finaliza con ese tipo de acuerdo. En algunos casos la imposibilidad de que eso ocurriera era evidente, pues se trataba de relaciones adulterinas; y en otros lo que se buscaba era que un embarazo no entorpeciera un matrimonio que previamente estaba acordado por una de las partes[29]. No hemos de olvidar que durante el Antiguo Régimen los enlaces de conveniencia[30] eran una pieza clave para el buen funcionamiento de las estrategias familiares[31]. Tal planificación alcanzaba a todas las clases

---

[28] En 1751, Manuela García, soltera de Palacios del Sil, "reconoce estar preñada de Manual Álvarez Lorenzana, que le dio palabra de matrimonio y reconocida su obligación... pero como son pobres para llevar el matrimonio, acuerdan y ella del da consentimiento para que vaya a la corte de Madrid, o cualquier otro sitio, para ganar y llegado el caso sobrellevar mejor las cargas del matrimonio". León, A.H.P.L. C.6718.

[29] Sobre esta cuestión, consultar Margarita Torremocha Hernández, *La mujer marginada. Visión literaria de la mujer castellana del Barroco*, Badajoz, Abecedario, 2010, pp. 58-59.

[30] Incluso entre los grupos más modestos el matrimonio de los hijos era una cuestión prioritaria. En 1814 de Miguel Valero, que tenía 20 años y era hijo de un pastor de merinas con escasos bienes raíces, y María Rubio, de la que poco sabemos, comparecieron ante el Obispo de Oviedo para denunciar la presión a la que estaban sometidos. Manifestaban que tenían intención de casarse y que el párroco de San Miguel de Laciana se negaba a proclamarlos. El argumento del sacerdote era que José Valero, padre de Miguel, así se lo había pedido, debido a que la madre de María, María Gancedo, ya había llegado a un acuerdo matrimonial para que su hija se casara "con un primo en tercer grado", Pedro Rubio. María Rubio exponía que no quería contraer matrimonio y que su madre había llegado "al extremo de ponerla violentamente las manos, desde luego renuncia y se aparta de cualquier escritura de capitulación que su madre hubiera hecho.... y ambos, Miguel y María, otorgan esponsales en forma dando como se dan su fe, la mano y palabra de matrimonio...". El resultado de la sentencia no lo sabemos. León, A.H.P.L. C. 6728. En 1715, Pedro Piñero, esposo de María Feyto, dejó como heredero a su primo Tomás de Cabrios a condición de que éste se case con una sobrina de su esposa, que era Leonor Fernández, y de que la nueva pareja cuide de la viuda de Pedro. Ese matrimonio tuvo lugar en julio del año siguiente, y en la escritura de dote que le precede María Feyto deja como heredera a Leonor. León, A.H.P.L. C 6661. Para Galicia, cf. Ofelia Rey Castelao y Serrana Rial García, *Historia de las mujeres...*, pp. 226-227.

[31] Para Rodríguez Sánchez, las estrategias familiares eran el "conjunto de actos conectados entre sí, que tienen por finalidad construir, conservar, o acrecentar, las diversas manifestaciones de cualquier forma del poder". Ángel Rodríguez Sánchez, "Métodos de

sociales, apreciándose, entre otros indicios y hechos, en la homogamia social de los matrimonios y, sobre todo, en algunas escrituras de dote, concretamente en aquellas donde la cuantía de las mismas se condona por una deuda o sirve de ayuda para amortizarla[32]. Cuando en esa organización familiar se cruzaba un embarazo fuera del contexto programado, peligraban los proyectos de futuro y la mejor forma de salvarlos era llegar a un acuerdo que diera libertad a los jóvenes para cumplir la exceptivas matrimoniales diseñadas por los progenitores.

Prácticamente, todos los casos de conciliación que hemos manejado, siguieron el mismo esquema, los varones, si eran solteros, quedaban exentos para contraer el matrimonio[33], que bien estaba firmemente concertado o en fase de negociación; y a las mujeres les ofrecían una indemnización para la manutención del niño o "en resarcimiento por la pérdida de su honra" [34]. El valor de esas compensaciones se movía en una horquilla muy amplia, dependiendo de la disponibilidad económica de los involucrados, pero parece que también estuvo mediatizada por el estado civil. En lo que respecta a solteros, Matías Fernández se comprometió a pagar 200 reales a Francisca Fernández o Miguel Cabrios 1.100

---

evaluación de las estrategias familiares en el Antiguo Régimen", in *Fuentes y métodos de la historia local*. Zamora, Diputación de Zamora, 1991, pp. 141-154.

[32] Cuando en 1748 se escrituró la dote de María Cabrios, que tenía 37 años, con Pedro de Lama, de 26, la madre de la novia reconoce deber a su futuro consuegro 20 ducados. Por su parte, en la de María García, que apenas llegaba a los 18 años, y Agustín Rubio, de 30 años, fechada en 1740, la futura suegra de Pedro señalaba que le debía 240 reales, que le prestó "para remediar urgencias". León, A.H.P.L., C. 6717 y 6545.

[33] Son los casos, entre otros, de Juana Rosón y Simón López, que "aunque quisiera casarse con la otorgante no lo puede ejecutar a causa de tener otro anterior impedimento"; Francisca Fernández y Matías Panizo, al que da "entera libertad para casarse con quien sea de su agrado". León, A.H.P.L. C. 6634, 6580.

[34] Los dos casos que presentamos a continuación serían los ejemplos más extendidos. Domingo de la Llama y Juana Rodríguez, ambos solteros y vecinos de Villager. Tuvieron un niño, que en este caso falleció "a tierna edad", y Juana se apartó "de toda causa civil y criminal contra Domingo", quién se comprometió a pagarle por los agravios 187 reales ese año y la misma cantidad pasados dos años (1719). En 1782, Juan González, casado y vecino de Sosas de Laciana, acordó con Nicolasa Arroyo, soltera de 30 años, cambiar los planes iniciales. Antes del parto habían decidido que "por ser muy pobres habían determinado llevarlo al Arca de Misericordia", pero en ese momento determinaron que Juan se comprometería a pagar lo necesario para "la curación del parto y socorrerla en la crianza". Con esa finalidad le entregaba 100 reales en ese momento y 60 durante los tres años siguientes para ayudar a criar al niño. Pasado ese tiempo, y si la criatura no fallecía, se replantearían la situación, si continuaba viviendo con la madre o pasaba a residir con el padre y su esposa. León, A.H.P.L. C. 6571 y 6579.

a Manuela de la Fuente, "por haberla desflorado y parir un hijo"[35]. Excepcional fue el acuerdo entre Manuel Fernández y María Álvarez Carballo[36], que tuvieron dos niños gemelos, pero "reconociendo no se poder efectuar matrimonio entre los dos por las conexiones del parentesco que media entre ellos y otras causas", decidieron, en vista que María no tenía leche suficiente para alimentarlos, que Manuel se hiciera cargo de los pequeños. Se comprometía a buscar ama de leche "y a criarlos hasta que sean capaces de buscar su sustento y María pueda casarse con quien quiera". En caso de no encontrar nodrizas, ambos estaban de acuerdo en llevarlos a la Casa de Misericordia de la ciudad de León. Por su parte, en las relaciones adulterinas, salvo la de Domingo de la Llama y Juana Fernández, cuyo hijo falleció "a tierna edad", y tasaron el deshonor de la mujer en 374 reales, el resto de las indemnizaciones rondaron los 1.500, cantidad que, entre otros, pagó Estebano Feito a Catalina Arias[37] o José Piñero a Francisca Piñero[38]. Un caso singular fue el de Juana Alvarez del Campillo y Pedro del Otero, desconocemos la cuantía en la que valoraron el mancillamiento de Juana, pero sí sabemos que, además de una pequeña cantidad de dinero, "lo que le alcanzaron sus cortas facultades", se comprometió a entregarle media carga de centeno y un telar armado, para que pudiera ganarse la vida.

No obstante, la honestidad femenina podía pasar a un segundo plano si la meta era lograr un enlace matrimonial ventajoso, y, de hecho, quedó documentado algún caso en el que un embarazo extramatrimonial no fue considerado un obstáculo para alcanzar el objetivo. A comienzos del siglo XIX, Manuela Martínez y Juan Razcallo, que eran parientes en cuarto grado, tuvieron una niña mientras esperaban la dispensa matrimonial. Poco después de ese alumbramiento Manuela tuvo otro pretendiente, Domingo Quiñones, al que no dudó en aceptar. Para romper el lazo hizo una escritura pública por la que liberaba al padre de su hija de toda

---

[35] León, A.H.P.L., C. 6614.

[36] León, A.H.P.L. C. 6777.

[37] León, A.H.P.L. C. 6579.

[38] León, A.H.P.L. C. 6641.

obligación e, incluso, se hacía cargo de los gastos que había generado la petición de la dispensa[39]. Insistimos en que el matrimonio era una de las piezas más importantes en el complicado engranaje que formaban las estrategias familiares.

Por lo que se refiere al otro grupo, los pleitos, que como ya hemos señalado podían ser de oficio o iniciados por una de las partes, hemos reunido una muestra mayor que la de las conciliaciones, pues en conjunto alcanzan casi el centenar. Fueron los primeros ligeramente más abundantes que los otros, 55,2% frente a 44,8%. La gran mayoría tuvieron el origen en un embarazo extramatrimonial, que solía estar acompañado de la ruptura de una promesa de matrimonio[40], pero tampoco faltaron los incoados por malos tratos, por problemas con una dote o los amancebamientos. Si bien, en lo que se refiere a estos últimos, sobre todo cuando había un miembro del estamento eclesiástico involucrado, al igual que los casos de divorcio, estaban reservados a la justicia eclesiástica[41].

Comenzando por aquellos pleitos en los que la causa que los motivó fue un embarazo, o "trato ilícito", existen algunas diferencias entre los que eran de oficio y los emprendidos a iniciativa de las mujeres, o bien representadas por sus padres. En estos últimos acuden a la justicia amparándose en que hubo palabra de matrimonio o, incluso, que contrajeron esponsales de futuro ante testigos. Como fue el caso de Manuela Beneítez, esta mujer, tras un largo discurso exculpatorio, en el que hacía referencia a su virginidad, "doncella en cabello", y régimen

---

[39] León, A.H.P.L. C. 6782.

[40] En el siguiente estudio se recogen y analizan incumplimientos de palabra de matrimonio en el Arzobispado Hispalense. Marta Ruiz Sastre y Alonso Manuel Macías Domínguez, "Cuando el amor desaparece. Ruptura de noviazgo y separación matrimonial en el Antiguo Régimen. El caso del Arzobispado de Sevilla". En Eliseo Serrano Martín, *De la tierra al cielo. Líneas recientes de investigación en Historia Moderna*, Zaragoza, Diputación de Zaragoza, 2013, pp. 997-1013, pp. 1002-1005.

[41] Todo aquello que estaba relacionado con los asuntos matrimoniales, dado el carácter sacramental del mismo, era competencia de la Iglesia. A los tribunales civiles les competían las cuestiones económicas Marie-Catherine Barbazza, "L'épouse crétienne et les moralistes espagnols des XVIe et XVIIe siècles", *Mélanges de la Casa de Velázquez*, nº XXIV, 1998, pp. 99-137; Jean Gaudemet, *El matrimonio…*; Tobías Brandenberger, *Literatura de matrimonio (Península Ibérica, S. XIV-XVI)*, Zaragoza, Pórtico, 1996; María José de la Pascua Sánchez, "Una aproximación a la Historia de la Familia como espacio de afectos y desafectos: el mundo hispánico del Setecientos", *Chronica Nova*, nº 27, 2000, pp. 131-166, p. 143.

de vida, "honesta y recogida", pasa a relatar que fue engañada por Benito Alonso de Quiñones[42], del que esperaba un hijo. Pide que lo arresten y que los 200 reales que el pueblo le tenía que pagar, por su trabajo de maestro, se los entreguen a ella para sacar adelante a la criatura que iba a alumbrar. Por su parte, Felipa Carro[43], acusaba a Francisco Marqués, con el que también contrajo esponsales de futuro ante testigos, que tras el nacimiento de la niña, "que está criando y lactando a sus expensas", no quiso ratificar la promesa por vía sacramental ni tampoco dotarla. Apremiaba a la justicia para que actuara con rapidez, puesto que el citado Francisco tenía intención "de partir en breve para Madrid". Ese mismo destino tomaron Fernando Martínez y Jerónimo Quiñones, después de dejar embarazadas a Bárbara Herrera y María Antonia de Quiñones, respectivamente. El primero, que estuvo un tiempo preso, fue condenado a pagar 3.000 reales a la afectada, 1.000 en un primer pago y el resto en mensualidades de 100. Pero tras efectuar los tres primeros se fugó a la Corte. En la cárcel de aquella villa acabó Jerónimo, al que pedían que "de no casarse con la otorgante", que era viuda, "la dotase según sus circunstancias". Acabó comprometiéndose a pagarle 4.000 reales. Del que nada más supusieron fue de Domingo del Otero, que se había comprometido con Isabel Prieto, ya embarazada. Domingo la pidió a su prometida un día "para consultar con su madre la decisión" y aprovechó la noche para fugarse[44]. Algunos de los acusados, no pocos, tras ser localizados reconocieron que medió palabra de matrimonio, pero lograron eximen de la responsabilidad recurriendo a los pretextos más diversos. Otros, en cambio, negaron que hubiera existido tal compromiso, como fue José Rodríguez Carballo. Este hombre asumió que tuvo "trato carnal" con Francisca Delgado, ambos solteros, pero que en ningún momento

---

[42] "..la solicitó con palabras amatorias y con incesante porfía y engañosa pertenencia me persuadió a hacer su gusto ofreciendo casarse conmigo y contrayendo esponsales de futuro delante de testigos con que hubo mi virginidad y de su ilícito trato y conversación resulta al presente hallarme embarazada profanando mi honor de doncella y gravemente injuriada y damnificada... se ratifica en que en abril se personó en Huergas de Babia y allí contrajeron esponsales de futuro matrimonio ante testigos". León, A.H.P.L. C. 6722.

[43] León, A.H.P.L. C 6723.

[44] León, A.H.P.L. C. 6719.

"hubo palabra de casamiento". Bajo el mismo discurso se amparó D. José Álvarez, pues "nunca le pudo haber dado palabra… pues aspira al estado sacerdotal y tiene sus estudios muy adelantados".

Por la ruptura de la palabra de matrimonio, pero en este caso sin que existiera por medio embarazo, presentó una denuncia Isabel Gancedo a Tomás de Lama. Dos meses después de quedar viuda acordaron casarse, pero Tomás se retractó y contrajo matrimonio con otra mujer. El agravio que demandaba era: "que se sentía contrariada porque la solicitaron otros y no los aceptó porque ya le había dado palabra al susodicho".

En lo que se refiere a los pleitos de oficio, se trataba de casos que la justicia consideraba especialmente escandalosos. La mayoría fueron emprendidos contra mujeres, pero no faltaron los que perseguían alguna conducta masculina inadecuada. De estos últimos citaremos los que se iniciaron contra Juan Delgado, en 1787, del que decían llevar una vida "licenciosa y por tal tener trato carnal con una prima suya soltera de lo cual tuvieron una niña"[45], o D. Nicolás Sabugo, "por tratos ilícitos con una mujer casada". Respecto a aquellos en los que era el comportamiento de las mujeres objeto de enjuiciamiento, se encuentran, entre otros, el iniciado contra Lucía Uria[46], vecina de Susañe, tras un tercer embarazo, que como los anteriores era fruto de una relación sentimental que mantenía con un varón casado de la localidad. Este hombre, tras tener noticia del inicio del proceso, se fugó del pueblo, pasando a ser su esposa no sólo víctima emocional de tales aventuras sino también económica, puesto que "se procedió al embargo de sus bienes dotales por no tener éste (esposo) caudal alguno", a lo que ella alega "no soy responsable de pagar cosa alguna por los delitos de mi marido… antes bien, este se halla obligado a reintegrarme los bienes que ha enajenado y disipado por su mala conducta".

Tanto en los procesos judiciales iniciados de oficio como en los emprendidos por mujeres, la gran mayoría de las implicadas eran, como en ocurría en las conciliaciones, solteras (87,5%) y el resto viudas. Su edad media rozaba la treintena, que superaban dos de cada cuatro, aunque

---

[45] León, A.H.P.L. C. 6643.

[46] León, A.H.P.L. C. 6646.

tampoco faltaron mujeres más jóvenes. Podríamos decir que, en general, se trataría de féminas cuyo futuro muy probablemente estuviera abocado al celibato, por lo que el peso de la honra no sería una losa tan pesada como en otros estadios de la vida, para ellas ese reconocimiento social podría haber dejado de ser de máxima prioridad. Respecto a los varones con los que tuvieron relaciones, solían ser también solteros, y, en menor medida, viudos y casados. La edad de los mismos no aparece recogida en las escrituras con la misma regularidad, pero suficiente para mostrarnos unos rangos de mayor amplitud que en entre las mujeres. Lo cual resulta lógico, si tenemos en cuenta que, sobre todo, los pleitos de oficio, se iniciaban por lo que consideraban escándalos y comportamientos inmorales en la comunidad, pero en las mujeres hay una edad límite, marcada por el ciclo biológico, a partir de la cual las conductas perseguidas no dejaban rastro evidente, así pues no quedaban expuestas de forma tan incuestionable como cuando las relaciones culminaban en un embarazo.

En esos pleitos es habitual encontrar un escenario común en el que tuvieron lugar las "relaciones ilícitas": las brañas. En las declaraciones efectuadas por los testigos aportados en los "pleitos por incontinencia" - independientemente de que los argumentos esgrimidos estuvieran perfectamente medidos para que resultaran convincentes de cara a la defensa de la parte que apoyaban[47]-, son muy comunes las testificaciones del tipo: "los he visto ir juntos a guardar los ganados en los despoblados de la braña", "he visto a Pedro entrar en la cabaña de día y de noche hallándose la susodicha sola", "María asistía a cuidar los ganados a la braña y concurría también el dicho Matías, sin embargo que no tenía cargo alguno para asistir, pues el ganado de su casa lo cuidaba su hermana", "dormí en la cabaña en compañía de María y Pedro, que se apartaron y conversaron toda la noche".

Las brañas eran lugares de pasto alejados de los pueblos, a los que se trasladaba el ganado durante los meses de verano[48]. Las encargadas

---

[47] Antonio Gil Ambrona, *Historia de la violencia contra las mujeres*, Catedra, Madrid, 2008.

[48] Todos los años debían de subir a las brañas las vacas *manias* (las que no daban leche) y las que no utilizaban para el trabajo. "Ordenamos y mandamos que la vecera de vacas manias el primer día de mayo de cada un año vayan a la majada detrás de la sierra

de subir cada tarde a ordeñar las vacas eran las mujeres, allí dormían, en una cabaña que servía también para recoger a los animales, y regresaban al pueblo a la mañana siguiente, después de repetir el trabajo. Ese aislamiento de las miradas inquisitivas les podría otorgar cierto grado de libertad, a la vez podía reforzar, entre ellas, lazos de solidaridad y protección. Pero también los filandones, o reuniones nocturnas, eran momentos especiales para la intimidad, "Mariana iba todas las noches al filandón a casa de Francisco y estuvieron más de media hora solos en la parte oscura"[49]. Por este tipo de encuentros fueron multados los vecinos de Tejedo del Sil, a raíz de una visita pastoral realizada en 1767: "se multa a los vecinos de este pueblo... por comentar a las noches en sus casas juntos y hacer lo que llaman filandones"[50].

---

y se mantendrán en ella hasta el día de Santa Marina y de dicho día hasta el día de San Miguel de septiembre que se amajaden en la majada de trapiello". León, A.H.P.L. *Ordenanzas de Cirujales*, cap. 19

[49] Tal y como nos dejó relatado, López Morán, los hilanderos, o reuniones nocturnas, también conocidas como filandones o "calechos": "Son generales en la provincia de León. En los primeros días del mes de Noviembre, cuando los trabajos del campo están hechos; cuando los cuidados inherentes á la matanza del ganado de *enverango,* donde se hace, terminan; cuando las noches son tan largas que, aparte de las horas necesarias para el descanso, queda un buen margen que puede dedicarse al trabajo, las mujeres de cada pueblo se asocian y reúnen con el fin de hilar la lana que en Junio quitan a sus ovejas y carneros... Si el pueblo es pequeño, la reunión es única; si no lo es, las reuniones suelen ser tantas como son los barrios en que el pueblo se divide.... Tienen éstos un doble carácter bien señalado: son algo de lugares de recreo y esparcimiento, y tienen mucho de obrador. En la región montañosa no se congregan todos los días en una casa determinada... tienen establecido un turno semanal...la habitación obligada para esta clase de reuniones es la cocina, amplísima en aquel país y capaz para contener crecido número de personas. Alrededor del hogar, y `al amor de la lumbre´, siéntanse las mujeres de más edad; sobre los escaños, los bancos y las mesas colócanse de pie las más jóvenes, para hilar con mayor desenvoltura. Los mozos pasan la velada cantando la ronda y visitando los hilanderos, en cada uno de los cuales se detienen el tiempo que es de su agrado, sin que por ello queden sujetos al turno; ese tiempo lo ocupan en hablar alegremente con las muchachas y en hacer media o calceta con más o menos adornos, para lo cual tienen muy especiales aptitudes. Más de una vez, estirando el copo, volteando el huso y agitando las agujas, suelen concertarse algunos matrimonios.... Cuando los mozos son en bastante número, se dedican algunas horas al baile en señalados días de la semana. Cuando las *tres Marías* (el tahalí del orión) llegan a determinado punto del cielo relacionado con otro de la tierra, se retiran todos a descansar para dedicarse desde las primeras horas del día siguiente a sus trabajos ordinarios. Las reuniones del hilandero suelen durar hasta fines de Marzo". Elías López Morán, *Derecho consuetudinario leonés* ... pp.231-233. Una situación semejante se repetía en Galicia. Ofelia Rey Castelao, *"Las campesinas gallegas y el honor...",* pp. 432.

[50] Archivo Histórico Parroquial de Palacios del Sil (A.H.P.P.S.) *Libros Sacramentales de Tejedo del Sil*

Ese sistema económico sustentado en las brañas preocupaba especialmente a las autoridades eclesiásticas. D. Martín Celaya, obispo de León, junto a otras cuestiones, dejó ese asunto reflejado en una segunda visita que hizo a las montañas orientales de la provincia de León. En 1724, el prelado, tras observar que no se cumplían las recomendaciones que anteriormente había dictado, elaboró un decreto[51] que contenía una serie de normas para corregir todos los comportamientos de los jóvenes que considera perniciosos. Debería exhibirse aquel en la puerta de las iglesias y leerlo los párrocos en la misa de cada primer domingo de mes. Inevitablemente, en él hizo referencia a las brañas, prohibiendo a las mujeres o hijas, de cualquier edad y condición, realizar ese trabajo:

"En los lugares de las referidas montañas es costumbre juntarse en el monte, por las noches, a la guarda de ganados mayores y menores y recoger la leche, todo género de personas, sin distinción de sexo, con el irreparable perjuicio que es visto seguirse al honor de las mujeres y con detrimento no menos grave a las almas de unos y de otros en las repetidas ofensas de Dios Nuestro Señor; no obstante, desde el paraje en que lo entendimos en la visita, prohibimos semejantes concurrencias, mandando a los curas no permitiesen que en sus feligresías ninguno de los vecinos enviase para dicho efecto mujer, hijas o criadas, notificándoles que pena de excomunión mayor si no los cumpliesen y además de estos dos reales aplicados para la luminaria del Santísimo, por la primera vez y segunda vez y de que por la tercera se nos diese aviso a nos a nuestro provisor para proveer de remedio…bajo la misma pena de excomunión mayor y penas que ahora demos, extendemos también a las mujeres concurrentes en las que llaman majadas que por ninguna manera vayan a ellas de noche, ni se queden en ellas ninguna mujer de cualquier edad, ni persona alguna de familias lo permitan y sobre ello cargamos gravemente la conciencia de los párrocos…"[52].

---

[51] "… de la incomparable ruina que ocasionan en los fieles semejantes abusos y ni aun mandado y prohibido por nos en la visita se observa como debe, interpretando a su arbitrio nuestras ordenes lo que o no se hacen cargo de su obligación o atropellan con temeridad los fueros más sagrados de la divina ley, por lo tanto nos ha parecido ser de nuestra obligación y oficio pastoral el exigir para todas las referidas montañas el presente edicto..". León, Archivo Diocesano de León (A.D.L.), Carpeta 77, nº 1675.

[52] León, A.D.L. Carpeta 77, nº 1675.

En términos similares lo hizo en el visitador de Tejedo del Sil, en 1770:

> "Se halla informado el visitador de los muchos desordenes que pasan en las brañas de aquella parroquia, juntándose mozos y mozas a bailes, meriendas y sobrecenas… y se manda al expresado cuera que exhorte a sus feligreses se abstengan de semejantes excesos por ser grande perjuicio para sus almas"[53].

Otras cuestiones que pretendía corregir con el decreto de D. Martín son las siguientes: que los párrocos no permitieran a los jóvenes hasta que no se casaran, aunque se hallara concentrado el matrimonio "en la forma que dispone la Santa Madre Iglesia", que tuvieran comunicación en la casa de alguno de ellos; tampoco las reuniones o filandones[54], bajo pena de excomunión, extensible a los cabezas de familia que permitieran que sus hijos o criados participaran en dichas reuniones; o los bailes nocturnos[55].

En relación con la visita antecedente, y sobre todo en lo referente a aquellas formas de vivir consideradas amorales, podemos señalar un caso un tanto peculiar, que fue presentado ante el fiscal eclesiástico por el sacerdote de Villasimpliz. Después de acusar a Teresa Alonso de vivir amancebada con Vicente García, ambos divorciados, de Domingo Díez y Pascuala González, respectivamente; a Teresa Ordóñez, también divorciada, de Pedro Díez, de compartir morada con Juan García, residente en esa localidad y casado en Extremadura; o a Catalina Diez y Valero Ordóñez, por lo mismo, sin haber cumplido los debidos preceptos eclesiásticos,

---

[53] A.H.P.P.S. *Libros Sacramentales de Tejedo del Sil.*

[54] "… esto es las juntas que en las referidas montañas es costumbre hacer de noche de mozos y de mozas con el pretexto de hilar o de trabajar en otra cosa, por los graves inconvenientes, pecados y escándalos que de ellas es experiencia…" León, A.D.L. Carpeta. 77, n.º 1675.

[55] "…en ninguno de los referidos lugares puesto el sol se permitan bailes de que con igual escándalo y perjuicio se siguen graves ofensas a Dios, porque desde luego los prohibimos pena de excomunión mayor así a los padres de familia que lo permitan en su mujer, hijos o criados de ambos sexos, como a los concurrentes a ellos..:". León, A.D.L. Carpeta. 77, n.º 1675.

concluye que: "sin excepción, se puede decir que no hay lugar por chico más grande en maldad"[56].

Una cuestión un tanto recurrente que aparece entre las mujeres que se vieron expuestas públicamente en aquellos "pleitos por incontinencia", fue el solicitar una dote al varón, alegando que habían entregado su honor después de recibir de aquel una promesa de matrimonio. Mariana Ordás, en la década de los sesenta del siglo XVIII, reclamaba a Pedro Pérez, con el cual se venía exhibiendo desde hacía unos años "con estrecha amistad", una dote, "para tomar estado", de 1.000 ducados. Según los testigos aportados por esta mujer, para refrendar la acusación, Pedro, que le había dado palabra de matrimonio, tras padecer ella una grave enfermedad se comprometió con otra joven del pueblo, quedando "perdida e incapaz de tomar estado", aunque, también señalaba, no estar embarazada. Consideraba que con ese dinero podría "resarcir en parte la quiebra y daños causados en mi honor"[57]. En esa misma década, también puso pleito por el pago de una dote Gregoria Panizo a Isidro Fernández, ambos vecinos de Villarino del Sil, "respecto de haber mancillado su honor". La sentencia emitida por la Chancillería ordenaba que fuera indemnizada con 70 ducados y un prado[58]. El caso contrario, es decir pleitos relacionados con dotes e iniciados por varones, el motivo que solía desencadenarlos era la contravención de la misma, bien porque no se cumplió con lo acordado o por sentirse timados, pues tras las averiguaciones pertinentes tuvieron constancia de que la familia no poseía bienes suficientes para afrontar lo prometido. Miguel Rosón acudió a la justicia para que le dispensara del trato que había hecho con María Rosón, para casarse con una hija de aquella, también llamada María. Exponía que, tras enterarse que su futura esposa era hija ilegítima y que, además, tenía una hermana gemela y otros tres nacidos después de casarse su madre, los bienes ofertados no tenían cabida en la parte legal que la suegra podía desviar de su capital.

---

[56] León, A.H.D.L. C. 265, doc. 7714.

[57] León, A.H.P.L. C. 6653.

[58] León, A.H.P.L. C. 6663.

Volviendo a la cuestión de que el concepto de honor de las mujeres estaba vinculado al control de la sexualidad, es muy posible que sólo aquellas que habían visto como su reputación había quedado en evidencia pública – bien porque sus relaciones habían culminado en un nacimiento o la exposición como pareja había sido demasiado evidente, y, por consiguiente, toda la comunidad era conocedora de "las desviaciones" –, acudieran ante los tribunales a fin de salvaguardarlo, utilizando como acusación el engaño. Lo que no quiere decir que la mayoría no estuvieran avaladas por la razón, como, entre otros ya señalados, el de Isabel Prieto, de Villager de Laciana, que en 1757 emprendió un pleito contra Domingo del Otero "del que resultó embarazada y no casarse con ella y habérselo prometido". No obstante, si las relaciones habían sido discretas y no culminaban en un embarazo lo más factible es que no les interesara publicitarlas[59]. De esa forma la duda sobre su honra, o lo que venía a ser lo mismo su consideración social dentro de la comunidad, no pasaría a ser cuestionable.

Muy ligados al honor estaban los pleitos iniciados de oficio por amancebamiento o concubinato[60]. No son muchos los que hemos localizado, apenas una docena para toda la montaña noroccidental y prácticamente todos localizados en la segunda mitad del siglo XVIII. En ellos aparecen involucradas tanto viudas como solteras. Entre las primeras se encontraban María Lama o Antonia García. A la primera la acusaban, según señalaban los testigos, de compartir vivienda con Antonio López, soltero, y a la otra la culpaban de vivir "amancebada con su suegro". Independientemente de la veracidad de esa acusación, lo que sí parece desprenderse de este proceso es que los denunciantes, que eran de la misma localidad que

---

⁵⁹ "Lo que se ocultaba bien era como si realmente no existiera". Belinda Rodríguez Arrocha, " Víctimas y delincuentes...", p. 204.

⁶⁰ No obstante, el honor era un concepto mucho más amplio en la época, sirva como ejemplo el pleito iniciado por D. Pedro Buelta Lorenzana, vecino de Palacios del Sil y casado con Dña. Josefa Morán Abarca, contra Andrés Alonso y Manuela Boto, porque esta pareja había llamado zapatera a una hermana de su esposa, Dña. Marina, "en otras palabras injuriosas" a raíz de que aquella querían meter ganado lanar en un prado que no era de su propiedad". De todos los insultos que pudieran proferirse en aquella discusión fue el de zapatera el que consideró que más agraviaba el honor de su esposa. En el relato de las acusaciones hace especial hincapié en la "notoria y distinguida nobleza" de sus suegros, el que jamás "ejercieron oficios" que no se correspondieran con esa categoría social o que su cuñado fuera caballero de Santiago y Virrey de Nueva España. León, A.H.P.L. Sig. 560.

los acusados, recurrieron a algo que podía ser más o menos notorio, no porque causara escándalo en la comunidad – de hecho, de ser cierto hacía más de diez años que compartían vivienda y dos que habían tenido una hija –, sino como vehículo de venganza por cuestiones personales[61]. Otro tanto pudo haber ocurrido con Francisca Casquete, vecina de Caboalles de Abajo, la cual compartía su vivienda con Pedro Gómez, de profesión cantero y oriundo de Galicia, desde hacía siete u ocho años. En este caso los testigos dicen que ya habían sido amonestados en dos ocasiones, sin haberse iniciado ningún sumario, lo que sí ocurría en ese momento.

Pero la justicia civil no sólo intervino en aquellos asuntos relacionados con una vida que se apartaba del camino que la moral cristiana dictaba para las mujeres, también en otros asuntos relacionados con los malos tratos[62] y otras cuestiones. El primero podemos ejemplificarlo con Tomasa de Villablino. No tenemos constancia que esta mujer rompiera su matrimonio, a pesar de que tanto el marido, José Piñero, como la suegra, Jacinta García, "se hallan censurados de darle bastante mala vida… así de palabra como de obra". Esta mujer, que en ese momento tenía 49 años y hacía siete que se había casado a trueque con José Piñero[63], además de ser víctima de la violencia también tuvo que sufrir la infidelidad, puesto que su esposo tenía "trato" con una prima carnal suya[64]. Este hombre fue condenado a pagar 150 ducados a su amante, pero no tuvo ninguna sanción por el tratamiento que daba a su esposa. Respecto a otras intervenciones de la justicia, encontramos el caso

---

[61] León, A.H.P.L., C. 6631.

[62] Sobre este tema véanse los trabajos de Gil Ambrona, Antonio "La mujer vista a través de la Iglesia…", 79-83; Morant, Isabel y Bolufer, Mónica, *Amor, matrimonio…*; Tomás Mantecón, "La violencia marital en la Corona de Castilla durante la Edad Moderna", en Antonio Irigoyen López y Antonio Luis Pérez Ortiz (eds.), *Familia, transmisión y perpetuación (siglos XVI-XIX)*, Murcia, Universidad de Murcia, 2002, pp. 19-55; Isabel Morant, *Discursos de la vida buena. Matrimonio, mujer y sexualidad en la literatura humanista*, Madrid, Cátedra, 2002; France E. Dolan, *Marriage and violence. The Early Modern Legacy*, Philadelphia, U. Pennsylvania Press, 2008; Ana Morte Acín, "Que si les oían reñir o maltratar el marido a la mujer la socorriesen: familia, vecindad y violencia contra la mujer en la Edad Moderna", *Revista de historia moderna: Anales de la Universidad de Alicante*, nº 30, 2012 pp. 211-228. Sobre la teoría moral que avalaba esas conductas, Agustín de Hipona, *Confesiones*, introducción y edición de J. Ignacio Tellechea Idígoras, Madrid, Universidad Pontificia de Salamanca, 1996.

[63] León, A.H.P.L. C. 6634.

[64] En la declaración, José Piñero dice "que tuvo tratos carnales con Francisca (prima carnal de su esposa) durante tres o cuatro meses y se apartó cuando supo lo del embarazo".

de Gregoria García que presentó su caso en 1796. Deseaba casarse con Francisco Rabanal y necesitaba la licencia de su padre, que aquel momento residía en Madrid[65], y tras varias cartas, sin respuesta, solicitaba que se le diera traslado judicial de su petición y en caso de no encontrarlo o no obtener su beneplácito que "se lo concediera la justicia de real oficio". Por su parte, María de Monteagudo y una sobrina suya fueron encarceladas, tras ser acusadas de matar al esposo de la primera, un hombre al que, tras sufrir un accidente, todos los vecinos y testigos tachaban de "demente" y "agresivo".

Estos pleitos contenidos en la documentación notarial, nos ha dejado testimonios de todo tipo, desacuerdos, separaciones, conciliaciones, actuaciones llevadas a cabo por la justicia, pero no hemos podido conocer en todos los casos los motivos que desencadenaron el proceso. Tal es el caso de Dña. Bernarda Escanciano, vecina de Puebla de Lillo, contra la que su esposo, D. Juan Antonio Tejerina. Este hombre inició, en 1796, un expediente de separación, en el que pedía que fuera recogida en un convento religioso, pero "escapó, ayudada por su familia, a su pueblo Monteagudo"[66]; o el de Dña. Mariana Morán, de Caboalles de Arriba, que se fue a vivir a casa de una hermana, en una localidad próxima, "por ciertas desavenencias" que tuvo con su esposo. Él se comprometió a pasarle una pensión alimenticia[67], concretamente tres reales al día, pero si seguía en su "enojo y no quisiere volver a la unión y compañía del otorgante", además de ese dinero le entregaría "dos

---

[65] Sobre el efecto de la Pragmática Sanción de 23 de marzo de 1776, véase: Mª Eugenia Monzón Perdomo, "La familia como espacio de conflicto. Los juicios por disenso matrimonial en Tenerife a fines del Antiguo Régimen", *Anuario de Estudios Atlánticos*, nº 60, 2014, pp. 413-450 Belinda Rodríguez Arrocha" Víctimas y delincuentes...", p. 205.

[66] León, A.H.P.L. C. 3968.

[67] León, A.H.P.L. C. 6689. Se trataba de una separación de cuerpos, sin divorcio, en la que en apariencia existía un acuerdo entre ambas partes. Fórmula que evitaba el verse envueltos en un escándalo público, cuyas repercusiones, en localidades tan pequeñas y en este caso de familias tan conocidas, no pasaría desapercibido. Lawrence Stone, *Road to divorce, England, 1530-1987*. Oxford, Oxford University Press, 1990, p. 161. Sobre este tipo de acuerdos, véase María Juncal Campo Guinea, *Comportamientos matrimoniales en Navarra (Siglos XVI-XVII)*, Pamplona, Gobierno de Navarra, 1998, pp. 113-114; Marie Adèlaide Costa, *Conflictos matrimoniales y divorcio en Cataluña: 1775-1833*. Barcelona, Universitat Pompeu Fabra (Tesis doctoral), 2007, p. 190; Marta Ruiz Sastre y Alonso M. Macías Domínguez, "La pareja deshecha: pleitos matrimoniales en el Tribunal Arzobispal de Sevilla durante el Antiguo Régimen", *Erebea. Revista de Humanidades y Ciencias Sociales*, n.º 2, 2012, pp. 291-320, p. 190.

camas de ropa" y cada otoño un cerdo, una cecina y dos carros de hierba. Por el contrario, sí conocemos los motivos que llevaron a Dña. María Rosa Buelta Lorenzana[68]a emprender un pleito contra su marido, D. Francisco González de Campillo, con el que se había casado con apenas 14 años. Lo inició motivada por la vida desordenada que llevaba aquel hombre, y logró que la justicia le otorgara la condición de administradora de los bienes de la unidad familiar. D. Francisco era heredero de "considerables bienes raíces por herencia de su padre y de su abuelo" y Dña. Rosa, además de los 1.000 ducados que llevó en dote, percibió un considerable vínculo de su madre – ya fallecida cuando ella se casó[69], "como hija primogénita". Bienes que podían permitirles llevar "una vida con la decencia que corresponde a su estado y distinguida calidad", pero, muy al contrario, el comportamiento de su marido los llevó a una situación económica delicada, por:

> "...la mala conducta y desorden en emprender viajes sin motivo, beber con exceso en las tabernas y padecer notoria desidia en el debido y preciso cuidado de sus haciendas, de quince años a esta parte, poco más o menos, que contrajo matrimonio con el otorgante, ha vendido y disipado mucha porción de ellas (rentas)... siendo ocasión de su ruina...expuesta como lo estuvo, no pocas veces, a padecer hambre y desnudez"[70].

Los pleitos "carnales" y divorcios vistos por los tribunales eclesiásticos.

Tanto la montaña central leonesa como la occidental pertenecían a la Diócesis de Oviedo, y dentro de ésta a la Vicaria de San Millán, gran parte

---

[68] Unos años antes, el padre de esta mujer ya tuvo pleito sus hermanos, D. Silvestre y D. Antonio, por no haber vendido parte de la herencia -entre la que estaban las posesiones que tenía la familia en la localidad de Orallo, de las que se desprendió por 30.000 reales-, y contraer numerosas deudas que los acreedores reclamaban sobre el patrimonio familiar, aún proindiviso. León, A.H.P.L., C. 6634.

[69] Cuando se hizo la escritura de dote de Dña. M. Rosa y Francisco, un tío de la primera, D. Silvestre, que era cura párroco en Omaña, dotó a su sobrina con 300 ducados que estaban destinados a pagar una deuda de igual valor que su futuro marido había heredado de su padre.

[70] León, A.H.P.L. C. 6658.

de cuyos fondos están depositados en el Archivo Diocesano de Zamora y una mínima parte en el de León. Así pues, fue en el los citados archivos donde hemos podido reunir una pequeña muestra de pleitos en los que las mujeres fueron protagonistas, o de alguna manera se vieron implicadas. Por su parte, la franja oriental de la montaña leonesa pertenecía a la Diócesis de León, pero, de momento, esos fondos no están accesibles.

Entre la documentación trabajada, sólo hemos localizado cuatro peticiones de divorcio, dos emprendidas por varones y otras tantas por mujeres. En ninguna se solicitaba la nulidad, o ruptura del vínculo matrimonial, sólo la "separación de cuerpos"[71]. Generalmente este tipo de procesos, por lo caros y deshonrosos que eran, no solían ser muy frecuentes[72]. Por el contrario, fue relativamente importante el número de pleitos instruidos en los que se juzgaban relaciones de mujeres con sacerdotes, bien por amancebamiento o, simplemente, "trato carnal". No obstante, en estos casos, el acusado de delito era el clérigo.

Comenzando por los divorcios iniciados por los varones, conocemos en ambos casos el desarrollo del proceso pero sólo en uno la sentencia. Los dos hombres, que tenían en común el ser emigrantes y llevar algunos años "fuera de su tierra", pedían la ruptura de su matrimonio por considerar, y uno poder demostrar, el adulterio[73]. Santiago Rosón, natural de Geras, en 1714, nueve años después de abandonar su localidad

---

[71] Pierre Darmon, *Le tribunal de l'impuissance. Virilité et defaillances conjugales dans l'Ancienne France,* Paris, Du Seuil, 1986; Arturo Morgado García, "El divorcio en el Cádiz del siglo XVIII", *Trocadero*, n.º 6-7, 1994-1995, pp.125-137.

[72] Este tema fue analizado para la ciudad de Nantes, por Julie Hardwick, "Seeking separations. Gender, marriages and household economies in Early Modern France", *French Historical Studies*, n.º 21-1, 1998, pp. 157-180. En España, las causas de divorcio suponían en el tribunal de Pamplona, en los siglos XVI y XVII, el 13,5% del total de causas y en el Castrense del reino de Galicia para finales del Antiguo Régimen, el 11%. María Juncal Campo Guinea, *Comportamientos matrimoniales en...*, p.60; Alfredo Martín García, "El Tribunal Eclesiástico Castrense de Ferrol (1768-1833)", in *Modernitas. Estudios en homenaje al profesor Baudilio Barreiro Mallón*, coord. De García Hurtado, A Coruña, Universidade da Coruña, 2008, p. 485.

[73] "En el caso de las separaciones conyugales, los hombres esgrimían el adulterio de la esposa como la causa para querer obtener el `divorcio´ y, en el caso de las mujeres, la violencia y todos los problemas derivados de ella...". Ana Morte Acín, "Que si les oían reñir o maltratar el marido a la mujer...", p. 223. Por otro lado, adulterio, además, significaba una deshonra del varón. José Luis de las Heras Santos, *La justicia penal ...*, p. 226.

–"precisando de las necesidades se sustentó a Toledo y Soria dejando a su mujer con todos los bienes con el ánimo de ganar su vida como lo acostumbran los más de la montaña…. no volvió durante ese tiempo y cuando lo hizo fue porque se enteró del mal parecer de su mujer"-, acusaba a su esposa de "vivir deshonestamente, con escandalo notorio así en este lugar como en los circunvecinos" y avalaba la deshonra marital en que aquella "ha parido dos veces… y los escándalos eran con Pedro García", cuñado de Santiago Rosón. Motivo por el cual Pedro había estado encarcelado en Pola de Gordón[74]. Una situación similar a la anterior, fue la que llevó a Antonio Avecillla a pedir el divorcio de Catalina Alonso, ambos eran de Salientes y se habían casado en1730. Tres meses después el esposo emigró a Madrid[75]. Vuelto al pueblo, y tras unos meses de "natural convivencia", inició el proceso de separación de su esposa, solicitaba "dar por libre a su parte de hacer vida marital… y condenar a Catalina a las penas que por todos derechos ha incurrido con obligación de aquellas a las que según por ello correspondan más costas". Catalina, además de negar las incriminaciones, apoyándose en las declaraciones de los testigos que aportaba, reprochaba a su esposo el que durante su ausencia no le había enviado nada para sustentarse, por lo que se vio obligada a regresar a la casa paterna. En la primera sentencia, que fue apelada por la acusada, el Provisor y Vicario General de San Millán, concedía a Antonio el divorcio solicitado y privaba a su esposa del disfrute de la dote y arras, amenazándola con la excomunión en caso de que "perturbe o moleste al dicho su marido ni le embarace en el uso y aprovechamiento de los referidos bienes y viva con toda honestidad".

Por su parte Catalina García, de Sorribos de Alba, casada con Santos García, presentó la demanda ante el Tribunal Eclesiástico en 1706, tras

---

[74] Zamora, Archivo Histórico Diocesano de Zamora (A.H.D.Z.) *Vicaría de San Millán*, C. 57

[75] "Debiendo la susodicha guardar la fidelidad y lealtad a que está obligada por el Santo Sacramento del matrimonio, en su contravención y sin temor de Dios Nuestro Señor, ha vivido pública y escandalosamente al menos de más de un año a esta parte con Juan Antonio Rodríguez, vecino y justicia ordinario de dicha villa" Zamora, A.H.D.Z. *Vicaría de San Millán*, C. 349

5 años de matrimonio. Después de hacer una declaración ante las autoridades competentes, en la que, apoyada por sus testigos, declaraba cumplir con todo lo que se esperaba de una mujer casada – sumisión, atención al esposo…– acusaba a su esposo de "que no le ha dado el sustento necesario y la trata muy mal de obra y de palabra dándole muchos empellones y palos de lo que resultó herida en numerosas ocasiones y a punto de perder la vida y tratándola de mujer mundante y ramera". Catalina solicitaba no tener que hacer vida marital con Santos, el divorcio y sus bienes dotales. La solicitud fue admitida a trámite[76].

Finalmente, el motivo que condujo a Manuela Almarza a pedir el divorcio, en 1764, se aparta de los ejemplos vistos anteriormente, resultando, por ello, un tanto excepcional. Invocaba la separación de su marido apoyándose en la "impotencia" del mismo[77], puesto que, según señalaba, después de tres años compartiendo lecho "nunca ha consumado ni podido consumar" y se hallaba "virgen y doncella". Pedía "disponer libremente de su persona" y que le entregaran los bienes

---

[76] No se tuvieron en cuenta ninguna de las declaraciones de Santos, todas ellas desmontadas por los testigos. Como, por ejemplo, cuando la acusaba de estar con un hombre en casa, que resultó ser el hermano o que "hizo ausencias sin su consentimiento". Zamora, A.H.D.Z. *Vicaría de San Millán*, nº 57. En la Edad Moderna, la violencia doméstica fue una de las principales causas de divorcio. James Casey, (1983) "Household disputes and the Law in Early Modern Andalusia", in *Disputes and settlements. Law and human relations in the West*, Cambridge, Cambridge University Press, 1983; Arturo Morgado García, "El divorcio en el Cádiz …, p. 137; Francisco J. Lorenzo Pinar, "Actitudes violentas en torno a la formación y disolución del matrimonio", in *Furor et rabies: violencia, conflicto y marginación en la Edad Moderna,* coord. de José Ignacio Fortea Pérez, Juan Eloy Gelabert González y Tomás Mantecón Movellán, Santander, Universidad de Cantabria, 2002, pp. 159-182.

[77] Teniendo en cuenta las teorías de algunos moralistas, como Vives, que responsabilizaban a las mujeres de todo cuanto mal acontecía, una situación matrimonial como ésta bien podía conducirla a culpable y no víctima. Juan Luis Vives, *Instrucción de la mujer cristiana*, 1524. Otro autor que también dedicó una importante obra a las mujeres, teniendo como tema central el papel que debían acatar para tener un buen matrimonio, fue Fray Luis de León, *La perfecta casada*, Madrid, Colección Austral, 1992. No obstante, y al margen del rol que la sociedad de la época reservaba a las mujeres, una de las causas excepcionales para obtener la nulidad matrimonial era la impotencia masculina. Gómez Bayo, *Praxis ecclesiastica et saecularis: in tres partes distributa.* Lyon, Colonia Allobrogum; & veneunt Lugduni: apud Fratres de Tournes, 1752, p. 26. Sobre las denuncias femeninas, véase Marie-José Laperche-Fournel, "Le marriage en Pays Mosellan au XVIII siècle. Formation et rupture du couple", *Les Cahiers Lorrains*, n.º 3-4, 1992, pp. 389-401; Lourdes Villafuerte García, Teresa Lozano Armendares, Sergio Ortega Noriega y Rocío Ortega Soto, "La sevicia y el adulterio en las causas matrimoniales en el provisorato de México a fines de la era colonial. Un estudio de la técnica procesal jurídica", *Estudios de Historia Novohispana*, n.º 38, 2008, pp. 87-161.

dotales y la mitad de los gananciales que pudieran corresponderle por esos años de convivencia[78].

Respecto a los pleitos en los que se vieron envueltos mujeres y sacerdotes, en unos casos fueron incoados por el propio Vicario de San Millán, tras recibir alguna noticia más o menos velada, y en otros por los propios vecinos. Los amancebamientos, de los clérigos denunciados tuvieron lugar, fundamentalmente, con mujeres solteras y de todas ellas resultó un embarazo, que en cada caso se gestionó como mejor consideraron los involucrados para intentar ocultarlo a los ojos de la comunidad. Así, por ejemplo, Antonia, del Caldas de Luna, que tuvo un hijo con el licenciado Marcos Valentín Álvarez, fue a dar a luz a la localidad de Peredilla, donde vivía una hermana del sacerdote; incluso, uno de los testigos llegó a señalar que no era el primer desliz que cometía, y que ya en otra ocasión había mandado a otra muchacha a "parir", Isabel, a un pueblo próximo, Mirantes de Luna, donde también vivía otra hermana del acusado. Un patrón de comportamiento similar al señalado se repite en otros casos. Francisca Álvarez, por los "tratos" que tuvo con D. Miguel González, fue desterrada a 8 leguas en contorno. Pero la relación no se rompió de inmediato, pues el sacerdote la trasladó a Abelgas de Luna, donde residían sus hermanos, donde se desplazaba a visitarla y a ayudarla a criar a lo pequeño. Por su parte, a D. Pedro del Riego, en una larga lista de reproches que le hacen los vecinos del pueblo, que van desde su carácter hasta la forma en que ejerce el sacerdocio, aparece uno que hace referencia a que tuvo recogida en su casa a una mujer, embarazada de otro sacerdote, durante dos meses, enviándola a continuación con un criado al principado de Asturias[79].

En alguna ocasión, el miedo de estas jóvenes, a las consecuencias que se pudieran derivar, las llevó a mentir en una primera declaración. Por ejemplo, Catalina Laiz, de 24 años, reconocía que le "imputó el embarazo al maestro por consejo de Juan Álvarez, un hermano del cura, que le dijo

---

[78] León, A.H.D.L. C. 280, D. 9484.

[79] Zamora, A.H.D.Z. *Vicaría de San Millán*, n° 263. Sobre la escasa moralidad de los sacerdotes, para que fuera efectiva su autoridad en ese sentido, véase Tomás Mantecón Movellán, "El peso de la infrajudicialidad en el control del crimen durante la Edad Moderna", *Estudis*, n° 28, 2002, pp. 43-75, pp. 70-71.

que ellos le ayudarían bajo cuerda, lo cual hizo por temor a sus hermanos pero la verdad es que no tuvo nada con el maestro y que además del honor perdió 100 ducados que le había ofrecido el conde de Nava, administrador de una Obra Pía para doncellas pobres". En otras fueron las falsas promesas, como Rosa Suárez, que no declaró la paternidad del hijo que tuvo con D. José Suárez, párroco de Irede, porque le aseguraba que "quedaba perdido y que lo que había de gastar en justicia se lo daría a ella para mantenerse". Al final el incumplimiento de la promesa y el que este hombre repitiera el mismo comportamiento en otra localidad próxima, con Ana María, la animó a declarar. El sacerdote, por supuesto, intentó desmontar todas las acusaciones e, incluso, llegó a afirmar que había oído que "Rosa llevaba una conducta sospechosa". Ana por su parte, además de verse negada, pues según él nunca habían tenido tratos, se tuvo que enfrentar a un pleito de oficio porque ante la necesidad se había visto obligada a abandonar la criatura. Pero las declaraciones de todos los testigos desmontaron la defensa del sacerdote, que tan sólo fue condenado a 15 días de ejercicios espirituales, a pagar una multa de 10 ducados y no volver a comunicarse ni con Rosa ni con Ana.

A pesar de que la mayoría de las mujeres que se vieron implicadas en este tipo de procesos eran célibes, no faltó una pequeña representación de casadas. Entre ellos estuvo el proceso contra el licenciado Piquero, al que se le relacionaba con una mujer a la que su esposo "le dio dos veces de palos", sin lograr acabar con la relación"; pero también el sacerdote hizo lo propio con el desdeñado, y así lo anunció la madre de éste interrumpiendo un sermón -"buena doctrina enseña vuestro señor cura y os requiero que si mi hijo aparece muerto le pidáis la muerte al capellán pues actualmente está enfermo de una zurra de palos que éste le dio". También a los párrocos de Garaño, D. Luis Rodríguez, o el de Irede, que acabó en la cárcel eclesiástica[80], se les acusó de delitos semejantes, si bien el nombre de las mujeres no aparece "por temor de matrimonio".

No obstante, estos pleitos, aunque tengan como tema central las relaciones sexuales ilícitas, suelen ir acompañados de otras acusaciones a los

---

[80] Zamora, A.H.D.Z. *Vicaría de San Millán*, nº 263

párrocos, tales como el abandono de las obligaciones eclesiásticas –"no asiste como tiene obligación a dar el pasto espiritual a sus feligreses y a la cura de almas"-, rumores de amancebamientos que no llegaron a probarse, las excesivas visitas a las tabernas – "frecuenta las tabernas y bebe en exceso", "bebe demás" –, el organizar bailes, "escándalos con mozas" o una excesiva afición al juego de las cartas. Por lo tanto, sobre todo en los casos en los que el hecho no fue probado de forma irrefutable, es difícil discernir entre la veracidad de un comportamiento sexual ilícito continuado y el malestar entre el vecindario, que pudo haber aprovechado un desliz puntual para reprochar a los párrocos las incomodidades que entre ellos podían generar otro tipo de cuestiones, las cuales podían ir desde un excesivo intento de control o dominio hasta el descontento con la fiscalidad religiosa.

Casi todos los procesos finalizaron de igual forma, el error de la muchacha en cuestión tendría graves consecuencias para ella, puesto que su honestidad acababa vilipendiada en boca de todos los testigos, y difícilmente podría volver a recuperarla; y, por el contrario, el párroco tras pagar una pequeña multa y hacer unos ejercicios espirituales, volvía con el suyo, a los ojos de la comunidad, sino total, al menos parcialmente restablecido.

Finalizar recalando el argumento de partida, las mujeres montañesas fueron víctimas del excesivo control de las variables demográficas y de unas estrictas estrategias familiares, desarrolladas como consecuencia de las duras limitaciones económicas que imponía el marco espacial.

O REFORÇO DA CLAUSURA NO MUNDO MONÁSTICO FEMININO EM PORTUGAL E A AÇÃO DISCIPLINADORA DE TRENTO[*]

Antónia Fialho Conde
Universidade de Évora/CIDEHUS/CEHR

"Mosteiros, Recolhimentos, e outros resguardos semelhantes, em que os homens depositão suas mulheres, não deixão de ser arriscados; e de certo, quando a ocasião não seja muito urgente, he usar com as mulheres ruim lei, e faltarlhes com a fè e companhia devida; porque se cada hũa de aquellas quisera ser freira, bem escusara de se casar".[1]

D. Francisco Manuel de Melo

O Concílio de Trento: voluntarismo e disciplina

Nos dias 3 e 4 de Dezembro de 1563 saía um decreto, emanado da XXV Sessão do Concílio de Trento, especialmente dedicado aos "Regulares e às monjas". Este decreto conciliar sublinhava essencialmente a livre

---

[*] Este trabalho insere-se no projecto HAR2012-31909-Q4718001C-Justicia e Mujer. Los tribunales penales en la definición de una identidad de genero, Castilla y Portugal (1550-1800), Dpto. Historia Morderna, Contemporanea y de America, Universidad de Valladolid – Instituto Histórico de Simancas.

[1] D. Francisco Manuel de Melo, *Carta de Guia de Casados*, Lisboa, Officina Craesbeckiana, 1651, Fls. 161, 162v. Na citação o autor desaconselha o uso de recolhimentos e mosteiros para mulheres casadas, dado que não havia sido essa a sua opção de vida, forçando-as, reconhecendo embora a urgência de algumas situações, nomeadamente a da conjuntura em que publicou a obra.

DOI: http://dx.doi.org/10.14195/978-989-26-1033-7_10

aceitação da profissão religiosa (com aumento da idade da profissão para os 16 anos e após um ano de noviciado, procurando evitar vocações forçadas) e a questão da disciplina, reforçando a clausura estrita e os votos monásticos, vigiada pelo bispo no caso das dependências do Ordinário local. A clausura seria ainda reafirmada em bulas posteriores e por decisões da Sagrada Congregação do Concílio, sendo que em Portugal muito cedo se instalaria[2]. Atualmente, e em particular depois dos anos 90, este tema tornou-se central nos *women's studies*, sobretudo com Foucault[3], bem como para a Ordem de Cister[4], parecendo-nos essencial o trabalho de Christiane Klapisch-Zuber e de Florence Rochefort na abordagem da temática tridentina na perspetiva do voluntarismo e da disciplina[5].

Assim, os conceitos de controlo e repressão surgem muitas vezes a par, apresentando o claustro como um paraíso e um inferno (prisão[6]) simultaneamente. Para diversos autores, a interpretação de que a permanência no mosteiro era repressiva dá azo aos exemplos de rebelião, ou a solicitação de dispensa de votos nos conventos, sendo que, no caso dos conventos italianos, esta solicitação foi rara. Esta evidência vem recolocar o problema em termos da estrutura social do Antigo Regime e da revolta da religiosa

---

[2] Para o caso português e especificamente para a relação entre o Direito e mulher, cf. Giovanna Aparecida Schittini dos Santos, *Direito e Gênero: Rui Gonçalves e o estatuto jurídico das mulheres em Portugal no século XVI (1521-1603), Dissertação de mestrado em História, Faculdade de Ciências Humanas e Filosofia da Universidade de Goiás*, 2007. A obra de referência é da autoria de Rui Gonçalves, *Dos privilégios & praerogativas que ho género feminino tem por dereito comum & ordenações do Reyno mais que o género masculino*, Lisboa, João Barreira, 1557, devendo ainda confrontar-se com Bernardino J. da S. Carneiro, *Elementos do direito eclesiástico português e seu respectivo processo*, Coimbra, Imprensa da Universidade, 1882.

[3] Michel Foucault, *Discipline and Punish: The Birth of the Prison*, Paris, Ed. Gallimard, 1975.

[4] Marie-Elisabeth Henneau, «La femme et le cloître à l'époque moderne: bilan historiographique et perspectives de recherches», *in Nouvelles sources et nouvelles méthodes de recherche dans les études sur les femmes*, dir. de Guyonne Leduc, Paris, Le Harmattan, 2004, p. 59-75; Jean Leclercq, «La clôture. Points de repère historiques», *Collectanea cisterciensia*, 43, 1981, p. 366-376.

[5] Christiane Klapisch-Zuber, Florence Rochefort, «Clôtures», *Clio. Femmes, Genre, Histoire* [Online], 26|2007, Online since 11 April 2008, connection on 29 November 2014. URL: http://clio.revues.org/5273; Marie-Claude Dinet-Lecomte, 2005, «Du 'bon usage' de la clôture et de l'enfermement dans les établissements charitables aux XVIIe et XVIIIe siècles», *Histoire, Économie et Société*, 24, 2005, pp. 355-372.

[6] Ulrich L. Lehner, *Monastic Prisons and Torture Chambers: Crime and Punishment in Central European Monasteries, 1600-1800*, Eugene/OR: Cascade Books, 2013.

pelo seu destino pessoal. Porém, cada vez mais a historiografia atual não considera a clausura como barreira intransponível, que corta os laços com a família e a sociedade; ela está ligada ao conceito de permeabilidade (relativa comunicação entre o mosteiro e o seu exterior), ou, de uma forma mais ampla, de negociação: poder das mulheres na esfera privada e familiar. De qualquer forma, em termos institucionais, a negociação era controlada por homens (confessor, bispos), conclusão que se aplica nomeadamente aos mosteiros eborenses, e em particular a S. Bento de Cástris. Salientemos ainda que Camilla Russell desenvolve a ideia de um terceiro espaço que se impôs como espaço alternativo para as mulheres, entre a vida familiar e os conventos, que são os mosteiros de terciárias[7].

A reforma tridentina procurou também que a arquitetura garantisse a inviolabilidade da clausura, e o acesso às grades e ao mosteiro era controlado pela autoridade eclesiástica. A entrada de estranhos na clausura, ainda que religiosos de Cister, procurou sempre estar definida e delimitada, nunca esquecendo, porém, a dimensão humana do cenóbio, concretizada tanto em necessidades materiais (procuradores, mestres de obras, médicos) como espirituais (aliviadores, pregadores, confessores). A abadessa, gradeiras e enfermeiras deviam assegurar que fossem *via recta*, e acompanhados de guardas[8]. Os muros do mosteiro marcavam também uma linha de atuação dos religiosos da Ordem, estruturada nas suas funções e obrigações perante as religiosas, a que o Padre Geral via acrescentados alguns privilégios, em termos de atuação, tanto nesta como nas demais comunidades femininas pertencentes à Congregação. A virtude das casas religiosas e das suas funções em relação ao mundo do século, baseada na severidade da clausura, nos sermões pontificais e nos sagrados cânones, expressava-se da seguinte forma em 1712 para o mosteiro cisterciense de Évora: "as cazas Religiozas são sagradas, onde

---

[7] Camilla Russell vem desenvolvendo a ideia de um terceiro espaço que se impôs como espaço alternativo para as mulheres, entre a vida familiar e os conventos, que são os mosteiros de terciárias. Cf. C. Russell, "Religious Reforming Currents in Sixteenth-Century Italy: The *Spirituali* and the Tridentine Debates over Church Reform", *Journal of Religious History*. 2014, *doi: 10.1111/1467-9809.12071*

[8] A partir de 1745, as guardas de médicos e religiosos deveriam ter pelo menos 40 anos de idade, podendo o Abade Geral dispensar desta limitação (idade) com legítima causa.

se depositão as Mininas filhas dos Nobres Illustres ou pera educação dos costumes e boas virtudes ou pera custodia dos principios do seculo"[9].

Espaços de sociabilidade e espaços de clausura estrita: os poderes régio e eclesiástico

Depois do Concílio, as áreas comuns ganham maior importância: Capítulo, Refeitório, sala de trabalho, bem como locais *ex nuovo* para as jovens. Dada a maior severidade das normas de clausura, a reorganização da vida monástica criou novas ocasiões de vida social e dedicou espaços do dia à recreação, nos claustros e jardins. A separação entre o mundo secular e o convento era compensada por atividades individuais ou coletivas de devoção e pela aquisição de competências na área da música e do canto, que fizeram dos mosteiros pólos de excelência fora do contexto litúrgico ou das festas dos patronos.

Em Portugal, a legislação régia depois de Trento não ficou alheia à vida interna das comunidades, tanto no que se refere à conversa com religiosas e à quebra do silêncio e da clausura. Com Filipe II, encontramos a primeira determinação sobre a familiaridade suspeita com religiosas[10], alertando em especial para a violação da clausura ou para o incitamento feito para as monjas a quebrarem. Foi determinado um vasto leque de penas, que iam desde a pena de morte ao degredo, para a África, Brasil ou para as galés, pregões e açoites públicos, além de penas pecuniárias. Estas eram, na sua maior parte, destinadas ao mosteiro afrontado. Legislou-se não só para quem diretamente se envolvesse com religiosas, mas também quem eventualmente corroborasse com tais ações, homem ou mulher. Também o acolhimento de freiras fora do espaço conventual não poderia acontecer, exceto com licença régia especial, de nada valendo uma eventual licença do Superior de quem dependia o mosteiro.

---

[9] Évora, Biblioteca Pública de Évora (B.P.E)., Cód. CXXXI/2-23, Fl. 95.

[10] Alvará de 13 de Janeiro de 1603, a que sucedeu carta régia, do mesmo monarca, de 21 de Novembro de 1615. O citado alvará foi inspirado nas *Ordenações Manuelinas*, Livro 5, T. 22. B.P.E., Cód. CXIX/1-13, Fl. 60v.

Esta licença era apenas válida para o caso de pais e irmãos. O facto de metade do montante das penas se destinar a quem denunciasse a eventual situação era evidente fator de controlo [11].

O reinado de D. João IV foi nesta matéria mais incisivo. Prolongando a legislação filipina, em 1652[12] encontramos uma lei com esse mesmo conteúdo e em 1653, contra os que frequentavam as grades dos mosteiros[13]. Neste mesmo ano, o monarca pronunciou-se sobre a clausura das religiosas, apelando à promoção da mesma[14]. Em 1655[15], além da execução do Alvará filipino de 1603 sobre a matéria da familiaridade com religiosas, surgem também determinações para todos aqueles que entrassem em recolhimentos.

Com D. Afonso VI, toda esta legislação se viria a intensificar, sendo o seu reinado o que mais determinou sobre esta matéria. Se em 1657 e 1658 há legislação sobre a frequência e comportamento dos fiéis nas igrejas, a tomada de posição contra a familiaridade com religiosas volta a ser intensamente retomada nos anos seguintes[16]. Em 1663[17] e 1664[18], é a temática da clausura das religiosas que volta a ser focada.

A questão da familiaridade com religiosas foi retomada por D. Pedro II, ainda regente, em 1671[19], bem como a invasão da clausura, com as penas inerentes, apresentando, porém, uma maior sistematização[20].

---

[11] Évora, B.P.E., Cód. CXIX/1-13, Fl. 60v. Esta lei foi confirmada pelas leis de D. João IV de 30.4.1653 e outra de 18.8.1655, onde está incorporada *de verbo ad verbum*; e estende-se aos recolhimentos, com as mesmas penas. Foram também confirmadas por D. Pedro II, em 1671. Évora, B.P.E., N. Res. 572.

[12] Cf. João Pedro Ribeiro, *op. cit.*, Lei de 30 de Abril de 1652.

[13] *Idem*, Decreto de 4 de Abril de 1653, de que o rei mandaria passar Alvará.

[14] *Idem*, Decreto de 25 de Maio de 1653, que constava no Cartório do mosteiro de Alcobaça.

[15] *Idem*, Alvará de 18 de Agosto de 1655, baseado nas *Ordenações Manuelinas*, livro 5, tit. 22.

[16] *Idem*, Decreto de 16 de Janeiro de 1658, decreto de 15 de Janeiro de 1659, decreto de 16 de Setembro de 1662, decreto de 1 de Junho de 1663.

[17] *Idem*, Carta Régia de 12 de Setembro de 1663, que proíbe a divagação de religiosas com o pretexto de mudança de ares e banhos, bem como manda promover a clausura das religiosas.

[18] *Idem*, Carta Régia de 28 de Abril de 1664, que também constava do Cartório do mosteiro de Alcobaça.

[19] *Idem*, Alvará de 3 de Novembro de 1671.

[20] Évora, B.P.E., N. Res. 572.

Qualquer pessoa, de qualquer estatuto social, que entrasse num mosteiro de freiras, e se provasse que estivera de dia ou de noite em qualquer lugar da clausura fazendo "cousa illicita"; ou que tirasse da clausura alguma freira; ou que estivera só com ela em alguma parte ainda que ela voltasse para a clausura; ou ainda se fosse com ela fora do mosteiro, em qualquer destes casos, além da pena da morte natural, estabelecida pela lei de 1603, se tais pessoas tivessem bens da Coroa, tenças ou juros da Casa Real, os perderiam a favor da Coroa. Se tivessem o foro de fidalgos, ou daí para baixo, seriam de imediato riscados dos livros do monarca. As amizades ilícitas com religiosas são também muito visadas na legislação, e as penas variam em função da repetição ou não da ocorrência e do estatuto social do prevaricador (nobre, ministro, estudante, devendo estes ser vigiados pela instituição de origem), obrigando o monarca os corregedores a tirarem (além das devassas gerais) no seu distrito havendo nele convento de religiosas, três devassas particulares/ano e informações secretas, a entregar em Dezembro na Mesa do Desembargo do Paço. O rei constatava que as leis anteriores não eram respeitadas, sendo que D. Pedro se via obrigado a recorrer ao direito para suprimir tais atos (trato e amizades ilícitas), que considerava como crimes, sobretudo agravando as penas.

Durante o reinado de D. João V, as questões freiráticas e da familiaridade com religiosas, tornaram-se pertinentes[21], particularmente em 1725, em virtude do incumprimento da legislação de 1671. O rei pretendia a maior abrangência possível da lei, notando-se uma particular chamada de atenção ao clero, tanto secular como regular, para ser particularmente vigiado pelo respetivo superior hierárquico. Foi de novo ordenado aos corregedores e ouvidores das comarcas que fizessem devassas e obtivessem informações secretas sobre cada um dos mosteiros aí existentes, remetendo as informações para a Mesa do Desembargo do Paço. Quem tivesse o referido trato ilícito seria obrigado a preencher um termo de que se enviaria cópia à Secretaria de

---

[21] De facto, seria prática corrente a realização, por exemplo, de *torneios poéticos* durante três noites aquando da eleição das abadessas. A este propósito, cf. « Outeiros de Abadessado », *Revista Lusitana,* Iª Série, XXVII, p. 292.

Estado. Como nas informações e culpas podiam estar membros do clero secular ou regular, os seus prelados diocesanos (informando estes aos prelados maiores) deveriam ser informados, para que não tornassem aos seus mosteiros nem a qualquer outro do reino. A legislação tornava-se bastante clara, criando até formulários acusatórios para serem apresentados às autoridades régias[22], e só retomou claramente este assunto em 1780[23], em que uma ordem do Intendente Geral da Polícia se referia aos comportamentos devassos nos trajes e comportamentos dos clérigos seculares e regulares.

No que respeita ao poder religioso, foram diversas as medidas tomadas por D. Teotónio de Bragança em relação ao clero regular da Arquidiocese de Évora[24]. Algumas referem-se à administração de bens, exigindo Livro de Receitas e Despesas para todos os conventos; ao uso dos dotes, devendo informar o Arcebispo, sob pena de excomunhão; à aquisição de bens ou, em 1599, à receção indevida de tenças e esmolas, invocando os preceitos tridentinos[25]. Este arcebispo agiu ainda no que se refere à presença de pregadores e confessores nos mosteiros, exigindo, em 1593, a exibição junto do seu Provisor da licença para confessar e pregar[26], bem como no cuidado com a clausura tão exigida por Trento[27], exigida em Provisão datada de 1583 sendo o texto antecedido de cópia, em português, do Breve *Sub anullo piscatoris*, de Gregório XIII, data-

---

[22] "Copia sobre a conferencia do Di.º de M.ª. Sendo chamado a minha prezensa F. lhe declarei por ordem de Sua Magestade que o mesmo senhor ordenava não va mais ao Mosteiro N., nem a sua Igreja, nem a outro algum Mosteiro de Freiras destes Reynos e seos Dominios; nem tenha trato nem comonicação nem correspondencia algua por sy, ou por outra qualquer peçoa com Freira, ou com peçoa que se ache Recolhida em Mosteyro e que nem páre defronte de qualquer Mosteiro de Freyras, nem para elles faça sinal, ou aceno; nem ainda passe pelo ditto Mosteiro N., tendo entendimento que constando ao direito judicial ou extrajudicialmente que contraveyo de algua sorte a este termo e ordem, o há de castigar camararia ou judicialmente com as penas estabelecidas nas Leis do Reyno e com todas as com que for servido ainda as mais rigorozas. O que ficou o ditto F. entendendo, e se obrigou a cumprir, o contheudo neste termo e assinou comigo." B.N.F., Richelieu, Cota Port. 35, Fls. 44, 44v.

[23] Cf. João Pedro Ribeiro, *op. cit.*, ordem de 9 de Novembro de 1780, na regência do Príncipe D. João, futuro D. João VI.

[24] Évora, B.P.E., Códice CIX/2-7, Peças 13, 14 e 15.

[25] Évora, B.P.E., Cód. CIX/2-7, n.º 13.

[26] Évora, B.P.E., Cód. CLX/2-7, n.º 25.

[27] Évora, B.P.E., Cód. CIX/2-7, n.º 48.

do de 20 de Novembro de 1582. Nas questões da clausura, o arcebispo invoca a sua autoridade e os ditames de Trento, exigindo que só com licença escrita, sua e do superior dos mosteiros, se poderia entrar nas primeiras clausuras, exceto se se tratasse de superiores, confessores, físico ou sangrador ou familiares para serviço da casa; estes teriam que ser primeiro por si aprovados no que respeita a idade, vida, costumes e família em primeiro e segundo graus (pai, mãe, avós, cunhados, irmãos, sobrinhos, tios, primos); determinava ainda que apenas parentes em primeiro e segundo graus das freiras poderiam com elas falar, com licença da prelada, sem ser necessária a do Arcebispo (no caso de dúvidas sobre o grau de parentesco, e concedida a licença, a prelada incorria no risco de ser suspensa do cargo por seis meses); por outro lado, as abadessas não deveriam deixar entrar nos locutórios dois homens juntos que não fossem parentes das freiras no mesmo grau, do mesmo modo que, nessa altura, não poderiam vir outras freiras ao locutório a não ser que fossem parentes no mesmo grau.

D. Teotónio apelava ainda nesta Provisão a que os superiores das Ordens e superioras dos mosteiros deveriam informá-lo caso pessoa eclesiástica regular ou secular, ou leiga de qualquer qualidade, entrasse nas clausuras sem licença escrita sua, para tomar precauções no sentido de sanar essas situações, havendo também especial cuidado na receção aos hóspedes. O mesmo Arcebispo recomendava ainda o máximo recato nos locutórios, atendendo às recomendações do Breve de Pio V, no primeiro ano do seu pontificado, de 20 de Dezembro de 1585[28].

---

[28] "em cada hum dos loquotorios de seus moesteiros antes das grades de ferro da parte de dentro facão pregar e tenhão perpetuamente pregada hua lamina tambem de ferro com huns pequenos buracos pellos quais somente caiba huma pena de pato; Mas todavia de tal maneira que lhes seja licito ter na tal lamina huma pequena fresta fechada com huma portinha tambem de ferro (da qual a Abbadeça, ou prior, tenha a chave) e abrir esta fresta quando o Superior visitar o moesteiro E religiosas delle ou fizer os costumados eleicois, ou vos ouverdes de fazer o exame das noviças antes da profissão, ou quando os parentes das mesmas freiras ate o segundo grao inclusive ouverem de ser admittidos a falar com as mesmas freiras. Tambem nos comettemos E mandamos que tenhais cuidado de prohibir de baixo das penas que vos parecer a todas e a cada huma das pessoas asi homens como molheres de qualquer dignidade grao, condição E preeminceia, ou de estado que sejão tambem Ecclesiastico secular e regular ainda aos Superiores dos mesmos moesteiros que não ouzem a fallar com as freiras as portas, ou noutro qualquer lugar de qualquer moesteiro fora dos loquotorios deputados E mandar as mesmas freiras sua Abbadeças E priorecas que não admittão as tais pessoas

A acção disciplinadora de Trento: reflexos no quotidiano espiritual e temporal do mosteiro de S. Bento de Cástris

A vida em comum compreendia, nos mosteiros cistercienses, a realização de um capítulo de culpas com uma frequência semanal. Este ato iniciava-se depois da *Prima* e antes da celebração da missa da comunidade com a leitura de um *Martirológio* ou de um *Capítulo* da *Regra*. Depois, ante a abadessa, primeiro as noviças, depois as conversas e finalmente as religiosas de véu preto, prostradas, respondiam à pergunta da principal prelada, dirigida a todas, sobre o que tinham a dizer, em termos de faltas. Abandonavam o capítulo por grupos, sendo as noviças ouvidas por toda a comunidade, não ouvindo as faltas das conversas nem das monjas.

A gravidade das faltas traduzia-se em culpas de gradação diversa (leves, graves e muito graves) que, por sua vez, se redimiam por um castigo ou penitência imposto pela abadessa. Normalmente, a penitência das culpas leves supunha um total silêncio por parte da religiosa, não levantando salmos nem antífonas na assistência ao Coro, devendo prostrar-se perante a passagem de todas, e isolando-se na sua cela. As culpas graves compreendiam o receber da disciplina em Capítulo, onde as monjas faltosas entravam cobertas com o véu, beijando os pés a toda a comunidade durante os dias que a abadessa determinava, devendo depois abandonar o Capítulo. Murmuração e falsos testemunhos eram considerados faltas graves, uma espécie de peste dentro do espaço sagrado dos claustros. Como pena, era-lhes imposta a penitência de culpa grave por um mês, que consistia na reclusão da faltosa na cela, *a pão e água em terra*, e ainda na prostração à porta do Coro e do Refeitório às Sextas-feiras[29]. Durante o cumprimento da pena, as religiosas não podiam comungar nem ter ofício, ficando à porta do Coro aquando do Ofício divino; deviam ainda

---

a falarem em outro lugar salvo aquellas pessoas que actualmente servirem aos moesteiros, E os confessores os quais Poderão somente ser admittidos nos Lugares deputados para ouvir as confissoes das freiras E salvo a Lisensa concedida pelo Concilio tridentino aos Superiores e a outras pessoas quanto ao entrar dentro da cerca nas casas necessarias E tambem salvo os Indultos apostolicos concedidos a pessoas singulares." Évora, B.P.E., CIX/2-7, fl.2.

[29] Lei do Capítulo Geral de 1 de Maio de 1750, em que saiu abade e esmoler-mor o Padre frei Pedro de Mendonça.

prostrar-se à passagem da comunidade à saída do Coro e do Refeitório e guardar completo silêncio. Diga-se que, depois do cumprimento da penitência por falta grave, as religiosas deviam passar ao cumprimento de penitência por falta leve, tantos dias quantos os recomendados pela abadessa. As culpas muito graves compreendiam o isolamento em cela, normalmente imposto às desobedientes ou às demasiado ambiciosas em termos de cargos comunitários: só assim, segundo as orientações da *Regra*, haveria consciencialização para a dimensão da falta.

Em algumas ordens[30], a comunidade juntava-se no capítulo para assistir à administração da disciplina em comum, cantando o *Miserere* ou o *De Profundis*, sendo que as biografias de religiosas do século XVII acentuam a ocorrência de autoflagelações. Esta penitência, no caso de S. Bento de Cástris, ocorria em particular, na cela da religiosa.

A quebra do silêncio nos tempos e lugares proibidos implicava, no primeiro quartel do século XVIII (1722, 1725) penas muito concretas: para as religiosas, repreensão, na primeira e na segunda vez, e a privação de leito na terceira; para as criadas, a terceira vez significava já a expulsão do mosteiro. O silêncio devia ser observado não apenas pelas religiosas, como também pelas que "entre nós são admittidas ou pela necessidade propria ou pela charidade alheia"[31], ou seja, pelas irmãs leigas e pelas criadas. Estas, quebrando-o, conheciam a expulsão. Era exigido na igreja, no Coro, nos dormitórios, no refeitório e na claustra, sob pena de privação do mirante, porta, grade e cerca, ou disciplina de pão e água. Em S. Bento de Cástris, muitas vezes foi diagnosticada "relaixação no cilencio e obediencia, pontos em que sem duvida se sustenta toda a regular monarchia"[32]. Em 1670, ficou estabelecido que depois das Ave-marias e até à *Preciosa*, não devia haver barulho nos dormitórios, o que se manteria nos anos sucedâneos, embora sempre se verifiquem recomendações para o seu cum-

---

[30] Geneviève Reynes, *Couvents de femmes: La vie des religieuses cloîtrées dans la France des XVIIᵉ et XVIIIᵉ siècles,* Paris, Ed. Fayard, 1987.

[31] Évora, B.P.E., Cód. CXXXI/2-22, Fl.10v. Esta observação consta da Visita que fez ao mosteiro em 22 de Novembro de 1767 o então abade geral da congregação, D. frei Nuno Leitão, padroeiro do convento da Madalena da Província da Arrábida.

[32] Évora, B.P.E., Cód. CXXXI/2-23, Fl.103.

primento; estas determinações estendiam-se ao comportamento no Coro, particularmente para as mais novas[33]. Cerca de um século depois, a visita de 1763 reafirma a necessidade do silêncio mesmo perante as práticas do mosteiro ligadas à música, como "ensinar solfa nos Dormitórios ou outras perturbações semelhantes"[34]. O silêncio nos dormitórios é também o tema de uma Carta Pastoral de frei Manuel de Mendonça, de Janeiro de 1776, dirigida a todos os mosteiros femininos da Congregação. Reconhecendo o silêncio como uma das práticas essenciais da vida monástica e como um dos fundamentos do monacato, o mesmo devia ser integralmente cumprido depois de dado o sinal (cerca das dez horas da noite, segundo a Carta), devendo as religiosas recolher imediatamente às suas celas. A abadessa era obrigada a fazer cumprir a ordem e a castigar as transgressoras. Neste documento foi também criticada pelo Geral a prática introduzida em muitos mosteiros da Congregação, a existência de casas particulares, separadas dos dormitórios, considerados como a principal parte da clausura.

Por outro lado, os órgãos centrais da Congregação de Alcobaça, através das Juntas e Capítulos e dos Visitadores e Definidores, estendiam a sua intervenção a domínios do foro espiritual que muito influenciavam a vida das comunidades, em especial das femininas, de que salientamos as penas espirituais e a excomunhão. A Junta de 1755 fez saber a todos os mosteiros de religiosas que quer o Geral quer os Padres do Definitório estranhavam que as noviças não tivessem castigo público pelas faltas cometidas. Nestes termos, decidiram e ordenaram que as Mestras das Noviças, além do castigo que lhes dessem na noviciaria, as castigassem publicamente, mandando-as comer *pão e água em terra*. No Capítulo de 1762, constatou--se que as monjas estavam aflitas devido às muitas excomunhões e penas espirituais "que tem posto ao sexo, que naturalmente he timorato, e que a falta de literatura não permite hum bom discernimento que em semelhantes materias se preciza"[35], pelo que as penas espirituais que haviam sido impostas em Visitas e Juntas do triénio anterior foram suspensas, sendo

---

[33] Évora, B.P.E., Cód. CXXXI/2-23, Fl. 25.

[34] Évora, B.P.E., Cód. CXXXI/2-22, Fl.3v.

[35] Évora, B.P.E., Cód. CXXXI/2-6, Fl. 2.

convertidas em penas temporais. Neste contexto, que previa a aplicação de penas e de sacrifícios individuais em função da vida em comum detetamos a exigência para a comunidade cisterciense de Évora, vinda dos órgãos centrais da Congregação, de um contínuo apelo ao cumprimento da *Regra*. Exemplifiquemos com alguns valores, preceitos e comportamentos exigidos, bem como para as penas apontadas no caso de não serem cumpridos. Em relação à caridade, a *Regra* apela particularmente para a prática da caridade com os doentes, e aconselhava a vender, se necessário, os vasos sagrados e a prata das igrejas para lhes acudir. A abadessa devia visitar diariamente as doentes, acompanhada da enfermeira e, de acordo com o juízo dos médicos, aconselhar-lhes a que se confessassem e comungassem antes de entrarem em perigo de vida. Em 1673, o mosteiro recebeu a indicação de dar galinha às doentes e convalescentes em vez de dinheiro, como era costume no mosteiro. Em 1701 foi feito apelo às moças das oficinas para que servissem com caridade as religiosas pobres e doentes. Dois anos mais tarde, em 1703, devido certamente à falta de assistência, as leis da Visita determinaram que lhes fosse feita comida ou na cozinha da Ordem ou na da enfermaria, o que prova o incumprimento desta regra básica. Em finais do século, a situação mantinha-se: ao determinarem os médicos os dias em que as enfermas deviam comer galinha, a enfermeira devia fazer uma lista das doentes para a apresentar à celeireira, que, por sua vez, as solicitaria ao feitor. Por esta altura, ficou também bem expresso que a oficina de enfermaria devia fazer comida às doentes que não tivessem criadas próprias e facultar tudo o necessário para aquecer água, necessária para sangrias e banhos. Esta oficina devia ter pelo menos duas criadas, além da que servia a botica (que ajudava a fazer os remédios e a aplicá-los às doentes), que alternavam, semanalmente, nas tarefas de cozinhar para as doentes e de lhes servir as refeições. Assinalemos também que as doentes tinham uma obrigação básica a cumprir, a da confissão semanal.

No das confissões, tão importantes no contexto pós-tridentino, temos que as religiosas cistercienses não podiam confessar-se a não ser ao Padre Geral ou a quem ele indicasse, de acordo com o privilégio papal. As *Constituições* eram explícitas, ao determinarem que os mosteiros com vinte e cinco monjas deveriam receber Confessor[36] enviado pelo Abade ou Visitador, devendo para isso mantê-lo, no vestir e no comer. Devia existir recolhimento na altura das confissões, o que nem sempre acontecia, conduzindo por vezes a medidas extremas, como em 1670, em que os Visitadores do mosteiro determinaram que incorreria em pena de excomunhão posta pelo Santo Ofício quem falasse no confessionário fora dos mistérios da confissão e da direção espiritual; esta ideia é retomada nove anos depois, em 1679 em que fazem questão de reconhecer de novo a Pastoral dos Inquisidores.

As questões patrimoniais do mosteiro e a justiça secular

As questões da justiça secular fazem-se sentir especialmente no que respeita à obtenção e/ou gestão de bens patrimoniais, quer se trate de património urbano, periurbano ou rural. Entram neste domínio as relações com o mundo extramuros no que respeita a partilhas, legítimas, testamentos ou mesmo aquisição de bens, tanto por religiosas particulares como pela comunidade.

Os limites de atuação da justiça secular, por um lado, e a extensão do poder do mosteiro através das propriedades que faziam parte do seu património e sua forma de obtenção, por outro, são melhor entendidos a partir de exemplos concretos, em que as monjas atuam directamente, ou um seu procurador para os assuntos da justiça depois de Trento. No que respeita ao património urbano, as religiosas tinham, por testamento de Catarina Pires Zagalo, uma esmola anual de 5 libras que lhe deveria ser dada pelo convento de S. Domingos. O prior de S. Domingos, frei Afonso Boi, propôs uma avença com a procuradora do mosteiro de S. Bento, na altura a prioresa Leonor Esteves, renunciando à posse de umas casas, na Rua de Afonso Anes, e à dádiva a que estavam obrigados. No ato de posse das casas, o procurador de S. Domingos lembrou que o mosteiro de S. Bento não devia cobrar aluguer desse ano das casas, pois os foreiros haviam feito benfeitorias à

---

[36] B.N.L., Alc. 223, fl. 190.

sua custa[37]. Para o século XVI, além da encampação de umas casas situadas na Rua da Ama do Infante, em 1502[38], o domínio do património urbano assentou nos dotes das religiosas: 11 foros de casas e 3 foros de estalagens. As partilhas foram também operações significativas: duas moradas de casas e duas adegas foram assim obtidas. Surgem depois as doações simples e as compras do mosteiro, sendo obtidas mais duas moradas de casas e o foro de outras, obtido a partir de uma sentença da Relação, sendo que já na altura o património urbano do mosteiro não se cingia à cidade de Évora: em 1588, Diogo Lopes, familiar da Casa e procurador do mosteiro nos assuntos de justiça, é autorizado a vender umas casas que possuíam na vila de Alverca[39]. Neste século é também percetível a atuação do Cardeal D. Henrique, quer na sentença que citámos, quer através da mercê e esmola de umas casas sitas ao fundo da Rua dos Touros, em 1562. Quanto à sentença da Relação, de Fevereiro de 1554, e à intervenção do Cardeal, era abadessa D. Violante de Sousa Chichorro e o mosteiro obteve-a pelo desembargador e vigário geral na Corte e Arcebispado de Évora, com o selo do Cardeal, à altura administrador perpétuo de Alcobaça. O bem em causa era o foro de quatro casas na Rua da Tâmara ou de Henrique D'Arca e uma azinhaga, de que os foreiros, Gaspar Dias e Catarina Mendes, não pagavam o foro havia treze anos, tendo as casas caído *in comisso*, pertencendo ao mosteiro *jure domini directi*. Os foreiros, falecidos em naufrágio da nau burgaleza a caminho da Índia havia três anos, eram representados por André Rodrigues e Catarina Mendes; antes de embarcarem, haviam nomeado a terceira

---

[37] Évora, B.P.E., Livro Tombo S. Bento, Fl. 738 (a data da avença é, segundo este documento, 1394); Pasta de Pergaminhos de S. Bento 2, n.º 5, Ms. 14. Mencionemos a antiga relação mantida entre estas duas instituições, no domínio da propriedade urbana, por exemplo. De facto, já em 1288 o convento de S. Domingos recebera um legado de umas casas junto ao cenóbio de Domingas Soares (Soeira), filha de Estêvão Rodrigues, cavaleiro, e religiosa em Cástris: foi a responsável, em 1275, da missão a Roma para oficialização da observância cisterciense no mosteiro eborense. Cf. Maria Ângela Rocha Beirante, *Évora na Idade Média*, p. 94.

[38] Évora, B.P.E., Livro Tombo S. Bento, Fl. 713; Évora, B.P.E., Pasta de Pergaminhos de S. Bento 1, n.º 4, mss. 87a, 87b. Em 1509, sendo abadessa D. Violante de Melo, madre Catarina Casca, que tinha sido abadessa e que era a possuidora dessas casas, situadas à Porta Nova, para as mesmas não se danificarem mais as emprazou a Antão Luiz, caldeireiro, sendo testemunha frei João de Aguiar, monge de Alcobaça.

[39] Évora, Arquivo Distrital de Évora (A.D.E.), Notarial 263, a fl. 140.

pessoa para o foro, Catarina Lopes, tia de Catarina Mendes, que se dizia agora útil senhoria. A sentença foi favorável ao mosteiro, considerando as casas devolutas, devendo os embargantes pagar os foros atrasados e os custos do processo: se não pagassem, seriam excomungados. Como as casas estavam arruinadas, consideraram as freiras que era mais seguro o foro que a renda, pelo que as aforaram em 3 vidas a Manuel Martins, clérigo de missa, por 600 réis/ano, devendo beneficiar as casas[40].

Quanto ao património periurbano e rural, temos o caso dos olivais, bem como dos lagares, dos moinhos e azenhas (bens rurais de transformação) que, ao longo do tempo, ficaram sob o domínio do mosteiro cisterciense de Évora. A sua dispersão geográfica é significativa, denunciando também em muitos casos a proveniência das monjas, dado que faziam parte da composição de alguns dotes, particularmente antes do Concílio de Trento. No século XV as religiosas tinham olivais no termo de Estremoz e algumas oliveiras esparsas em terrenos partilhados com a vinha, como acontecia no termo de Alcácer do Sal[41]e no termo de Évora[42]. Os dois olivais em Estremoz vieram ao mosteiro como herança de uma religiosa (implicando um deles uma sentença da Corte) e, nos outros casos, um por doação simples e um por *doação post mortem*. No caso dos olivais no termo de Estremoz (um na Terra Branca, outro no Outeiro da Abadessa, ou Outeiro do Almada), D. João I, em 1431, dirigiu-se aos juízes desse termo a pro-pósito de uma demanda entre os procuradores do mosteiro, Martim de Abreu e João de Guimarães, e o escudeiro Gonçalo Gonçalves de Castelo Branco e sua mulher. Segundo a sentença régia, os olivais pertenciam ao mosteiro, ao herdar os bens de D. Mor Pais Perdigão, antiga abadessa da comunidade e familiar do condestável D. Nuno Álvares Pereira, que, por sua vez, os herdara de seu pai, Paio Afonso[43].

---

[40] Évora, B.P.E., Livro Tombo S. Bento, Fl. 680.

[41] Na vinha de Çafar Coelho de Cima, também com oliveiras e outras árvores. Évora, B.P.E., Pasta de Pergaminhos de S. Bento 1, n.º 4, Ms. 62.

[42] Trata-se de oliveiras que partilhavam o solo com uma vinha em Vale de Romão, citadas em 1419. Évora, B.P.E., Livro Tombo S. Bento, Fl. 612; Pasta de Pergaminhos de S. Bento 1, n.º 4, Ms. 27.

[43] Évora, B.P.E., Livro Tombo S. Bento, Fl. 430; Pasta Pergaminhos S. Bento 1, n.º 4, Ms. 4 (onde é relatado o emprazamento destes dois olivais, em 1432, a Martim d'Abreu,

O mosteiro assegurou também a posse de três moinhos nos termos do Cano, Montemor-o-Novo e Santiago do Cacém/Alcácer do Sal, três foros de moinhos e um direito senhorio, e foros em lagares e azenhas. Dos foros, dois foram por dote[44], incluindo um deles usufruto vitalício e um por compra do mosteiro, e o direito senhorio por sentença. Em relação a este último, trata-se de uma resolução por falta de pagamento de uma renda da parte de um foreiro, e o mosteiro recebeu, em 1646, umas courelas na herdade da Azinheira, termo do Cano, e o direito senhorio de uma azenha lá existente, a chamada Azenha do Meio[45].

Foram também diversos os quinhões de herdades que vieram ao mosteiro, maioritariamente por partilha (dez), seguindo-se os dotes (seis), a doação simples (um) e a sentença (uma, em 1646, e que acabamos de descrever) e uma compra. Entre as partilhas, destacamos as de D. Inês da Silva, tanto pela sua concentração em torno de uma religiosa, como por terem uma geografia própria, pois os bens situam-se nas proximidades do Alandroal: trata-se dos bens que vieram ao mosteiro pela partilha do património de Duarte de Melo Pereira e de Maria Mendes (que instituíra morgado e capela dos bens da terça do seu primeiro marido), em favor da sua sobrinha, D. Inês da Silva, religiosa no mosteiro de Cástris[46]. Esta partilha ocorreu após sentença da Relação de Lisboa, em 20 de Julho de 1617, sendo feito um inventário dos bens e partilha pelos herdeiros. A religiosa nomeou procurador para tomar posse dos seus bens, com consentimento da então abadessa, Maria Henriques Coutinho, em Setembro de 1618.

Por outro lado, a compra ocorreu em 1654: foram dois moios de foro na herdade de Santa Ana, termo do Vimieiro, e prende-se com acontecimentos anteriores, em que o mosteiro tinha ganho uma ação, em sentença, contra o convento de Santa Clara de Évora, em 1622, tendo obtido metade da herdade; através da compra, queria aumentar aí o domínio.

---

escudeiro, por 2 alqueires de azeite pelo Natal); Pasta de Pergaminhos de S. Bento 2, n.º 5, Ms. 96.

[44] Um deles foi por dote de Catarina Moniz, em 1640. Trata-se do foro de um moio de trigo/ano na tão citada Azenha do Meio, no Cano. Évora, B.P.E., Cód. CXXXI/2-2, Fl. 327v.

[45] Évora, B.P.E., Livro Tombo S. Bento, Fl. 299.

[46] Évora, B.P.E., Livro Tombo S. Bento, Fl. 227.

Também na posse de património imóvel de menores dimensões, como os ferragiais, a justiça, particularmente através das sentenças, não está ausente. No século XV o mosteiro obteve mais cinco ferragiais, quatro deles próximos da cidade, dois por doações testamentárias, um por doação simples, outro por sentença dada na Corte e o último por partilhas. Em relação à sentença régia, em 1421, as religiosas obtiveram uma sentença favorável, onde se decidia que era delas um ferragial, mais tarde conhecido como o ferragial de S. Sebastião, junto ao chafariz das Bravas, à entrada de Évora. D. João I sentenciou a favor de Alda e Maria Lourenço, freiras em Cástris, contra Martim Fernandes, antigo tabelião, corrigindo as demarcações[47].

Quanto às hortas propriedade do mosteiro, elas resultaram, na sua maior parte, das partilhas, realizadas em 1618 em Estremoz pelo tabelião Belchior da Pena dos bens de Duarte de Melo da Silva, tio de D. Inês da Silva, acima referida. A religiosa herdou para o mosteiro metade da Horta Grande no termo do Alandroal, e metade da renda de outra, bem como a Horta da Azenha ou do Pizão, no mesmo termo, evidenciando esta última a presença de um engenho de moagem. Porém, em 1602, alguns anos antes de professar, D. Inês doara uma outra horta ao mosteiro, no mesmo termo[48].

No que respeita às vinhas, tomemos o exemplo da vinha de Çafar Coelho de Cima, termo de Alcácer do Sal, e que teve um percurso complexo para a sua obtenção pelas monjas, envolvendo várias etapas do ponto de vista jurídico. Na sua origem está uma sentença, datada de 1462, assinada pelo infante D. Fernando, Regedor e Defensor da Ordem de Santiago, duque de Viseu e de Beja, senhor da Covilhã e de Moura. Nesta sentença, o réu era Lourenço Annes Mena, morador na vila de Alcácer, a quem as freiras

---

[47] Évora, B.P.E., Livro Tombo S. Bento, Fl. 345.

[48] De facto, D. Inês acabara o noviciado e não tinha feito escritura de dote e, acompanhada do seu curador, Amaro Álvares pois era menor de 25 anos, tendo presentes os *Estatutos* do mosteiro, segundo os quais nenhuma freira podia professar sem dar de dote 1000 cruzados, e ainda o facto de querer uma renda vitalícia, após sentença do juiz dos órfãos (para se fazer escritura antes da profissão, podendo dispor dos seus bens) e dos governadores do arcebispado (concedida pelo deão e cabido em sede vacante), de acordo com Trento, decidiu que a chamada Horta das Freiras ficaria para sua tença vitalícia, passando depois à irmã, e depois para o mosteiro. No contrato de dote ficou em escritura que já tinha pago 270$000 réis, e o restante seria tirado da dívida de seu tio Duarte de Melo, como de facto veio a acontecer. Évora, B.P.E., Livro Tombo, Fl. 574.

de S. Bento acusavam de não ter pago o foro da citada vinha. A vinha era do mosteiro como resultado das partilhas da terça do pai de Alda Lourenço, nele religiosa, Lourenço Anes, clérigo de missa e raçoeiro na igreja de Santa Maria de Alcácer. Por sua vez, Lourenço Anes trouxera esta vinha pagando a seu irmão, Gomes Lourenço, determinada pensão. A monja, Alda Lourenço, entretanto falecera, e o réu, segundo as religiosas, não pagava o foro (400 reais brancos) havia nove anos, exigindo as monjas o pagamento total do foro em atraso (36.000 reais). O réu escusava-se, afirmando que a vinha pertencia à igreja de Santa Maria do Castelo de Alcácer, remetendo para o prior e raçoeiros a resolução do problema; estes afirmam-se proprietários eminentes da vinha, recebendo o foro de Lourenço Anes, assegurado depois da sua morte por Gomes Lourenço. A sentença foi também ela complexa. O réu deveria abdicar da vinha, a entregar ao mosteiro, que dela tinha o domínio útil. Porém, a igreja de Santa Maria do Castelo continuou com o senhorio da vinha e, de acordo com o contrato de aforamento estabelecido pelo pai de Alda Lourenço e a citada igreja, seriam agora as monjas a pagar o foro referido. De entre as testemunhas do processo, contam-se cavaleiros da casa do Infante D. Fernando. Passada uma semana da sentença, o mosteiro tomou posse do domínio útil da vinha[49].

O mosteiro sempre teve um grande interesse em relação às vinhas optando muitas vezes pelo seu cultivo na sua envolvente e já no século XIV possuía algumas: três vinhas junto ao mosteiro, situando-se duas delas entre a azinhaga pública e o caminho do mosteiro, e outra à *Torre de Castres*, topónimo ligado à designação do mosteiro. Estas vinhas passaram a fazer parte do património de Cástris por doação, implicando, porém, algumas vezes a intervenção da justiça: uma de Estevainha Annes[50], outra de Gonçalo Vasques, em 1368[51] e outra de João Rodrigues, escudeiro, em 1387[52]; esta última incluiu uma sentença do Condestável, em que frei

---

[49] Évora, B.P.E., Pasta de Pergaminhos de S. Bento 1, n.º 4, Ms. 62.

[50] Évora, B.P.E., Livro Tombo S. Bento, Fl. 451.

[51] Évora, B.P.E., Livro Tombo S. Bento, Fl. 452; Pasta Pergaminhos S. Bento 2, n.º 5, Ms. 125.

[52] Évora, B.P.E., Livro Tombo S. Bento, Fl. 105; Pasta de Pergaminhos 2, n.º 5, Ms. 38a..

João, procurador do mosteiro, solicitou a Lourenço Martins, porteiro da cidade, o seu cumprimento. Em finais do século XIV o mosteiro possuía ainda duas courelas de vinha a Valbom, deixadas por D. Estevainha, esposa de Pêro Peres de Cambra, e que, em 1354, já eram emprazadas[53]; uma vinha em Peramanca, por doação de Teresa Martins em 1367, sendo que os sobrinhos da defunta não concordavam com a doação; com o testamenteiro, e perante os juízes do cível, concordaram com a sentença de que as freiras poderiam tomar a dita vinha. De notar que, no mesmo dia, na "rua da Alagoa, Maria Annes Abadessa do ditto mosteiro e Maria Annes de Beja [de Évora, segundo o pergaminho] freira professa diserão que ellas per si e em nome do convento do dito mosteiro de Sam Bento fazião suas procuradores as sobreditas Iria Vicente e Constança Martins"[54]. As procuradoras tomaram depois posse da vinha, que se juntava a outras especialmente a partir da década de 50 do século XIV (por partilhas, metade de uma no Posto de Gouveia, caminho de Arraiolos[55]; umas vinhas ao Aivado[56] e outras vinhas no termo de Évora[57]).

Foi sempre decisivo o papel das religiosas no devir do património do mosteiro, assegurando a sua sobrevivência e a da instituição, de acordo com o ideário beneditino da autosuficiência das comunidades. Daí que se

---

[53] Évora, B.P.E., Livro Tombo S. Bento, Fls. 473,474; Pasta de Pergaminhos de S. Bento 2, n.º 5, Ms 137. Foram emprazadas pela então abadessa, Maria Annes, e pela professa Catarina Esteves, pelo prazo de uma vida, em renda numerária de 5 libras/ano pelo S. Martinho; anteriormente, o foro era de 20 soldos.

[54] Évora, B.P.E., Livro Tombo, Fl. 471; Pasta de Pergaminhos 1, n.º 4, Ms. 10.

[55] Esta metade de vinha, bem como a adega no arrabalde de S. Mamede e metade da respetiva louça, foi obtida, em 1387, pela partilha de bens de Durão Domingues, vaqueiro, e de Aldonça Vasques, sua esposa (que haviam doado metade dos bens ao mosteiro). As partilhas, feitas nas casas da Ordem de S. Bento, na cidade, por Bartolomeu Afonso, contador e partidor do concelho, por mandado de D. Mor Pais, presente no ato, compreenderam ainda dois tinos de pisar uva, ficando ao mosteiro o maior e uma cova de pão. Évora, B.P.E., Livro Tombo, Fl. 495; Pasta de Pergaminhos de S. Bento 2, n.º 5, Ms. 9.

[56] O pergaminho original relativo a estas vinhas está em muito mau estado, sendo a data provável a era de 1395 (1357 do nascimento de Cristo). Évora, B.P.E., Pasta de Pergaminhos S. Bento 1, n.º 4, Ms. 68. No mesmo ano, 1357, temos o já citado emprazamento de três vinhas pela abadessa Maria Annes. Évora, B.P.E., Livro Tombo S. Bento, Fl. 450.

[57] Estas vinhas foram doação, em 1357, de Catarina Pires, que as tinha recebido de seu tio, Martim Pires. Efetuou-se em Montemor-o-Novo, no arrabalde da vila, tendo D. Maria Annes abadessa do mosteiro, tomado posse das vinhas. Évora, B.P.E., Pasta Pergaminhos S. Bento 1, n.º 4, Ms. 7.

na Idade Média temos a grande preocupação de instalação da comunidade e da definição dos seus meios de subsistência, os períodos sucedâneos pensaram essencialmente no assegurar desses meios, adaptando-se, porém, aos novos contextos socioeconómicos do período moderno e que Trento consagraria através da prática dos dotes em numerário. Porém, as questões da posse de bens por pessoas ligadas à religião, nomeadamente por heranças e partilhas, são questões muitas vezes polémicas e transversais ao longo da história das instituições religiosas, e a que o direito procurou dar respostas, encontrando novas fórmulas no Estado moderno. Neste contexto, em 1654, D. Arcângela Micaela de Castro celebrou, através do Procurador de sua mãe, *Contrato de dote de freira, desistência de heranças, renunciação de capelas e conhecimento de dívidas* com as religiosas do Mosteiro.

O procurador, seu tio Manuel de Moura, era fidalgo da Casa Real, e representava a irmã, D. Filipa de Castro e o sobrinho, Rodrigo Fernandes de Sequeira (filho de Luís Pereira de Sequeira). Por Licença do Abade Geral e Sentença do Juiz dos Órfãos, estavam as partes contratadas para receber Arcângela, que se encontrava, ao tempo, já recolhida em S. Bento, como noviça. A modalidade de pagamento do dote pautou-se por Trento e, no contexto que nos interessa frisar, as freiras aceitaram 50$000 réis além do dote que, por sua vez, já compreendia legítimas do pai e da mãe, em troca da desistência da noviça de todos os bens, heranças, legítimas e suplementos.

A noviça desistiu de sua livre vontade dos bens vinculares, a troco de tença vitalícia[58]. Porém, os bens de capela só ficariam livres por morte da noviça, como também ficara explícito na Sentença do Juiz dos Órfãos, que informou provedores, corregedores, ouvidores, juízes e seus oficiais, e todas as pessoas em geral, que D. Arcângela, menor de vinte e cinco anos e maior de catorze, lhe dirigira uma petição, declarando a

---

[58] "largava ao dito seu irmão Rodrigo fez de Siqueira toda a posse e propriedade e todos os bens de Capela que lhe pertemsião para que do dia que ella professar em diante com obrigasão que elle ditto seu irmão será obrigado e as mais pessoas que nos ditos bens de capela lhe sucederem a dar pagar e entregar a ela futura novissa para suas necessidades em sua vida della soomente trinta mil reis forros de decimas e mais tributos em dinheiro de contado.". Évora, B.P.E., Cód. CXXXI/2-27, fl. 391.

sua vontade de seguir a vida religiosa. Para tal, sua mãe queria fazer-lhe o dote (ainda que o montante ultrapassasse a sua legítima), garantindo-lhe ainda tença vitalícia a troco da desistência dos bens vinculares a favor do primogénito[59].

Através do seu escrivão, o Juiz informou a mãe do conteúdo do contrato, tendo a mãe, D. Filipa de Castro a preocupação de frisar que Arcângela largava ao irmão os bens de capela ou nomeação[60]. Também a Abadessa, ao tempo D. Ana de Almeida, em Petição dirigida ao Padre Geral, pedira o seu consentimento para o conserto arranjado entre as partes, conforme nos relata a escrivã da altura, D. Maria de Carvalho[61]. O Abade, desde a quinta de S. Martinho, a 16 de Setembro de 1654, deu licença para a efetivação deste contrato, não deixando no seu despacho de reconhecer que autorizava o conserto, dada a qualidade da pessoa.

Estamos perante um caso em que a abdicação do vínculo não inviabilizou a continuação de uma vida desafogada por parte da noviça, podendo mesmo adivinhar-se uma certa precaução quanto a futuras partilhas por parte da Abadessa. Apercebemo-nos também do processo burocrático que implicava esta opção, sendo também uma demonstração da gestão de poderes entre elites; concluímos ainda da facilidade de as monjas largarem um bem vinculado em troca de capital móvel. Poucos anos antes, em 1647, as monjas celebraram um contrato de *transacção,*

---

[59] "ainda que fosse muito mais que sua legitima como era outrosim seu irmão o morgado Rodrigo fernandes de Siqueira consemtia no mesmo pelos rendimentos de seu morgado e se obrigava a lhe dar em cada hum anno trinta mill reis de tensa e ela suplicante lhe queria largar e renunciar a quaisquer bens que tenha de Capela ou nomeassão e para que tudo ficasse mais firme e valioso me pedia lhe desse licença e emterposesse minha authoridade judicial para que podesse celebrar hum e outro contrato e recebera justissa e mercê".Évora, B.P.E., Cód. CXXXI/2-27, Fl. 392.

[60] Também o curador da noviça está de acordo com os termos do contrato, reconhecendo que ela viveria: "com grande comodidade qual he ser relegioza em o Convento de S. Bento e trinta mill reis de tenssa cada anno que paresse são bastantes para huma relegiosa so comer suas necessidades e fica logrando hum estado tão superior o qual he ser religiosa e espossa de Cristo". Évora, B.P.E., Cód. CXXXI/2-27, fl. 392v.

[61] Nessa petição, as religiosas de S. Bento declaram que a mãe da noviça: "de bens partíveis tem poucos e o que tem são morgados e capelas e para os mais bens são quatro filhos e não querem por sua morte se fassa imvemtarrio e se saiba de suas faltas dão de Conserto que fiserão sincoenta mil reis pedimos todo este comcitimento a Vossa Reverendissima e queira aceitar o Conserto e passar Licença para se fazer a escritura nesta forma e se lhe deitarem a mantilha por ser gente de calidade". Évora, B.P.E., Cód. CXXXI/2-27, fl. 393v.

amigável composição e entrega de dinheiro e quitação, cessão, ou como em direito para mais valer chamar se possa, e obrigação, onde intervieram o mordomo e procurador do mosteiro da altura, António Carvalho, e o Provedor e irmãos da Misericórdia de Évora, sobre a herança de D. Juliana Loba. A monja, entretanto falecida, herdara um morgado entre Beja, Ferreira e Aljustrel, que tinha sido instituído em 23 de Outubro de 1625 por Manuel Rodrigues. O mosteiro cedia o morgado, reconhecendo que lhe não pertencia, já depois da questão ter seguido para o Tribunal da Relação em Lisboa e de a Misericórdia ter continuado a cobrar foros, cedência essa que supôs uma contrapartida monetária de 689.972 réis, em moeda corrente de ouro e prata[62].

Considerações finais

Ficam-nos, assim, alguns indicadores que nos permitem avaliar o cumprimento dos ditames de Trento, a aplicação das regras conventuais e das orientações dos Capítulos e Juntas da Congregação no quotidiano do mosteiro e das religiosas que por ele optaram, implicando conhecer o tipo de relacionamento da instituição com o mundo masculino que diretamente condicionava a sua existência. Ainda que saibamos quão frágeis são os documentos normativos enquanto elemento de análise da realidade vivida, eles são, no entanto, o enquadramento geral que norteia todo o quotidiano das instituições a que se referem. Foi neste sentido que tomámos em conta a *Regra de S. Bento*, os *Estatutos* e as *Constituições* que se lhe seguiram.

A partir desta base documental, da legislação régia e das Constituições Sinodais, é possível identificar os comportamentos em comunidade: importância do silêncio, da obediência, da caridade e da humildade, sublinhados por Trento, que à trilogia típica dos votos solenes de pobreza, obediência e castidade, juntou um quarto, o da clausura estrita. O Concílio aduziria a necessidade de regulação do *Ora* e do *Labora* através

---

[62] Évora, A.D.E., Notarial 816, Fl. 85v.

dos ofícios divinos e sua prática. Também a administração e governo da comunidade, implicando respeito pela ordem e princípios estabelecidos e o estrito cumprimento da clausura e controlo nos espaços de ligação com o século foram sublinhados.

Por outro lado, a existência de património fundiário (de tipologia, dimensão e localização diversa) e de património urbano, garantes do suporte existencial de uma comunidade feminina de características eminentemente rurais, cumprindo a autosuficiência explanada na *Regra* de S. Bento, implicam a análise da relação da instituição com o quadro legal vigente no país. Só desta forma se entendem conflitos, intervenções cruzadas de poderes, particularmente dos poderes régio e eclesiástico, bem como as respostas da comunidade em defesa do património adquirido.